U0164030

郭店楚簡

先秦儒家佚書校釋

涂宗流、劉祖信 著

目　錄

前言

《郭店楚墓竹簡》1998年5月由文物出版社出版發行以來，受到海內外學者的廣泛關注，對該書作者卓有成效的研究整理工作，給予了充分的肯定，對不足之處也提出了中肯的批評。除了對殘簡拼接、釋文和注釋方面的意見外，主要對《成之聞之》、《尊德義》、《六德》，特別是對《語叢一》、《語叢三》等篇的拼接問題提出了寶貴的修改建議。龐樸先生指出："現在被名爲'語叢'的四組簡文，在整理上留下了許多工作待做。"認爲《語叢四》在形式和內容上都與《語叢二》以及一、三不類，"與其以其尺寸，將它與其他三者並列，歸入'語叢'，莫如因其內容，將它同其他三者分開，另案處理。"

湖北省荊門市對郭店楚簡的研究工作非常重視，成立了"荊門郭店楚簡研究中心"，市長許克振、副市長鄧蓓親自過問"研究中心"的工作。在研究中心的指導下，湖北省社會科學院荊門分院及其下屬文史研究所，會同荊門市博物館、荊門大學、沙洋師範高等學校成立了"荊門郭店楚簡研究會"，組織研究力量，對《郭店楚墓竹簡》進行全面研究。現在各方面的研究工作正在深入展開。

作爲荊門的社會科學工作者，對荊門出土的郭店楚簡的研究，有不可推卸的責任。雖然我們先天不足，缺乏必要的基礎知識和基本功的準備，但我們深深懂得貴在參與，所以我們接受了"郭店楚簡先秦儒家佚書校釋"這一難以勝任的工作。經過半年的努力，終於完成了"校釋"初稿。根據海內外學者的意見，特別是龐樸、廖名春、郭沂、李家浩等先生的具體建議，我們對十二篇第一次面世的先秦佚書分三組進行了處理，現簡述如下：

一、《魯穆公》、《窮達以時》、《唐虞之道》、《忠信之道》、《性自命出》爲第一組。主要是識讀、補白、分章、釋義。對《郭店楚墓竹簡》（以下簡稱《竹簡》）一書中未識讀或識讀不當的字，進行了第二次識讀。如《性自命出》第48簡"弗校不足"中的"校"，《竹簡》釋文未識讀。此字從木從父，會意，父爲古斧字，應讀爲“伐”。第28簡“古樂龍心，益樂龍指”中的“益”，《竹簡》釋文不當。簡文爲“[illegible]”，象鳥飛，形似燕，疑爲“燕”字。“燕樂”，《周禮．春官．磬師》：“教縵樂燕樂之鐘磬。”鄭玄注：“燕樂，房中之樂。”賈公彥疏：“此即《關雎》、二《南》也。謂之房中者，房中謂婦人后妃以風喻君子之詩，故謂之房中之樂。”補白，指《竹簡》釋文中留下的空白（《竹簡》釋文用□表示的字），一一據上下文或有關文獻補出，不留一處。分章，指每篇分若干段落。釋義，採取先釋詞後串句的辦法，疏通句意。每篇由三段組成，用“按”、“注”、“釋”標明。“按”，在篇首，簡要介紹該篇分章情況以及各章的中心內容。“注”，交待釋文中識讀的情況；“釋”，一句句對釋文進行釋義。

二、《成之聞之》、《尊德義》、《六德》爲第二組。除了象第一組一樣識讀、補白、分章、釋義以外，主要是對拼接作了一些處理。《成之聞之》存簡40枚，分爲七章。第4－26簡依次分爲1-4章，言君子教民必先求之於己、求諸己是教民之本、反諸己才可以教民、取信於民乃“上之恒務”。第26-30簡與第1-3簡合爲第5章，言君子教民、 治民要靠內在的德行。第31-40簡依次爲6-7章，言君子教民乃治人倫以順天德、慎六位以祀天常。“君子之於教”是全篇論述的中心，並依此將本篇篇名改爲“君子於教”。《尊德義》存簡39枚，分爲九章。第1簡爲第1章，言尊德義、明乎民倫（人倫）是爲君的基本條件。第12-16簡、第2-8簡爲第2、3章，言爲政者教道之取先、君子治民人道之取先。第8-11簡與17、18簡爲第4章，言人君當以善取爲上。第18-39簡，依次爲5-9章，言民可道而不可強、治國要實行禮治、禮治是最大的德治、治民而不可惑民、凡動民必順民心。《六德》存簡49枚，分爲12章，第7—10簡爲第1章，第1—5簡爲第2章， 第6簡、第47-49簡、第11-12簡合爲第3章，1、2、3章論述求人道、明六位、任六職、美六德。第13-46簡依次爲4-12章，言義者君德，忠者臣德也；智也者夫德也，信也者婦德也；聖也者父德也，仁者子德也；六位各行其職而訕誇無由作也；仁、內也，義、外也，禮樂、共也；門內之治仁弇義，門外之治義斬仁；男女辨生言，父子親生言，君臣義生言；先王之教民，始於孝弟，孝、本也；君子所以立身大法三，其釋之也六，其見十又二。

三、《語叢》一、二、三、四爲第三組。根據龐樸先生的提示，將《語叢》

一、三合在一起、重新拼接，然後分爲上、下篇。《語叢一、三》上篇，存簡88枚，分爲8章，以“天生百物、人爲貴”爲中心， 擬定篇名爲“天生百物”；《語叢一、三》下篇，存簡96枚，分8章， 以“子孝父愛，非有爲也”爲中心，擬定篇名爲“父子兄弟”。《語叢二》，存簡54枚，以“情生於性，禮生於情”爲中心，擬定篇名爲“禮生於情”。《語叢四》，存簡27枚，其內容主要是論述慎言、善處之理，以文中的“慎言訣行”爲篇題。本書中的《語叢》四篇，分別爲《天生百物》（《語叢一、三》上篇）、《父子兄弟》（《語叢一、三》下篇）、《禮生於情》（《語叢二》）、《慎言訣行》（《語叢四》）。

涂宗流

2000年9月

荊門郭店楚墓竹簡概述

1993年10月，湖北省荊門市博物館在配合本地區打擊盜掘古墓活動中，對沙洋縣紀山鎮（原名沙洋區四方鋪鄉）郭店村一組的一座被盜擾的小型墓葬，進行了搶救性的考古發掘。考古發掘工作由劉祖信、王傳富負責，周光傑、李兆華、高山、李芳、劉永新、陳衛國、姚遠志等人參加，荊門市文化局的劉廣富、鄭海峰負責發掘現場的行政工作。

該墓屬於紀山古墓群中的郭店墓地，考古工作者將其編爲郭店1號墓。紀山古墓群南距東周時期的楚國首都——紀南城（原稱“郢”）僅九公里。根據歷年的考古發掘和現場調查資料證明，這裡是東周時期的楚國貴族墓地。郭店1號墓是一座土坑豎穴木槨墓，其中遺存的銅鈹、龍形玉帶鉤、七弦琴、漆耳杯、漆奩等文物的形狀及紋樣都具有明顯的戰國時期楚文化的風格。據此推斷該墓的年代爲戰國中期偏晚（參見《荊門郭店1號墓》，《文物》1999年第7期），相對年代距今約2300年。該墓出土的竹簡（稱“郭店楚簡”）的年代下限應早於墓葬的下葬年代。

郭店1號墓土坑作豎穴，有斜坡墓道。墓坑內填五花土，木槨室之上及四周填充密封性能較好的青灰泥。葬具一棺一槨，皆用大木塊拼合榫接而成。槨室內分隔成頭廂、邊廂和棺室三部分。竹簡發現於該墓木槨室內頭廂的北部，由於2000多年的積水浸蝕和被盜擾時滲進室內的泥水等有害物質的腐蝕，簡上沾滿了醬黑色的淤泥，看不清文字。考古工作者清理文物時憑著田野考古工作經驗判斷爲竹簡，並依序用托板從墓底托起，分裝於瓷盤中運回室內作化學處理。有經驗的化學處理人員方柏松等人，採用同墓出土的竹笥殘蔑片，經多次化學實驗獲得大量可靠資料後，將竹簡分批實施化學除泥及顏色還原的技術處理。經化學專家們辛苦的化學處理後的竹簡，有害物質被除掉，竹簡還原成本色。簡上文字如新，清晰可辨。此項化學技術處理工作取得了突破性的成功。

從墓中清理出的竹簡，其編線均已腐爛。原編聯順序因水的浮動及盜擾的破壞而散亂不清。室內整理時只能先按出土順序編號（習慣稱“原始號”），待識讀出各簡文字後，再依照文意按內容順序逐簡給號（稱“整理號”）。少數斷簡能拼接成支的只給1個號， 無法拼接的一段一號。無字簡因不能確知其本來位置，整理後一律不給號。因爲竹簡出土時散亂無序，加之大部分爲佚書，給簡文的識讀、編連工作增加了難度，尤其以編聯簡文的難度爲甚。“荆門市博物館郭店楚簡整理研究小組”的劉祖信、彭浩（聘請）、王傳富三人先分頭按出土竹簡的順序，識讀簡上文字。由於竹簡已散亂，只能以每支簡爲單位，分別臨摹簡文，再將每支簡上的文字識讀出來。然後三人集中討論隸定。全部簡文識讀工作結束後，便進行簡文的編連工作。識讀出來的簡文，只是一條條斷開的文字，沒有順序。我們只能根據竹簡形制和簡文內容進行編連。由於大部分爲佚書，又有部分殘斷簡，編連工作的難度很大。從事簡文編連工作的彭浩、劉祖信兩人，先分頭編連，而後又集中討論，如此反覆多次，最後才使得一支支散亂簡文被編連成段，再編連成篇。全部簡文編連完畢後，便進行考釋工作。由於簡文生僻字、詞較多，一般研究者很難閱讀，故彭浩、劉祖信兩人又將簡文進行考釋，以方便研究者閱讀。經過5年的艱辛努力，才完成了全部簡文的識讀、編連和考釋工作。全部書稿請裘錫圭先生審校，《郭店楚墓竹簡》一書由中國文物出版社出版。

郭店竹簡係由成竹劈破成條，去節去黃，殺青，刮削整治而成。文字書寫於竹青之上。郭店楚簡文字，是典型的楚國地方文字，其字體爲篆書，但少量筆畫帶有隸書風格，不是嚴格意義的篆書，應爲篆書向隸書過渡時期的作品，其字體典雅、秀麗，是當時的書法精品。簡書中除《天生百物》、《父子兄弟》、《禮生於情》（原爲《語叢》一、二、三）留有天頭地腳外，其他各篇一律頂端起書，不留天頭地腳。從字體、筆鋒的書寫習慣來看，這批竹簡由多人書寫而成。

郭店竹簡的形制不盡一致，現分篇概述如下：

《老子》甲組，存簡39枚。爲長簡，簡長32.3釐米，編線兩道，編線間距13釐米。竹簡兩端均修削成梯形。

乙組，存簡18枚。爲長簡，簡長30.6釐米，編線兩道，編線間距13釐米・竹簡兩端平齊。

丙組，存簡14枚。爲中短簡，簡長26.5釐米，編線兩道，編線間距10.8釐米。竹簡兩端平齊。

《太一生水》，存簡14枚。爲中短簡，簡長26.5釐米，編線兩道，編線間距10.8釐米。竹簡兩端平齊。

《緇衣》，存簡47枚。爲最長簡，簡長32.5釐米，編線兩道，編線間距12.8—13釐米。竹簡兩端均修削成梯形。

《魯穆公》（原名“魯穆公問子思”），存簡8枚，爲中短簡， 簡長26.4釐米，編線兩道，編線間距9.6釐米。竹簡兩端均修削成梯形。

《窮達以時》，存簡15枚。爲中短簡，簡長26.4釐米，編線兩道，編線間距9.4—9.6釐米。竹簡兩端均修削成梯形。

《五行》，存簡50枚。爲最長簡。簡長32.5釐米，編線兩道，編線間距12.9—13釐米。竹簡兩端均修削成梯形。

《唐虞之道》，存簡29枚。爲中長簡，簡長28.1—28.3釐米，編線兩道，編線間距14.3釐米。竹簡兩端平齊。

《忠信之道》，存簡9枚。爲中長簡，簡長28.2—28.3釐米， 編線兩道，編線間距爲13.5釐米。竹簡兩端平齊。

《君子于教》（原名“成之聞之”）存簡40枚。爲最長簡，簡長32.5釐米，編線兩道，編線間距17.5釐米。竹簡兩端均修削成梯形。

《尊德義》，存簡39枚。爲最長簡，簡長32.5釐米，編線兩道，編線間距17.5釐米。竹簡兩端均修削成梯形。

《性自命出》，存簡67枚。爲最長簡，簡長32.5釐米，編線兩道，編線間距17.5釐米。竹簡兩端均修削成梯形。

《六德》，存簡49枚。爲最長簡，簡長32.5釐米，編線兩道，編線間距17.5釐米。竹簡兩端均修削成梯形。

《天生百物》（原“語叢一、三”各一部分），存簡90枚。爲短簡，簡長17.2—17.7釐米，編線三道。編線間距7.8—8.1釐米。竹簡兩端平齊。

《父子兄弟》（原“語叢一、三”各一部分），存簡94枚。爲短簡，簡長17.2—17.7釐米，編線三道。編線間距7.8—8.1釐米。竹簡兩端平齊。

《禮生於情》（原“語叢二”），存簡54枚。爲最短簡，簡長15.1—15.2釐米，編線三道。編線間距7.8—8.1釐米。竹簡兩端平齊。

《慎言訣行》（原“語叢四”），存簡27枚。爲最短簡，簡長15.1—15.2釐米，編線兩道。編線間距6—6.1釐米。竹簡兩端平齊。

郭店楚簡的行文格式也不盡相同。簡書中使用七種符號，即鉤識、墨釘、長方塊形、粗短橫、短橫、兩橫和一橫。由於抄寫者的習慣，簡書中並非全文都使用了分篇、分章或句讀號。在各種符號的使用上也不夠規範，造成了判斷其功能的困難。歸納起來，有以下幾種情況：

一、用作分篇。一般用於句末的右下方，其後不再抄寫其他文字。簡書中大部分無篇號，僅4處有篇號。其中3處爲鉤識，作 ⺄。《老子》甲篇有1處位於“我谷（欲）不谷（欲），而民自樸”後，只是作爲某一大部分結束的標誌。有1處用粗短橫作爲篇號，見於《唐虞之道》。

二、用作分章。簡書保留了大部分的分章符號，多數情況下以墨釘作爲標誌，少數情況下爲粗短橫。其後的文字多與之相隔一字或數位，也有前後文字間不留空隙的。《老子》甲、乙、丙，《太一生水》、《緇衣》、《窮達以時》、《五行》、《性自命出》等篇分章符號爲墨釘，《魯穆公》、《六德》用作粗短橫，其餘的未見分章號。

三、用作句讀。簡書中只保留有部分的句讀號。一般用於句末，常在一段文字中連續作用。大部分爲短橫，少數用墨釘。《老子》甲、乙、丙，《太一生水》等篇中爲短橫 ，《魯穆公》爲短橫或小點，《性自命出》爲墨釘，《五行》作短橫偶用墨釘。其餘各篇未見句讀號。

四、用作重文號。簡文中除《唐虞之道》、《君子於教》未使用重文號外，其餘各篇均使用了不等的重文符號。在《老子》甲、乙、內，《太一生水》、《緇衣》、《魯穆公》、《窮達以時》、《天生百物》、《父子兄弟》、《禮生於情》、《慎言訣行》等篇中爲兩橫；在《老子》乙、《忠信之道》、《性自命出》中用作一橫。《五行》爲一橫，有1例作兩橫。《尊德義》、《六德》爲一橫或兩橫。

五、用作合文號。在《老子》甲、乙、丙，《魯穆公》、《窮達以時》、《五行》、《忠信之道》、《君子于教》、《尊德義》、《天生百物》、《父子兄弟》、《禮生於情》、《慎言訣行》等篇中爲兩橫，《性自命出》中爲一橫。《六德》中作一橫或兩橫。

六、用作分段號。簡文中僅《天生百物》、《父子兄弟》、《禮生於情》、《慎言訣行》使用了分段號。其中《天生百物》、《父子兄弟》、《禮生於情》作一短橫，《慎言訣行》爲長方塊形。

具體情況如下：

《老子》甲組，有篇號（作鉤識）、章號（作墨釘）、句讀號（作短橫）和重文號（作兩橫）。

乙組，無篇號，有章號（作墨釘）、句讀號（作短橫）和重文號（作兩橫或一橫）。

丙組，無篇號，有章號（作墨釘）、句讀號（作短橫）和重文、合文號（作兩橫）。

《太一生水》，無篇號，有章號（作墨釘）、句讀號（作短橫）和重文、合文號（作兩橫）。

《緇衣》，無篇號，有章號（作墨釘）、無句讀號、有重文、合文號（作兩橫）。

《魯穆公》，無篇號，有章號（作粗短橫）、句讀號（作小點或短橫）

和重文號（作兩橫）。

《窮達以時》，無篇號，有章號（作墨釘）、句讀號（作短橫）和重文號（作兩橫）。

《五行》，無篇號，有章號（作墨釘）、句讀號（作短橫，偶用墨釘）和重文號（作一橫，有一例作兩橫）。

《唐虞之道》，有篇號（作粗短橫），無章號和句讀號、合文號（作兩橫）。

《忠信之道》，無篇號、章號和句讀號，僅簡8有重文號一個（作一橫）。

《君子於教》，有篇號（作鉤識）和合文號（作兩橫），無章號和句讀號。

《尊德義》，無篇號、章號和句讀號，僅有重文號（作一橫或兩橫）和合文號（作兩橫）。

《性自命出》，有篇號（作鉤識），有章號和句讀號（作墨釘）和重文、合文號（作一橫）。

《六德》，有篇號（作鉤識）、章號（作粗短橫）和重文、合文號（作一橫或兩橫），無句讀號。

《天生百物》、《父子兄弟》、《禮生於情》3篇，均無篇、 章號和句讀號，僅有分段號（作一短橫）和重文、合文號（作兩短橫）。

《慎言訣行》，無篇章號和句讀號，僅有分段號（作長方塊形）和重文、合文號（作兩短橫）。

郭店楚簡內容上分爲兩大方面。一是道家文獻的《老子》甲、乙、丙《太一生水》；二是儒家文獻的《緇衣》、《魯穆公》、《窮達以時》、《五行》、《唐虞之道》、《忠信之道》、《君子於教》、《尊德義》、《性自命出》、《六德》、《天生百物》、《父子兄弟》、《禮生於情》、《慎言訣行》等。以上除《老子》、《緇衣》兩篇有傳世本，《五行》曾見於湖南長沙馬王堆西漢帛書外，其他均爲失傳二千多年的佚書。這批出土文獻的研究成果，於1998年5月公諸於世後，立即引起海內外學術界的轟動。它對於糾正傳世的先秦文獻之謬誤，填補孔孟之間思想演繹之空白，提供了十分珍貴的實物資料。

劉 祖 信

魯穆公

按：本篇存篇8枚，143字，因簡殘缺8字，凡151字。可分為兩章，第一章討論什麼樣的人可稱之為忠臣。第二章評價子思及其忠臣說。揭示子思“忠臣”說的人學內容，熱情讚揚儒家的理想人格。

一

魯穆公①問於子思②曰："何如而可謂忠臣？"子思曰："恒稱其君之惡者，可謂忠臣矣。"公不悅，揖而退之。

【注】

① 魯穆公，也作魯繆公，魯國國君。西元前409年壬申（周烈王十七年）至西元前377年甲辰（周安王二十五年）在位。

② 子思（西元前483年—西元前402年），《漢書》班固注："名伋，孔子孫，爲魯繆公師。"

【釋】

此章魯穆公問子思，討論什麼樣的人可稱之爲"忠臣"。

"忠"，此處特指事君之"忠"。《書·伊訓》："居上克明，爲下克忠。"孔傳："事上竭誠也。"

"事上竭誠"，即臣之事君，真心誠意，無二心。魯穆公問子思的問題是什麼樣的人可稱之爲"忠臣"，可是子思並未説"事君真心誠意而無二心"的人可稱之爲忠臣，而説"恒稱其君之惡者，可謂忠臣矣"。

"君之惡"，"惡"，與"善"相對。《説文》："惡，過也。""惡"就是"不善"。魯穆公當然知道"君之惡"的含義，所以聽了之後，很不高興。

"揖而退之"，"揖"，拱手行禮。《説文》："揖，讓也。"

“退之”，使之退。

“之”，代詞，指子思。

因爲子思是老師，出於對老師的尊敬，魯穆公雖然不高興，還是很有禮貌地送走了子思。

“恒稱其君之惡”：

“恒”，長久。《說文》：“恒，常也”。《玉篇》：“恒，常也，久也。”

“稱”，述說。《國語·晉語八》：”其知不足稱也。”韋昭注：“稱，述也。”爲什麼要“恒稱其君之惡”，這要從“君”、“臣”兩個方面來認識。陸九淵說：“天生民而立之君，使司牧之，故君者，所以爲民也。”（《陸九淵集·雜說》）《孟子·盡心下》：“民爲貴，社稷次之，君爲輕。是故得乎丘民而爲天子，得乎天子爲諸侯，得乎諸侯爲大夫。”如果爲君者無道，必將失去民心，社稷爲人所滅，則當更立賢君。因此，“恒稱其君之惡者，可謂忠臣矣。”爲臣者，事君也。《孟子·離婁上》：“欲爲君盡君道，欲爲臣盡臣道，二者皆法堯、舜而已矣。不以舜之所以事堯事君，不敬其君者也；不以堯之所以治民，賊其民者也。”又曰：“責難於君謂之恭，陳善閉邪謂之敬，吾君不能謂之賊。”朱熹《孟子集註》引范氏曰：“人臣以難事責於君，使其君爲堯舜之君者，尊君之大也，開陳善道以禁閉君之邪心，惟恐其君或陷於有過之地者，敬君之至也；謂其君不能行善道而不以告者，賊害其君之甚也。”所以“恒稱其君之惡者，可謂忠臣矣。”

二

成孫弋①見，公曰：“向者吾問忠臣於子思，子思曰：‘恒稱其君之惡者可謂忠臣矣。’寡人惑焉，而未之得也。”成孫弋曰：“噫，善哉，言乎！夫爲其君之故殺其身者，嘗有之矣。恒稱其君之惡者未之有也。夫爲其君②之故殺其身者，效③祿爵者也。恒稱其君④之惡者，遠⑤祿爵者也。爲⑥義而遠祿爵，非子思，吾惡聞之矣。”

【注】

① 成孫弋，姓成，名孫弋，疑爲與子思同時的魯國卿士。

② “君”，簡文缺。

③ “效”，簡文作“交”。

④ “稱其君”三字，簡文缺。

⑤ “者，遠”，簡文缺。

⑥ “也。爲”，簡文缺。以上缺字，根據裘按補出。

【釋】

此章成孫弋見魯穆公，評價子思及其“忠臣”說。

“寡人惑焉，而未之得也”：

“惑”，不明也。

“得”，曉也。“未之得”，未曉其義也。

成孫弋聽完魯穆公轉述子思“忠臣”說之後，認爲子思的“忠臣”說，是對“忠臣”最好的解說。接著用對比的方法，揭示子思“忠臣”說的人學內涵，熱情讚揚儒家的理想人格。

"爲其君之故殺其身者，嘗有之矣"：

臣之事君，爲其君之故殺其身，是臣道的核心內容。《穀梁傳・桓公十一年》："死君難，臣道也。"《管子・大匡》："管仲曰：'夷吾之爲君臣也，將承君命奉社稷以持宗廟，豈死一糾哉？夷吾之所死者，社稷破、宗廟滅、祭祀絕則夷吾死之，非此三者則夷吾生。'"這是管仲勸說鮑叔爲公子小白傅的一段話。管仲。名夷吾，字仲。初事公子糾，後相齊桓公（公子小白）。管仲的話有兩層意思：1、爲君之臣，甘願爲君命而殺其身；2、捨身爲君是爲了保社稷。君和社稷是相統一的，既爲君之臣就要承其命奉社稷以持宗廟。君有難，即社稷有難；君亡，則社稷破、宗廟滅、祭祀絕。爲此，"死君難，臣道也。"

"爲其君之故殺其身者，效祿爵者也"：

"效"，授也。"效祿爵"，授以祿爵。"祿"，祿位。《周易・否・象》："君之以儉德辟難，不可榮以祿。"孔穎達疏："不可榮華其身以居祿位。""祿爵"，俸祿和爵位。《禮記・王制》："王者之制祿爵：公、侯、伯、子、男凡五等。"鄭玄注："祿，所以受食；爵，秩次也。"

"爲其君之故殺其身"，保君、保社稷、自然有功於君，有功於社稷，理所當然要授以祿爵。《國語・晉語九》："穆子召之，曰：'鼓有君矣，爾心事君，吾定而祿爵。'"穆子即中行穆子，晉卿。西元前527年率師伐鼓，滅之，使晉大夫涉佗守鼓之地。鼓君的下臣夙沙釐帶著妻子兒女跟隨被執的鼓君到晉國，穆子召見他，要他忠心事奉新君，答應授以祿爵。

"爲其君之故殺其身"，不管爲君之臣主觀上怎樣考慮，或爲義或爲利，事實上都與祿爵緊密連在一起，所以成孫弋說："夫爲其君之故殺其身者，效祿爵者也。"這是對"死君難"之"忠臣"的分析。

"恒稱其君之惡者，遠祿爵者也"：

"遠"，離也。"遠祿爵"與"效祿爵"相對，爲之不授祿爵，或者說與

“祿爵”無緣。“恒稱其君之惡”，是爲“開陳善道以閉君之邪心”，其君既已有邪心，閉之談何容易？如果不遇明君，不僅勞而無功，而且會遭殺身之禍。豈有“祿爵”可言？“遠祿爵”亦即遠避祿爵。“祿爵”，利也。“遠祿爵”乃遠利也。《禮記．檀弓下》：“晉獻公之喪，秦穆公使人弔公子重耳……（公子重耳）稽顙而不拜，哭而不起，起而不私。子顯（秦穆公使者）以致命於穆公。穆公曰：‘仁夫公子重耳！’夫稽顙而不拜，則未爲後也，故不成拜；哭不而起，則愛父也；起而不私，則遠利也。”陳澔《集說》曰：“愛義遠利，皆仁者之事，故稱之曰‘仁夫公子重耳。’”如是，“遠祿爵”乃仁者之所爲也！

“爲義而遠祿爵，非子思，吾惡聞之矣”：

“義”，仁義也。仁義，人之善也。《論語．述而》：“德之不修，學之不講，聞義不能徙，不善不能改，是吾憂也。”又：“不義而富且貴，於我如浮雲。”仁義是儒家的道德規範，是做人的根本，朱熹《論語集註》引尹氏曰：“德必修而後成，學必講而後明，見善能徙，改過不吝，此四者日新之要也，苟未能之，聖人猶憂，況學者乎？”對於富貴，不義者絕不取。視不義之富貴，如浮雲之無有，漠然無所動於中。關於如何做人，儒家從“窮”、“達”兩個方面來規範自己的行爲。《孟子．盡心上》：“窮則獨善其身，達則兼善天下。”不管是“窮”，還是“達”，都以善爲本，以仁義爲道德標準。“恒稱其君之惡”，這是儒家在顯達時的人格寫照。“恒稱其君之惡”，就是兼善天下。成孫弋以“爲其君之故殺其身”作對比，認爲“恒稱其君之惡”必然“遠祿爵”，這種“遠祿爵”乃“爲義”之舉，是儒家兼善天下的理想人格的充分展示。也只有子思這樣的儒家賢哲，才能提出“爲義而遠祿爵”的主張。所以說“非子思，吾惡聞之矣”！“惡”，疑問代詞。

附記：

本篇原無篇題，是整理者據簡文擬加。本篇有兩章，第一章是“魯穆公問子思”，第二章是“成孫弋見魯穆公”，魯穆公是全篇的中心線索。整理者擬加的篇題只適宜第一章，與第二章內容不相合。似以“魯穆公”爲篇題爲是。

窮達以時

按：本篇存簡15枚，289字，因簡殘，缺17字，凡306字。可分爲三章，首言“知”：察天人之分，知“世”知“行”；次言“遇”：古之賢者均因遇而達；三言“反”：窮達以時，君子惇於反己。反映了早期儒家對現實窮達的哲學思考，以及對人性的理性追求。

一

有天有人，天人有分。察天人之分，而知所行矣。有其人，無其世，雖賢弗行矣。苟有其世，何難之有哉？

【注】

《荀子·宥坐》載：孔子南適楚，孔子曰："……知禍福終始而心不惑也，夫賢不肖者材也。爲不爲者人也，遇不遇者時也，死生者命也。今有其人不遇其時，雖賢其能行乎？苟遇其時，何難之有！"此爲孔子弟子所記述的孔子言論，與《窮達以時》此段相一致。《窮達以時》似可能爲孔子自述。

【釋】

此章言察天人之分，知"世"知"行"。

"有天有人，天人有分"：

"天"，命（命運）也。《孟子·梁惠王下》："吾之不遇魯侯，天也。"

"人"，材也。《左傳·文公十三年》："子無謂秦無人，吾謀適不用也。"

"分"，音份，位分也。《孟子·盡心上》："君子所性，雖大行不加焉，雖窮居不損焉，分定故也。"所謂"有天有人，天人有分"，意思是說，在現實中，天有所命，人有其材；天命有異，材各不同。天之命，人之材各有其位分也。

什麼是"天"？"天"在先秦諸子的著述中，各有不同的含義。本篇所說的“天”，是以“世”、“時”爲內涵的天，是“命運”之天。所謂“命運”並非宿命論的命運，而是一種“遇”，是對社會現實中“窮”、“達”的或然性的哲學概括。在儒家哲學中也稱“天命”，是由“命運”之天決定的。命運之天，在一般人心目中，往往被神化，被看成是淩駕於人之上的有著超人力量的命運主宰者。究其實，命運之天，不過是表現爲“天”的人，它所顯示出的力量，是一種異化了的人的群體之力，或者說“社會力”，就是孟子所說的“天時、地利、人和”所構成的社會力。作爲社會群體的每一個具體的人，一個個體，對這種社會力的確是無法抗拒的，只能順之而動，否則將一事無成，或者被碰得頭破血流。但這種“命運之天”，絕不是神，它是實實在在的。“有天有人”，就是承認這種命運之天的存在，而且命運之天的存在與人的存在是互爲條件的。“天人有分”，是說“天”和“人”各有位分。天之命因世、因時而異，人之材因人、因事而不同。

“察天人之分，而知所行矣”：

“察”，明辨。《孟子·梁惠王上》：“明足以察秋毫之末。”

“行”，作。《書·湯誓》：“非台小子，敢行稱亂，有夏多罪，天命殛之。”

“察天人之分”，就是必須明辨命運之天之對於人事的種種不同。只有“察天人之分”，你才知道應該怎樣做、不應該怎樣做。也就是俗話所說的“識時務者爲俊傑”。人是社會的人，你是社會的組成者之一，你又是社會的“奴僕”。社會一經組成，就是一種獨立於每個組成者且淩駕其上的社會存在，它以其不可抗拒的權威決定你的一切。也就是說，它能決定你的命運，它就是你的命運之天。自有社會以來，個體的人從來沒有誰擺脫過這種命運之天的控制。作爲個體的人，生活在社會之中，應察“天人之分”，抓住機遇，應世、應時而動，才能有所作爲，才能有所成。不管你是一個什麼樣的人物，“無其世，雖賢弗行矣”，如果“有其世，何難之有哉？”

二

舜耕①於曆山，陶拍於河匿，立而爲天子，遇堯也。邵繇②衣胎蓋帽絰冢巾，釋板築而左天子，遇武丁也。呂望爲臧棘津③，戰監門棘④地，行年七十而屠牛於朝歌，遷⑤而爲天子師，遇周文也。管夷吾拘囚束⑥縛，釋械柙⑦，而爲諸侯相，遇齊桓也。百里奚轉賣⑧五羊，爲伯牧牛，釋板桎而爲朝卿，遇秦穆。孫叔三斥郇思少司馬，出而爲令尹，遇楚莊也。

【注】

① 簡文此字，裘按：疑即"耕"之異構。

② 簡文此字同"繇"，見《集韻》。

③ "臧棘津"依簡文《窮達以時》注釋六裘按。

④ "棘"以裘按類推。

⑤ 依裘按讀爲"遷"。

⑥ 依裘按讀爲"囚"。簡文"棄"依裘按釋爲"束"。

⑦ 簡文釋文讀爲"桎梏"，從李家浩說，定爲"械柙"。

⑧ "轉賣"二字，依裘按。

【釋】

此章言古之賢者均因遇而達。

"舜耕於歷山，陶拍於河匿，立爲天子，遇堯也"：

"陶拍"，燒製陶器。

"河匿"，"匿"疑假爲"沽"，水名。《說文》："沽，水。出漁陽塞外，東入海。"段注："今直隸之白河，即沽河也。"河沽，即沽河，與"曆山"相對。《史記·五帝本紀》："舜耕歷山，歷山之人皆讓畔；漁雷澤，雷澤之人皆讓居；陶河濱，河濱器皆不苦窳。一年而所居成聚，二年成邑，三年成都。"舜，的確是大德之人，其所以能"立爲天子"，是因爲"遇堯也"。

"卲繇衣胎蓋帽絰冡巾，釋板築而左天子，遇武丁也"：

"胎"，襯在衣服的面子和裡子之間的綿絮胎。

"蓋"，覆蓋。

"絰"，音跌，纏在腰間的麻帶。

"冡"，音蒙，蒙住，"蒙"的古字。

"板築"，築土牆用的工具。板，夾板；築，杵。築土牆時，以兩板相夾，填土於其中，用杵搗實。

"武丁"，殷高宗，盤庚弟小乙之子，殷自盤庚死後，國勢衰落，武丁立，用傅說爲相，勤修政事，又趨強盛。

"卲繇"，"繇"通"由"。由，古音餘紐幽部；囚，古音邪紐幽部。由、囚，古音可通。故裘按："'繇'疑當讀爲'囚'。"卲囚的出身、職業以及遇武丁而左之，與傅說完全相同，疑卲囚即傅說。傅說，因武丁得於傅巖，故命爲傅姓，也許傅說姓卲，人稱卲囚。卲囚其所以能佐天子以成大業，是因爲"遇武丁也"。

"呂望爲臧棘津，戰監門棘地，行年七十而屠牛於朝歌，遷而爲天子師，遇周文也"：

"臧"，音髒，奴隸。《方言》第三："臧，奴婢賤稱也。

"棘津"，古代黃河津渡名，地在今河南省延津縣東北。相傳呂望未遇時曾賣食於此。

"戰"，假借爲"顫"。

"棘地"形容艱難的境地。

"戰監門棘地"，指生活困苦艱難。

"朝歌"，殷都城。武乙所都，紂因之。周武王滅殷，封康叔於此，爲衛國。《古史考》（輯本）："呂望常屠牛於朝歌，賣飯於孟津"。《史記·齊太公世家》："（文王）曰：'自吾先君太公曰：當有聖人適周，周以興。子真是邪，吾太公望子久矣。'故號之曰：'太公望'，載與俱歸，立爲師。"太公望其所以"遷爲天子師，遇周文也。"

"管夷吾拘囚束縛，釋械柙，而爲諸侯相，遇齊桓也"：

"拘囚"，拘禁，關押。

"束縛"，捆綁。

"械"，刑具。《說文》："械，桎梏也。"

"柙"，音霞，《說文》："柙，檻也。"此處指"囚車"。《史記·管晏列傳》："管仲夷吾者，潁上人也。少時常與鮑叔牙遊。……已而鮑叔事齊公子小白，管仲事公子糾。及小白立爲桓公，糾死，管仲囚焉。"《史記·齊太公世家》："（桓公）召管仲，欲甘心實欲用之。管仲知之，故請往。鮑叔牙迎受管仲，及堂阜而脫桎梏。"管仲相齊桓公，齊桓公以霸，九合諸侯一匡天下，乃管仲之謀也。如此偉業的建立，皆因"遇齊桓也"。

"百里奚轉賣五羊，爲伯牧牛，釋板桎而爲朝卿，遇秦穆"：

"釋"，乃《莊子·養生主》"庖丁釋刀"之"釋"，作"放下"解。

"板桎"，疑爲"牧牛"之具。

百里奚，春秋時秦穆公之賢相，原爲虞國大夫。關於百里奚的故事，先秦已傳說不一。《史記·秦本紀》："晉獻公滅虞、虢，虜虞君與其大夫百里奚。……以爲秦穆公夫人媵於秦。百里奚亡秦，走宛，楚鄙人執之。穆公聞百里奚賢，欲重贖之，恐楚人不與，乃使人謂楚曰：'吾媵臣百里奚在焉，請以五羖羊皮贖之。'楚人遂許之。當是時百里奚年已七十餘，穆公釋其囚，與語國事。……語三日，穆公大說，授之國政。號曰五羖大夫。"《孟子·萬章上》：萬章問曰："或曰：'百里奚自鬻於秦養牲者，五羊之皮，食牛，以要秦穆公。'信乎？"孟子曰："否，不然。好事者爲之也。"按萬章所述，人言百里奚自賣於秦養牲者之家，得五羊之皮而爲之食牛，因以干求秦穆公。此說與"百里奚轉賣五羊，爲伯牧牛"的情節是相符合的。當時孟子並未看到簡文《窮達以時》所述，如果看到了當不會以萬章所述爲"好事者爲之也"。孟子未見，太史公司馬遷亦未見也。如是便衍義出《史記·秦本紀》"請以五羖皮"贖百里奚之說。其實，正如朱熹《孟子集註》引范氏曰："古之聖賢未遇之時，鄙賤之事，不恥爲之。如百里奚爲人養牛，無足怪也。"至於"以要秦穆公"之說，可能屬於訛傳。《窮達以時》所述並無此情節。所謂"以要秦穆公"，朱熹引尹氏曰："蓋以其不正之心度聖賢也。"總之，不管傳說如何，百里奚得以爲秦之賢相，乃"遇秦穆"也。

"孫叔三斥郙思少司馬，出而爲令尹，遇楚莊也"：

"郙思少司馬"，楚官職。

"孫叔"，即孫叔敖。《史記·循吏列傳》："孫叔敖者，楚之處士也，虞丘相進之於楚莊王以自代也。"據《荊門直隸州志》載，孫叔敖祖居白土里，後改孫家山（在今荊門市與荊州市交界處）。相傳三任令尹而不喜，三次去職而不悔，是有名的賢臣，被列爲荆門鄉賢。

前述舜、邵繇、呂望、管夷吾、百里奚、孫叔，凡六者，皆古之賢人也，均以“遇”而達。《孟子·公孫丑下》：“千里而見王，是予所欲也；不遇故去，豈予所欲哉？予不得已也。”朱熹集註：“見王，欲以行道也。今道不行，故不得已而去，非本欲如此也。”是故，遇者達也，不遇者窮也。“遇”與“不遇”是君子“達”與“窮”的關鍵。

三

初滔酭，後名揚，非其德加。子胥前多功，後戮死，非其智衰也。①驥馰張山，騹空於邵棘，非亡體狀也。窮四海，致千里，遇造父故也。②遇不遇，天也。動非爲達也，故窮而不困；學非爲名也，故莫之知而不吝。③芷蘭生於深林，非以無人嗅而不芳。④無茖菫愈坻，山石不爲所用，夫爲善伓己也。⑤窮達以時，德行一也。譽毀在旁，聽之，弋母之白不厘。窮達以時，幽明不再，故君子惇於反己。

【注】

① 裘按：《韓詩外傳》卷七：“伍子胥前功多，後戮死，非知有盛衰也，前遇闔閭，後遇夫差也。”“非知有盛衰也”句，《説苑·雜言》作“非其智益衰也”。二書此段文字與簡文基本相同。

②“邵棘”之“棘”，依“棘津”之“棘”類定。“體狀”，簡文作“體

壯”；“致千里”，簡文作“至千里”；“遇造父故也”，簡文作“遇告故也”。今從裘按。

③“窮而不困”、“學非爲名也”，簡文缺“困”、“學”、“非”三字。“非”根據裘按補出；“困”、“學”根據廖名春《荆門郭店楚簡與先秦儒學》一文補出。

④“芷蘭生於深林”、“非以無人”十字，簡文缺，根據裘按、參考廖名春所述補出。

⑤“幕”，簡文從艸莫聲，“莫”字形體的下半部與包山117號簡“莫”字同。疑爲“幕”字之異構。“所用”、“夫爲”四字，簡文缺，據上下文補出。

【釋】

此章言窮達以時，君子惇於反己。

“初滔酭，後名揚，非其德加”：

“滔”，音漢。《說文》：“滔，泥水滔滔也。”“滔”同“浛”。《廣韻·勘韻》：“浛，水和物。”

“酭”，音婟。《集韻·宥韻》韻：“酭，酒醻也。通作侑。”“滔酭”水摻和在主人進客人酒中，表示主人對客人的情義不深，或者客人不受歡迎。

“揚”，顯揚。“名揚”，名聲顯揚。

句意爲：開始不被人重視，後來名聲顯揚，“非其德加”也。

“子胥前多功，後戮死，非其智衰也”：

“子胥”，伍子胥。伍子胥，名員，春秋楚人。父奢兄尙都被楚平王殺害，子胥奔吳後被封申地，又稱申胥。曾與孫武共佐吳王伐楚，五戰攻入郢都，後吳王夫差敗越，越請和，子胥諫不從，夫差迫子胥自殺。伍子胥對吳王來說，前多功，後被戮死，“非其智衰也”。

“驥駒張山，騹空於邵棘，非亡體狀也”：

“驥”，駿馬。“駒，馬之良材者。”“騹”，同“騏”。“騏驥”，古之良馬也。

“張”，緊張。《禮記·雜記下》：“張而不弛，文武弗能止；弛而不張，文武弗爲也；一張一弛，文武之道也。”鄭玄注：“張弛，以弓弩喻人也。”

“空”，控，止馬也。《廣雅·釋詁二》：“空，待也。”王念孫疏證：“《鄭風·大叔于田》傳云：‘止馬曰控。’義與空相近。”

“邵”，古地名，春秋晉邑。《左傳·襄公二十三年》：“齊侯遂伐晉，……戍郫、邵。”

“棘”，酸棗樹叢。

“亡”，通無。“驥駒張山”與“騹空于邵棘”爲互文，

句意爲：最優秀的駿馬騏驥在大山和棘叢中也無法施展其能，面對大山感到緊張，在棘叢面前只能停住腳步，這並不是因爲它“亡體狀也”。

“窮四海，致千里，遇造父故也”

“造父”，周時之善御者。裘按指出，《韓詩外傳》卷七和《說苑·雜言》都有與此段簡文內容相近的文字，其中都有“驥罷鹽車”的典故。“驥罷鹽車”，又作“驥伏鹽車”，典出《戰國策·楚策四》：“夫驥之齒至矣，服鹽車上太行，蹄申膝折，尾湛胕潰，漉汁灑地，白汗交流，中阪遷延，負轅不能上。伯樂遭之，下車攀而哭之，解紵衣以冪之。驥於是俛而噴，仰而鳴，聲達於天，若出金石者，何也？欣見伯樂之知己也。”這個典故中的老驥，如果不遇伯樂怎能“窮四海，致千里”！典故中的老驥“欣見

伯樂之知己”正是簡文中“窮四海，致千里，遇造父故也”的意思，只是把“伯樂”換成了“造父”而已。“遇不遇，天也”，是對前四句所述的總結，所謂名聲、功過以至於“窮四海，致千里”，都在一個“遇”字上。人之“遇”或“不遇”，有其歷史的必然性，也有不確定性。人類社會的發展，因世、因時，總會出現一些傑出人物，此即所謂“時勢造英雄”。這是人之“遇”或“不遇”的歷史必然性。但就某一個人來說，其“遇”或“不遇”，是有一定機遇的，時代總會忽略或拋棄一些人，那些自視其才高，而抱怨“生不逢時”或者“懷材不遇”的人，便是被時代忽略或者拋棄者的代表。這表現了人之“遇”或“不遇”的不確定性。本篇的“遇不遇，天也”就是對這種歷史必然性和不確定性的理論概括，是作者對現實的“窮”與“達”所進行的哲學思考的結論。

“動非爲達也，故窮而不困；學非爲名也，故莫之知而不吝”：

“動”，有所作爲，有所行動。

“達”，顯達，地位高而尊貴顯赫。“窮”，與“達”相對，義爲不得志。

“困”，窘迫。“吝”，遺憾。

“動非爲達……”、“學非爲名……”相對爲文，表達了早期儒家對人性的理性追求。人之有所作爲，有所行動，有所學，不是爲個人地位的尊貴顯赫，不是爲了名揚天下，更不是爲欺世盜名；而是對“樂則行之，憂則違之”的潛龍之德的嚮往。《周易·乾·文言》：“初九曰：‘潛龍勿用。’何謂也？子曰：‘龍，德而隱者也。不易守世，不成乎名，遁世無悶，不見是而無悶。樂則行之，憂則違之，確乎其不可拔，潛龍也。’”如是，不得志而不感到窘迫，不爲人所知也不感到遺憾，自得其樂，樂在其中也。

“芷蘭生於深林，非無人嗅而不芳”：

“芷蘭”，白芷和蘭草。皆香草名。此句以芷蘭生於深林作譬，以喻“潛龍之德”，表示對人性的理性追求的決心。

“無落幕愈埳，山石不爲所用，夫爲善伓己也”：

“茖”，同“落”，居處。沈括《夢溪筆談·器用》：“予昔年在姑塾王敦城下土中得一銅鉦，刻其底曰：‘諸葛士全茖鳴鉦。’‘茖’即古‘落’字也，此‘部落’之‘落’。”

“幕”，帳幕。

“愈”借指爲“甋”，陶瓦製的長頸瓶。“埳”，同“缶”，盛水、盛物的瓦器。

“伓”，通“背”，背離，棄去。《書·大禹謨》：“稽於眾，舍己從人。”蔡沈集傳引程子曰：“舍己從人，最爲難事。己者，我之所有，雖痛舍之，尤懼守己者固，而從人者輕。”《論語·顏淵》：“克己復禮爲仁。”朱熹集註：“克，勝也。己，謂身之私欲也。”能“克己”、“舍己”，乃善之至也。“伓己”，“克己”、“舍己”之謂也。無居處的帳幕、無日用的器皿，連山石也不爲所用，真乃“爲善伓己也”。

“窮達以時，德行一也”：

“時”，時機，機會。“時”是“窮達”的具體條件。

“德行”，《周禮·地官·師氏》：“以三德教國子。”鄭玄注：“德行，內外之稱，在心爲德，施之爲行。”《周易·乾·文言》：“君子進德修業。忠信，所以進德也。修辭立其誠，所以居業也。知至至之，可與言幾也。知終終之，可以存義也。是故居上位而不驕，在下位而不憂。”

“窮達以時”，君子可能不得志，也可能因遇而顯達。“窮”、“達”本身對君子並不重要，重要的是君子的德行。《論語·述而》：“德之不修，學之不講，聞義不能徙，不善不能改，是吾憂也。”朱熹集註引尹氏曰：“德必修而後成，學講而後明，見善能徙，改過不吝，此四者日新之要也。”君子因世、因時，有遇而達，或不遇而窮，都要一以貫之地進德修業，既不能二三其德，也不能二三其行，“德行一也”。這便是早期儒家對人性的理性追求。

“譽毀在旁，聽之，弋母之白不厘”：

“譽”，稱譽。“毀”，詆毀。“聽”，聽憑，任憑。

“弋母”，弋，姓氏。“弋母”，疑指魯襄公生母定姒。姒，《公羊傳》作“弋”。

“白”，辯白。

定姒（弋）是襄公生母，但卻是成公的賤妾。襄公四年秋，定姒（弋）薨，爲是否行停棺待葬之禮曾有爭論，所謂“弋母之白”當指此。

“厘”，理也。“不厘”，無須分辨。早期儒家既不贊成“譽”，也不贊成“毀”。《論語·衛靈公》：“吾之於人也，誰毀誰譽？如有所譽者，其有所試矣。斯民也，三代之所以直道而行也。”朱熹集註：“毀者，稱人之惡而損其真。譽者，揚人善而過其實。夫子無是也。然或有所譽者，則必嘗有以試之，而知其將然也。……斯民者，今此之人也。三代，夏、商、周也。直道，無私曲也。言吾之所以無所毀譽者，蓋以此民，即三代之時所以善其善、惡其惡而無所私曲之民。故我今亦不得而枉其是非之實也。”所謂“譽毀在旁，聽之”，乃“善其善、惡其惡而無私曲”之謂也。這是早期儒家對人性的理性追求的又一側面。

“窮達以時，幽明不再，故君子惇於反己”：

“幽明”，指晝夜。《禮記·祭義》：“祭日於壇，祭月於坎，以別幽明，以制上下。”鄭玄注：“幽明者，謂日照晝，月照夜。”

“再”，第二次。“幽明不再”，謂晝夜交替，時間流逝，時不我待。

“惇”，誠實。《方言》卷七：“惇，信也。”郭璞注：“惇，亦誠信貌。”

“反己”，反求於己。《論語·衛靈公》：“子曰：‘君子求諸己，小人求諸人。’”朱熹集註引謝氏曰：“君子無不反求諸己，小人反是。”“君子惇于反己”是早期儒家對人性理性追求得以實現的根本途徑。只有“惇於反己”，才能達到儒家人性追求的終極目標。

本篇在理論上提出了“察天人之分”的哲學命題，在清醒地認識天有所命，人有其才；天之命，人之才各有其位分的客觀現實的同時，充分肯定了人的社會價值。然而人的社會價值的體現，不能離開社會。作者以“世”來概括體現“人生價值”的社會條件，其結論是：“有其人，無其世，雖賢弗行矣。苟有其世，何難之有哉？”在“察天人之分”的理論指導下，作者又以實學的精神觀照現實，在古之賢者兼善天下的事實中，認識到“遇”與“達”的關係，從其反面認識到“不遇”與“窮”的關係。在“窮”與“達”的哲學思考中，作出了“遇不遇，天也”的結論。這裡的“天”，不是神格的，也不是道德的，而是社會的。是以“世”、“時”爲哲學內涵的所謂“命運”之天。對待這個結論，如果只注意到“遇不遇”的或然性，有人可能會自覺或不自覺地把它與宿命論的命運連在一起。其實，作者所重視的是“天”與“世”、“時”的聯繫。在“遇不遇，天也”這一結論的基礎上，又以“窮達以時”來概括因世、因時，有遇而達，或不遇而窮的社會現實。不僅提出了“德行一也”的要求，而且要求“惇於反己”，以追求人性的超越，最大限度實現人的社會價值。本篇是研究早期儒家人學思想的珍貴文獻。

唐虞之道

按：本篇存簡29枚，706字，因簡殘，缺20字，現根據上下文補出，凡726字。全篇擬分爲10章、四部分：第1章總說禪讓，指出“禪而不傳”、“利天下而弗利”乃賢仁聖者之舉；第2—4章具體分析“禪而不傳”與“愛親尊賢”的關係，指出“愛親故孝，尊賢故禪”、“愛親忘賢，仁而未義也；尊賢遺親，義而未仁也”。第5—8章對堯舜禪讓的實踐進行理論分析和概括，指出“禪也者，上德授賢之謂也”。第9—10章總結禪讓的現實意義，指出“禪天下而授賢”乃“知其弗利也”。

一

唐虞①之道，禪②而不傳；堯舜之王，利天下而弗利也。禪而不傳，聖之盛也；利天下而弗利也，仁之至也。故昔賢仁聖者如何，身窮不均，邊而弗利，躬仁矣③。必④正其身，然後正世，聖道備矣。故唐虞之盛世⑤也。

【注】

①“唐虞”，簡文釋文作“湯吳”，“湯”借作“唐”，“吳”借作“虞”。

②“禪”簡文從彳從峜從壬，義爲“禪讓”，現從俗，寫作禪。

③“邊”，簡文從身從辵，俗“邊”字，見《字彙》。“矣”，簡文釋文作“嘻”，依裘按作“矣”。

④此字簡文從才從匕，匕亦聲，疑讀爲“必”字。匕、必，古音同爲幫紐，匕在脂部，必在質部，可對轉。

⑤“盛世”，簡文缺。古史言唐虞以揖讓有天下，以唐虞時爲太平盛世。《論語·泰伯》：“唐虞之際，于斯爲盛。”現依此並結合本章文義補出。

【釋】

此章言堯舜“禪而不傳”，“利天下而弗利”乃賢仁聖者之舉。

“唐虞之道，禪而不傳；堯舜之王，利天下而弗利也”：

“唐虞”，陶唐氏（堯）與有虞氏（舜）之合稱。“唐虞之道”亦稱“堯舜之道”。

“禪”，音善，以帝位讓人謂之“禪”。

“傳”，音船，延續，帝王的權位由父子相延續謂之“傳”。

“王”，音旺，統治，治理。

“利天下”之“利”，有利，對……有利。

“弗”，本義“矯正”，引申爲“不”義。段玉裁《說文解字注》：“弗，矯也”。徐灝箋：“凡弛弓則以兩弓相背而縛之，以正枉戾，所謂矯也，矯謂之弗。”《廣雅·釋詁四》：“弗，不也”。“弗利”之“利”，《廣雅·釋詁二》：“利，貪也”。《禮記·坊記》：“先財而後禮，則民利。”鄭玄注：“利，猶貪也。”“弗利”，正人之貪。人之貪心既正，就是不貪。“弗利”，也可釋爲“不貪”。唐虞之時，尊賢重能，惟德是舉，帝位讓給天下最賢能的人；堯舜治理國家，重禮輕利，利天下而不貪，以己之不貪正人之貪心。

“禪而不傳，聖之盛也；利天下而弗利也，仁之聖也”：

“聖”與“仁”對舉，“聖”，聰明睿智。“仁”，仁慈厚道。

“盛”，極，甚。“至”，達到極點。

“禪而不傳”是“唐虞之道”的核心，“禪”以天下爲公爲前提，將帝王之位授予最賢能的人；“傳”以家天下爲前提，父子延續其帝王之位。“禪而不傳”乃天下爲公的聰明睿智之舉。

“利天下而弗利”是“堯舜之王”的英明舉措，利天下與正人之貪心是相輔相成的，如果鼓勵人們爲個人私利奔走，那麼所謂“利天下”只不過是一句裝點門面的空話，只有矯正人之貪心，鼓勵人們爲社會爲他人走共同富裕之路，才能真正做到利天下。唐虞之時，堯舜能尚德、尚賢，“禪而不傳”，能仁厚愛民，“利天下而弗利”，所以是“聖之盛也”，“仁之至也”。如此，真所謂“賢仁聖者”。

“身窮不均，邊而弗利，躬仁矣”：

“身窮”，身處困境。

“均”，等同。

“邊”，盡頭。《公羊傳·僖公十六年》：“是月者何？僅逮是月也。”何休注：“是月邊也，魯人語也，在正月之幾盡。”

“躬”，自身，自己。

“仁”，仁慈厚道。

賢仁聖者，身處困境不求與人均等，路至幾盡而堅持正人之貪心，躬自仁厚始終不渝。

“必正其身，然後正世，聖道備矣”：

“正其身”，猶正己，端正自己的思想言行。

“正世”，整治世道。

《管子·正世》：“古之欲正世調天下者，必先觀國政，察民俗。”然而“觀國政，察民俗”者，如果其身不正，其世當然難正。故曰“必正其身，然後正世”，如是，聖道備矣。

堯和舜興禪讓，任賢舉能，以“利天下而弗利”治理國家；他們“身窮不均，邊而弗利”，躬自仁厚且始終不渝；他們是“聖之盛”、“仁之至”的賢仁聖者。由於他們先“正其身，然後正世”，使其聖道備具，從而創造了令後世景仰的唐虞之盛世。

對於中國歷史上的禪讓之道，雖然有《尚書·堯典》、《史記·五帝本紀》的記載，但長期以來卻被認爲只是傳說；儒學發展到宋代，宋儒中以陸九淵爲代表，曾明確表示要“傳堯舜之道，續孔孟之統”（《陸九淵集卷一·

與侄孫湲》）。然而，理論上“禪讓”說的提出，卻一直未見傳本，以致二十世紀二丨年代，有人懷疑堯舜“禪讓”說出於儒家，認爲“堯舜禪讓起源於墨家”（顧頡剛《禪讓傳說起源於墨家考》，《古史辨》第七冊下）。荊門郭店楚簡《唐虞之道》爲研究禪讓說的起源和早期儒家思想，提供了極其珍貴的材料。《唐虞之道》的堯舜禪讓說就是《尚書·堯典》和《史記·五帝本紀》所記載的關於堯舜的歷史事實的理論概括。過去認爲的“傳說”，現在有史、有論，應該是可以確認的事實了。

二

夫聖人上事天，教民有尊也；下事地，教民有親也；時事山川，教民有敬也；親事祖廟，教民孝也；太學①之中，天子親齒，教民悌也。先聖與後聖考，後而歸②先，教民大順之道也。

【注】

① “太學”，簡文釋文作“大教”，今依裘按，定爲“太學”。

② 依李天虹釋，定爲“歸”。

【釋】

此章言聖人教民大順之道。

“上事天”、“下事地”、“時事山川”、“親事祖廟”：

“事”，侍奉，供奉。天，人倫中的尊者。《爾雅·釋詁》：“天，君也。”《詩·鄘風·柏舟》：“母也天只，不諒人只。”毛傳：“天謂父也。”

“地”，與“天”相對，萬物之所從出也。《說文》：“地，……萬物所陳列也。”

“山川”，名山大川之神。《楚辭·九章·惜誦》：“俾山川以備禦兮，命咎繇使聽直。”朱熹集註：“山川，名山大川之神也。”

“祖廟”，供祀祖先的宮廟。

“天”、“地”、“山川”在上古先民心目中，都是有神靈的；祖廟中也有祖宗的英靈。所以天、地、山川、祖廟都是應該虔誠侍奉的。《禮記·祭法》：“山林川谷丘陵，能出雲爲風雨，見怪物，皆曰神。”孔穎達疏：“風雨雲露並益於人，故皆曰神而得祭也。”早期儒家心目中的聖人，也“事天”、“事地”、“事山川”，然而他們並不是因爲“天”、“地”、“山川”有神而祭，而是爲“教民有尊”、“教民有親”、“教民有敬”而祭。即使是“事祖廟”，也是爲“教民孝也”。不僅如此，還在太學中，“天子親齒”（親自講述）教民以“悌”。在早期儒家聖人那裡，“天”已不是“神”，而是人倫中的尊者；“地”也不是“神”，而是萬物之所從出也；“山川”也只是“能出雲爲風雨”而益於人的大自然，其所以“事”，是出於“教民”的需要。

“先聖與後聖考，後而歸先，教民大順之道也”：

“考”，考察。《周易·復·象》：“敦復無悔，中以自考也。”李鼎祚集解引侯果曰：“能自考省，動不失中。”

“歸”，返回。《廣雅·釋言》：“歸，返也。”

“順”，和順。《周易·豫·彖》：“聖人以順動，則刑罰清而民服。”孔穎達疏：“若聖人和順而動，合天地之德，故天亦如聖人而爲之也。”

聖人在事天、地、山川、祖廟以“教民”的同時，先聖、後聖經過反覆考察，後聖之與先聖歸同返一，教民以天地和順之道。

三

堯舜之行，愛親尊賢。愛親故孝，尊賢故禪。孝之方，愛天下之民。禪之流①，世之隱德。孝，仁之冕②也；禪，義之至也。六帝興於古，咸由此也。

【注】

① 依劉釗釋，定爲“流”。

② 簡文作“免”，借作“冕”。

【釋】

此章言愛親故孝、尊賢故禪之理。

“堯舜之行，愛親尊賢。愛親故孝，尊賢故禪”：

“親”，段玉裁《說文解字注》：“親，父母者，情之最至者也，故謂之親。”《荀子·不苟》：“交親而不比，言辯而不辭，蕩蕩乎！其有以殊於世也。”

“賢”，有德行，多才能。《書·大禹謨》：“克勤於邦，克儉於家，不自滿假，惟汝賢。”

“孝”，尊親敬老之謂也。《孝經·天子》：“愛親者不敢惡於人，敬親者不敢慢於人，愛敬盡於事親，而德教加于百姓，形于四海，蓋天子之孝也。”

堯舜興禪讓、利天下而正人之貪心的行爲，表現了他們愛親尊賢的思想。因爲對百姓愛之情深至篤，所以德教加于百姓，形于四海；因爲尊重賢德之才，所以唯德是舉，實行禪讓。

“孝之方，愛天下之民。禪之流，世亡隱德。孝，仁之冕也；禪，義之至也。六帝興于古，咸由此也”：

“方”，通“旁”，周遍。《書·堯典》：“湯湯洪水方割。”王引之述聞：“家大人曰：方皆讀爲旁，旁之言溥也，遍也。”《墨子·天志上》：“方施天下。”孫詒讓閑詁：“方施，言施溥遍於天下也。”

“流”，傳佈。《爾雅·釋言》：“流，覃也；覃，延也。”郭璞注：“皆謂蔓延相被及。”

“亡”，通“無”。

“冕”，古代天子、諸侯、卿、大夫等行朝儀、祭禮時所戴的禮帽，是等級、身份的一種服飾標誌。

“至”，施行。《禮記·禮運》：“樂至則無怨，禮至則不爭。”鄭玄注：“至，猶達也，行也。”

“六帝”，指堯、舜以前的伏犧（太皞）、神農（炎帝）、黃帝、少昊、顓頊（高陽）、帝嚳（高辛）等六帝。

天子之孝，不是狹隘的親情之孝，是施溥遍於天下黎民百姓之孝。由於對天下黎民百姓愛之情深至篤，對於其繼承者的選擇才能唯德是舉，實行禪讓；禪讓之被及後世，世上無賢德之士隱於民間。如此之孝，即是“仁”；如此之“禪”，就是“義”。孝是仁的表現，禪是義的實行。古代的六帝，“咸由此也”。

四

愛親忘賢，仁而未義也；尊賢遺親，義而未仁也。古者虞舜篤事它①寞，乃一②其孝；忠事帝堯，乃一其臣。愛親尊賢，虞舜其人也。禹治水，益治火，后稷③治土，足民養而稱賢④。節乎脂膚血氣之情，養性命之正；安命而弗夭，養生而弗傷。知仁義明⑤禮，畏守樂，孫民教也。

【注】

① 簡文此字上部與包山164簡“它”字同，下部與包山253號簡“比”字偏旁無異，整體象蟲形，應隸定爲“它”。

② 簡文釋文作“弋”，“弋”古音餘紐職部，“一”古音影紐職部，韻部相同，聲同爲喉音，“弋”借爲“一”。

③ 此字簡文釋文讀爲“禝”，同“稷”，見《集韻》。

④“而稱賢”三字簡文缺，依上下文補出。

⑤“知”簡文釋文隸定爲“智”，據上下文似借爲“知”。“仁義明”三字，簡文缺，依上下文補出。

【釋】

此章言愛親尊賢與仁義忠孝之關係。

“愛親忘賢，仁而未義也；尊賢遺親，義而未仁也”：

"忘"，遺棄，不顧念。《詩·大雅·假樂》："不愆不忘，率由舊章。"鄭玄箋："不過誤，不遺失。"

"遺"，捨棄，遺棄。《易·泰》："九二：包荒，用馮河，不遐遺。"孔穎達疏："遺，棄也。"

"未"，副詞，相當於"不"。《玉篇》："未，猶不也。"

"忘"、"遺"爲對文。

此言既要愛親，又要尊賢，愛親尊賢並舉，才是既仁且義，"忘賢"仁而不義，"遺親"，義而不仁。《孟子·萬章下》："用下敬上，謂之貴貴；用上敬下，謂之尊賢。貴貴、尊賢，其義一也。"朱熹集註："貴貴、尊賢，皆事之宜者，然當時但知貴貴，而不知尊賢，故孟子曰'其義一也'。此言朋友人倫之一，所以輔仁，故以天子友匹夫而不爲詘，以匹夫友天子而不爲僭。此堯舜所以爲人倫之至，而孟子言必稱之也。"

"古者虞舜篤事它寞，乃一其孝；忠事帝堯，乃一其臣。愛親尊賢，虞舜其人也"：

"古者"，猶古人。

"篤事"，虔誠事奉。

"它寞"，人名。疑爲舜之父瞽叟之名。據《尙書·虞書》蔡沈集傳引吳氏曰："瞽，無目之名。"舜父號瞽叟。其他典籍中也如是說，由此可知"瞽"、"瞽叟"並不是舜父之名，此處舜之所篤事者"它寞"，可能就是瞽叟之名。《禮記·禮運》："美惡皆在其心，不見其色也，欲一以窮之，舍禮何以哉？"孔穎達疏："一，謂專一。"

"孝"，謂尊親敬老。"臣"，謂盡臣的本分。

句意爲：古人虞舜虔誠事奉它寞，乃專一其尊親敬老；忠誠事奉帝堯，乃專一其盡臣的本分。愛親尊賢，虞舜這個人就是這樣的。

"禹治水，益治火，后稷治土，足民養而稱賢"：

"禹"，姒姓，鯀之子，又稱大禹、夏禹、戎禹。奉舜命治理洪水，後被選爲舜的繼承人，舜死後即位，後世視爲賢德的聖王。《左傳．昭公元年》："美哉禹功，明德遠矣。微禹，吾其魚乎！"

"益"，也稱"伯益"，舜的大臣。《書．舜典》："帝曰：'俞！咨益，汝作朕虞'。"《孟子．滕文公上》："舜使益掌火，益烈山澤而焚之，禽獸逃匿。"

"稷"，也稱"后稷"，周的先祖，相傳他的母親曾欲棄之不養，故名"棄"。爲舜農官，封于邰，號后稷，別姓姬氏。

"足"，使富足。《荀子．賦》："行義以正，事業以成；可以禁暴足窮，百姓待之而後寧泰。"楊倞注："足窮，謂使窮者足也。"

"養"，供給人食物及生活所必需。"民養"，百姓所賴以生存的食物及生活必需的供給。

"禹"、"益"、"后稷"都是唐虞時代的賢臣，他們治水、治火、治土，使百姓所賴以生存的食物及生活必需的供給富足，因而被人民稱之爲"賢"。

"節乎脂膚血氣之情，養性命之正；安命而弗夭，養生而弗傷。知仁義明禮，畏守樂，孫民教也"：

"節"，音傑，節制，管束。

"脂膚"人的脂肪和肌膚。《詩．衛風．碩人》："手如柔荑，膚如凝脂。"

"血氣"，血液和氣息。《禮記．三年問》："凡生天地之間者，有血氣之屬必有知；有知之屬，莫不知愛其類。"

"養"，保養。《呂氏春秋．本生》："能養天之所生而勿攖之，謂之天子。"

“性命”，《易·乾·彖》：“乾道變化，各正性命。”孔穎達疏：“性者，天生之質，若剛柔遲速之別；命者，人所稟愛，若貴賤夭壽之屬也。”

“正”，使合乎規範。

“安命”，安於命運。“夭”，災禍。“養生”，保養生命。“畏”，畏避，避開。“守樂，安於享樂。”。

“孫”，音遜。通“遜”。《論語·憲問》：“邦無道，危行言孫。”何晏集解：“孫，順也。”“孫民教”，謂順以教民。

本章以舜以及唐虞之賢臣禹、益、后稷爲例，論述愛親尊賢。愛親，仁也；尊賢，義也。事親，一其孝；事君，一其臣。愛親尊賢並舉，才能既仁且義；“一其孝”與“一其臣”完美結合，才能“足民養而稱賢”。也只有如此，才能節制人性之情（脂膚血氣之情），保養其性命而使之合乎仁義之規範；才能安於命運，而免於災禍；才能保養生命，而不受到傷害。也只有如此，才能“知仁義明禮”，畏避安於享樂，以恭順的態度教民爲民。

五

咎繇內用五刑，出弋兵革，罪涇桔①。虞以②用威，夏用戈，疋③不服也。愛而正之，虞夏之治也。禪而不傳，義恒，聖之④治也。古者堯生於天子而有天下，聖以遇命，仁以逢時，未嘗遇不明⑤。並於大時，神明均從，天地佑之。縱仁、聖可與，時弗可及矣。

【注】

① 簡文此字從木吉聲，應隸爲“桔”。

②“虞以”二字簡文缺，依上下文補出。

③ 簡文釋文作“正”，查簡文字形，與包山36號簡“疋”字相似，而與包山161號簡“正”字有明顯區別，似應隸爲“疋”。

④“聖之”二字簡文缺，依上下文補出。

⑤“不明”二字簡文缺，依上下文補出。

【釋】

此章言禪而不傳乃聖之治也。

“咎繇內用五刑，出弋兵革，罪淫桔”：

咎繇，即皋陶，又稱皋繇，偃姓，虞舜之臣，掌刑獄之事。《書·舜典》：“帝曰：‘皋陶，蠻夷猾夏，寇賊姦宄，汝作士。’”《論語·顏淵》：“舜有天下，選於眾，舉皋陶，不仁者遠矣。”

“五刑”，五種刑罰。《史記·五帝本紀》：“五刑有服。”馬融曰：“五刑，墨、劓、剕、宮、大辟。”

“兵革”，兵器和甲冑的總稱。《禮記·禮運》：“冕弁兵革。”鄭玄注：“兵革，君之武衛及軍器也。”孔穎達疏：“是國家防衛之器。”

“出”，外，對外。

“弋”，取。《書·多士》：“非我小國敢弋殷命。”孔傳：“弋，取也。”

“罪”，懲罰，治罪。《篇海類編》：“罪，罰四罪。”《書·舜典》：“流共工於幽州，放驩兜於崇山，竄三苗於三危，殛鯀於羽山，四罪而天下咸服。”

“涇”，徑直。《釋名·釋水》：“水直波曰涇。涇，徑也。”此處意爲“直指”。

“桔”，《呂氏春秋·過理》：“雕柱而桔諸侯。”高誘注：“雕畫高柱旋桔橰橰於其端舉諸侯而上下之。”“桔諸侯”，動賓片語，桔，吊也。此處“桔”，是“桔諸侯”之省，代指被桔之“諸侯”。

句意爲：虞舜之時，“蠻夷猾夏，寇賊姦宄”，舜舉皋陶，內用五刑使不仁者遠避，外取兵革以自保，懲罰直指那些敢於犯罪的諸侯。

“虞以用威，夏用戈，疋不服也”：

“威”，刑罰。《書·洪範》：“惟辟作威。”孫星衍引鄭玄曰：“作威，專刑罰也。”“用威”即“作威”。

“戈”，古代的一種兵器，又泛指兵器。“用戈”，指用武力。

“疋”，音亞。《廣韻》：“疋，待也。”

“虞以用威”、“夏用戈”爲互文，句意爲：虞夏以用威、用戈對待不服罪者。

“愛而正之，虞夏之治也。禪而不傳，義恒，聖之治也”：

“愛”，待人或物的深厚真摯感情。

“正”，正直，正派。《管子·權修》：“凡牧民者，欲民之正也。欲民之正，則微邪不可不禁也。”“正之”，使之正。

“虞夏”，指有虞氏之世和夏代。《國語·周語上》：“昔我先王世后稷，以服事虞夏。”

“義”，謂符合正義或道德規範。

“恒”，長久。《易·恒·彖》：“恒，久也”。

虞夏之時，“蠻夷猾夏，寇賊姦宄”，舜不得不實行法治，舉皋陶而內用五刑。然而舜仍然堅持“愛親尊賢”的聖治，“節用而愛人，使民以時”（《論語·學而》），“愛而正之”。所謂“愛而正之”，與“禪而不傳”的恒久的愛親尊賢之義舉是不同的。“愛而正之”是以“內用五刑”為前提的，所謂“正之”是以不違背刑罰為原則的。所以“愛而正之，虞夏之治也。”而恒久的愛親尊賢的“禪而不傳”才是真正的“聖之治也”。

“古者堯生於天子而有天下，聖以遇命，仁以逢時，未嘗遇不明。並於大時，神明均從，天地佑之。縱仁、聖可與，時弗可及也”：

“於”，作，為。《大戴禮記·曾子本孝》：“如此而成於孝子也。”“於”字用法，與此處同。

“遇命”，命運有遇。

“逢時”，時運有逢。言堯之“聖”、“仁”與命運、時運有密切關係。

“不明”，喻指昏暗的時代。

“並”，合併。

“大時”，謂天時。《禮記·學記》：“大德不官，大道不器，不信不約，大時不齊。”孔穎達疏：“大時，謂天時也。”

“神明”，天地間一切神靈的總稱。

“與”、“及”為互文，給，給予。《左傳·僖公二十四年》：“晉侯賞從亡者，介之推不言祿，祿亦弗及。”及，與也。

古人堯生為天子而有天下，其所以“聖”，是因為命運有遇；其所以“仁”，是因為時運有逢。加之時代的清明，合為天時，於是神明均從，天地佑之。使堯能以恒久的愛親尊賢之義舉治天下。與舜相比，堯獨得唐虞之天時。而舜之虞夏，卻無唐虞之天時，只能“愛而正之”以為治。此乃“仁、聖可與，時弗及也”。

六

夫古者舜居於草茅之中而不憂，躬①爲天子而不驕。居草茅之中而不憂，知命也；躬爲天子而不驕，不流②也。求③乎大人之興，美也。今之弋於德者，未年不弋；君民而不驕，卒王天下而不疑。方在下位，不以匹④夫爲輕；及其有天下也，不以天下爲重。有天下弗能益，亡天下弗能損。極仁之至，利天下而弗利也。

【注】

①“躬”，簡文釋文作“身”。裘按：此字似可釋作“升”。今從袁國華考釋作“躬”。

② 依劉釗釋，定爲“流”。

③ 簡文釋文隸定爲“逑”，依裘按作“求”。

④ 簡文釋文作“仄”，依裘按作“匹”。

【釋】

此章言舜利天下而弗利，極仁之至也。

“夫古者舜居於草茅之中而不憂，躬爲天子而不驕。居草茅之中而不憂，知命也；躬爲天子而不驕，不流也”：

“草茅”，荒野的草舍，指身處貧賤。

“知命”，知命運。“君子所性，雖大行不加焉，雖窮居不損焉，分定故也。”（《孟子·盡心上》）。

“躬”，白身。“不驕”，不白縱弛。“不流”，指大子之位“禪而不傳”。“流”，傳也。

古之聖人舜，其所以“居草茅之中而不憂”，是因爲知天命。孟子曰：“舜之居深山之中，與木石居，與鹿豕遊，其所以異於深山之野人者幾希。及其聞一善言，見一善行，若決江河，沛然莫之能禦也。”（《孟子·盡心上》）此乃舜之“知命也“。古之聖人舜，其所以“躬爲天子而不驕”，是因爲深知天子之位爲賢者所有，乃“禪而不傳”也。“無爲其所不爲，無欲其所不欲，如此而已矣。”（《孟子·盡心上》）此乃舜“躬爲天子而不驕”之謂也。

“求乎大人之興，美也。今之弋於德者，未年不弋；君民而不驕，卒王天下而不疑”：

“求”，猶得也。“大人”，指德行高尚、志趣高遠的人。

“興”，興起，因感動而奮起。美，善也。“弋”，取也。

“年”，古代察舉人物的標準之一。《管子·君臣》：“以德掩勞，不以傷年。”尹知章注：“苟其德，雖年未至，而亦將用之，不以傷年。”“未年”，不當年。“未年不弋”，不因爲不當年不取。

“君民”，君臨百姓，指居君位者。“卒”，盡。

“疑”，遲疑。《書·大禹謨》：“任賢勿貳，去邪勿疑。”

“聖人，百世之師也，……奮乎百世之上。百世之下，聞者莫不興起也。”（《孟子·盡心下》）得於聖人而興起，善也。而今取於德，不因爲不當年不取；君民而不自縱弛，盡王天下任賢勿貳而去邪勿疑。

“方在下位，不以匹夫爲輕；及其有天下也，不以天下爲重。有天下弗能益，亡天下弗能損。極仁之聖，利天下而弗利也”：

“方”，介詞，表示時間，猶“當”。“在”，處於。“下位”，卑賤的地位。“匹夫”，指平民百姓。

“輕”與“重”相對。“輕”，卑賤，“重”，高貴。“及”，等到。

“有天下”，擁有天下。“亡天下”，亡，通“無”。“弗”，不。“益”與“損”相對。“益”，增益。“損”，減損。“極”，窮盡。“至”，周備。“利天下”，有利於天下。“弗利”，不貪，以己之不貪正人之貪心。《易·乾·文言》：“子曰：‘君子進德修業。……知至至之，可與言幾也。知終終之，可與存義也。是可居上位而不驕，在下位而不憂。”當處下位時，不因爲是平民百姓就自輕自賤；到擁有天下時，也不自以爲高貴。擁有天下不能增益驕矜，失去天下不能減損謙遜。《論語·里仁》：“子曰：‘唯仁者能好人，能惡人。’”“利天下”，能好人也；“弗利”，能惡人也。朱熹《論語集註》引遊氏曰：“好善而惡惡，天下之同情，然人每失其正者，心有所繫而不能自克也。惟仁者無私心，所以能好惡也。”故曰：“極仁之至，利天下而弗利也。”

七

禪也者，上德授賢之謂也。上德則天下有君而世明。授賢則民興教而化乎道。不禪而能化民者，自生民未之有也。之正者，能以天下禪矣。

【釋】

此章言禪也者上德授賢之謂也。

"禪也者，上德授賢之謂也"：

"上德"，上，同"尚"，崇尚德行。"上德授賢"，崇尚德行而將天子之位禪讓給賢能的人。

"上德則天下有君而世明"：

"世明"，時世清明。"上德"是"天下有君而世明"的條件。若不崇尚德行，天下有君，世也不會清明。只有"上德"（崇尚德行），才能使"天下有君而世明"。

"授賢則民興教而化乎道"：

"興"，興起，因感動而奮起。"教"，教化。"化乎道"，融合於德政。"授賢"必尊賢，尊賢則民情感奮，民情感奮則自我教化，自我教化而融合於德政。

"不禪而能化民者，自生民未之有也"：

"不禪"，上德不授賢。"自"，自然地。"生民"，養民。《荀子·致士》："凡節奏欲陵，生民欲寬。"楊倞注："生民，謂以德教生養民也。"上德不授賢，即是不尊賢。不尊賢而能教化百姓，不施德教而能使民得以養，"未之有也"。

"之正者，能以天下禪矣"：

"之"，《玉篇》："之，至也。""之正"，至正。至正，最中正之道。句意爲：只有行中正之道的人，才能使天下愛親尊賢，實行禪讓。

八

古者堯之與舜也，聞舜孝，知其能養天下之老也；聞舜悌①，知其能事②天下之長也；聞舜慈乎弟，知其能治天下③爲民主也。故，其爲它寘子也，甚孝；及其爲堯臣也，甚忠；堯禪天下而受④之，南面而王天下，而甚君。故，堯之禪乎舜也，如此也。

【注】

①"悌"，簡文釋文作"弟"，據上下文義應讀爲"悌"

②"事"，簡文釋文讀爲"嗣"，依裘按讀爲"事"。

③"知其能治天下"六字，簡文缺，現據上下文補出。

④"受"，簡文隸定爲"受"，簡文釋文讀爲"授"，據上下文，不應讀爲"授"，應爲"受"。

【釋】

此章言堯之禪乎舜之理。

"古者堯之與舜也，聞舜孝，知其能養天下之老也；聞舜悌，知其能事天下之長也；聞舜慈乎弟，知其能治天下爲民主也"：

"與"，對待。"養"，奉養，事奉。《書·酒誥》："肇牽車牛，遠服賈，用孝養厥父母。""養天下之老"，奉養天下的老人。《周禮·地官·大司徒》："以保息養萬民：一曰慈幼，二曰養老。"

"悌"，泛指敬重長上。《孟子·滕文公下》："於在有人焉，入則孝，出則悌。"趙岐注："出則敬長悌。悌，順也。"

"慈"，上愛下。《詩·大雅·皇矣》："克順克比。"毛傳："慈和遍服曰順。”孔穎達疏：“上愛下曰慈。”

“民主”，民之君主。《書·多方》：“天惟時求民主，乃大降顯休命於成湯。”蔡沈集傳：“言天惟是爲民求主耳。桀既不能爲民之主，天乃大降顯休命於成湯，使爲民主。”

古人堯對待舜是進行了一番考察的，聽見說舜孝，就知道他能奉養天下的老人，聽見說舜敬重長上，就知道他能事奉天下之長上；聽見說舜對其弟愛護，就知道他能治理天下而爲民之主。

“故，其爲它寞子也，甚孝；及其爲堯臣也，甚忠；堯禪天下而受之，南面而王天下，而甚君”：

“甚”，很，極。“甚孝”，很孝順。“甚忠”，極其忠誠。“甚君”，“君”用爲動詞，很象一個君主。

“故”，《墨子·經上》：“故，所得而後成。”孫詒讓閑詁：“此言故之爲辭，凡事因得此而成彼之謂也。”

堯對舜的考察，的確如此，他作爲它寞之子，很孝順；到他作堯的臣子，又極其忠誠；堯禪讓天下而爲他所接受，作爲一個君主，他又很像一個君主。

“故，堯之禪乎舜也，如此也”：

“如此”，這樣。堯知舜能養天下之老、能事天下之長、能治天下爲民主；舜甚孝、甚忠、甚君。堯之禪乎舜就是這樣。沒有“堯之與舜”，沒有“舜”的甚孝、甚忠、甚君。“堯之禪乎舜”就不可能，此章是對“堯”爲什麼禪乎舜的具體說明，也是對“禪讓”之說的理論概括。

九

古者聖人二十而冒①，三十而有家，五十而治天下，七十而致政。四肢倦惰②，耳目聽③明衰，禪天下而授賢，退而養其生。此以知其弗利也。

【注】

①“冒”，簡文釋文讀作“曰”，應讀爲“冒”，帽的古字。

②“四肢倦惰”，從裘按。

③“聽”，從廖名春釋。

【釋】

此章言禪天下而授賢乃知其弗利也。

“古者聖人二十而冒，三十而有家，五十而治天下，七十而致政”：

“冒”，《說文》徐灝注箋：“冒，即古帽字。”“二十而冒”，冒，用爲動詞，戴帽子。《禮記·曲禮上》：“二十曰弱，冠。”孔穎達疏：“二十成人，初加冠，體猶未壯，故曰弱也。”“二十而冒”，係言二十成人而加冠。

“家”，結婚成家。“有家”，有妻室。《左傳·桓公十八年》：“女有家，男有室，無相瀆也，謂之有禮，易此必敗。”楊伯峻注：“家、室猶夫妻也。”

“致政”，猶致仕（辭去官辭）。指將執政的權柄歸還。《禮記·王制》：“五十而爵，六十不親學，七十致政。”鄭玄注：“還君事。”

“四肢倦惰，耳目聽明衰，禪天下而授賢，退而養其生”：

“倦”，疲憊勞累。《國語·晉語一》：“用而不倦，身之利也。”韋昭注：“倦，勞也。”

“惰”，懈怠。《論語·子罕》：“語之而不惰者，其回也與！”朱熹集註：“惰，懈怠也。”

“聽”，以耳受聲。“明”，以目視物。《禮記·檀弓上》：“子夏喪其子而喪其明。”鄭玄注：“明，目精。”“衰”，衰老。“養其生”，猶言“養老”，年老閒居休養。

此以知其弗利也”：

此，代詞，指因年老“禪天下而授賢，退而養其生”之舉。古時候，聖人二十歲成年，三十歲成家，五十歲治天下，七十歲還君事。四肢因勞累而疲憊，耳失其聽目失其明，把天下禪讓給賢能的人，退而養老閒居。這是因爲懂得只有正己之貪心才能正人之貪心的道理。

十

《虞詩》①曰：大明不出，萬②物皆訇。聖者不在上，天下必壞。治之，至養不肖③；亂之，至滅賢。仁者爲此進，如此也。

【注】

① 簡文釋文作“吳詩”，依裘按作“虞詩”。

② “萬”，簡文釋文作“完”，依裘按作“萬”。

③ “不肖”，依裘按。

【釋】

此章引《虞詩》以證“禪而不傳”、“利天下而弗利”的合理性。

“大明不出，萬物皆訇”：

“大明”，太陽。《易·乾·彖》：“大明終始，六位時成，時乘六龍以禦天。”李鼎祚集解引侯果曰：“大明，日也。”

“訇”，同“哼”，呻吟。章炳麟《新方言·釋言》：“凡呻吟亦曰訇，俗字作哼。”

“聖者不在上，天下必壞”：

“在上”，居帝位。《書·呂刑》：“穆穆在上，明明在下。”孔穎達疏：“言堯躬行敬敬之道在於上位。”後因以“在上”尊稱帝王。

“壞”，敗壞，衰亡。《說文》：“壞，敗也。”段玉裁注：“敗者，毀也。毀壞字皆謂自毀自壞。”

“治之，至養不肖；亂之，至滅賢”：

“治”，指政治清明，社會安定。“亂”，與“治”相對，指政治昏暗，社會不安定。

“至”，極，最。“至養”，謂最高的奉養。“至滅”，謂最慘重的滅絕。

《虞詩》說，太陽不出，萬物都要哀鳴呻吟。聖人不居帝位，天下必然自毀自壞。社會安定，政治清明，即使不肖者也會受到最高的奉養；社會不安定，政治昏暗，就是賢德的人也會遭到慘重的滅絕。

“仁者爲此進，如此也”：

“進”，《廣雅·釋詁一》：“進，行也。”“此進”，此行，指“禪而不傳”、“利天下而弗利”。

“爲”，施行。《論語·顏淵》：“爲之難，言之得無訒乎？”皇侃疏：“爲，猶行也。”“如此”，像這樣。

意爲堯舜施行“禪而不傳”、“利天下而弗利”這一舉措，就是爲了防止像《虞詩》所說的這樣的情形發生。

忠信之道

按：本篇存簡9枚，凡259字。全篇擬分爲5章：第1—2章言君子忠、信而民親、從：忠積則可親也，信積則可信（從）也；至忠如土，至信如時。第3章言如何達到至忠、至信的境界：不說而足養者，地也；不期而可要者，天也。第4章言君子其施也忠、其言爾信：忠、信之爲道，人養皆足，百善皆立。第5章總結全文，言忠、信與仁、義的關係：忠，仁之實也；信，義之期也。

一

不訛①不害②，忠之至也；不欺弗知，信之至也。忠積則可親也，信積則可信也。忠、信積而民弗親、信者，未之有也。

【注】

①“訛”，簡文從言從爲，古“訛”字，見《廣韻·戈韻》。

②“害”，簡文此字形體與睡虎地簡八·一“害”字形體同。

【釋】

此章言上忠、信，則民親、從。

“不訛不害，忠之至也；不欺弗知，信之至也”：

“訛”，虛假。《詩·小雅·河水》：“民之訛言，甯莫之懲。”鄭玄箋：“訛，僞也。”

“害”，傷害。《易·節·彖》：“節以制度，不傷財，不害民。”害民，傷害人民。

“欺”，欺詐。《戰國策·秦策一》：“反覆東山之君，從以欺秦。”韋昭注：“欺，詐也。”

“知”，欲望（物欲）。《禮記·樂記》：“好惡節於內，知誘於外。”鄭玄注：“知，猶欲也。”

“至”，極。《孟子·離婁上》：“規矩，方圓之至也。”趙岐注：“至，極也。”《論語·學而》：“爲人謀不忠乎？與朋友交而不信乎？”朱熹集註：“盡己之謂忠，以實之謂信。”

此句言對人不虛假、不加害就是最忠；不欺詐、不爲物欲所誘就是最信。

“忠積則可親，信積則可信。忠、信積而民弗親、信者，未之有也”：

“積”，累積。《易·升·象》：“君子順德，積小以高大。”積小，謂從細微處積累。

“可信”之“信”，信從，信而不疑，然後從之。

此言在上者長時間地對人不虛假、不加害，人民便親近他；長時間地不欺詐、不爲物欲所誘，人民就信任他，而且願意跟從他。長時間地以忠以信對待人民，而人民不親近、不跟從的情況，是從來沒有的。

二

至忠如土，化①物而不伐②；至信如時，必③至而不結。忠人無訛，信人不背。君子如此，故不誑④生，不背死也。

【注】

① 此字簡文從蟲從爲，裘按：疑當讀爲“化”。

② 此字簡文釋文讀爲“發”，依裘按讀爲“伐”。

③ 此字簡文從才從匕，讀爲“必”。

④ 此字簡文從古王聲，裘按：疑是“皇”的別體，讀爲“誑”，今依裘按

作"誑"。

【釋】

此章言君子至忠、至信，不誑生，不背死。

"至忠如土，化物而不伐；至信如時，必至而不結"：

"化"，產生。《禮記·樂記》："樂者，天地之和也。……和，故百物皆化。"鄭玄注："化，猶生也。"

"伐"，誇耀。《玉篇·人部》："伐，自矜曰伐。"《左傳·襄公十三年》："小人伐其技以馮君子。"杜預注："自稱其能爲伐。"

"時"，季節。《玉篇》："時，春夏秋冬四時也。"《書·堯典》"乃命羲和，欽若昊天，曆象日月星辰，敬授人時。"人時，謂耕耘收穫之季節。

"必至"之"至"，到，來到。《玉篇》："至，到也。""結"，締結。《左傳·隱公七年》："齊桓使夷仲年來聘，結艾之盟也。""不結"，即沒有盟約。何謂"至忠"？如土地化生萬物而不自稱其能。何謂"至信"？如四時運行，無約而能準時到達。

"忠人無訛，信人不背。君子如此，故不誑生，不背死也"：

"背"，猶隱瞞，欺騙。

"誑"，虛僞。"誑生"，虛僞地活著，活得不堂堂正正。"背死"，隱秘地死去，死得不光明磊落。

句意爲：至忠的人無虛假的行爲，至信的人不隱瞞真情。君子就是這樣，所以活得堂堂正正，死得光明磊落。

三

大舊而不渝，忠之至也；陶①而諸②尙，信之至也。至忠無訛，至信不背，夫此之謂此。大忠不說③，大信不期。不說而足養者，地也；不期而可安者，天也。節天地也者，忠信之謂此。

【注】

①“陶”，簡文釋文作“匋”，段玉裁《說文解字注》：“今字作陶，陶行而匋廢矣。”

②“諸”，簡文釋作“者”，“者”通“諸”。

③ 簡文釋文作“兑”，依裘按，讀爲“說”。

【釋】

此章言如何達到忠、信的境界。

“大舊而不渝，忠之至也；陶也諸尙，信之至也。至忠無訛，至信不背，夫此之謂此”：

“大”，時間長。“舊”，長久。《詩·大雅·抑》：“於乎小子，告爾舊止。”鄭玄箋：“舊，久也。”“大舊”，時間久遠。

“渝”，改變。“陶”，燒製陶器，喻指做人用心誠篤。《管子·任法》：“昔者堯之治天下，猶埴之在埏也，唯陶之所以爲。”

“諸”，眾人。《詩．小雅．沔水》：“嗟我兄弟，邦人諸友，莫肯念亂，誰無父母。”諸，眾也。

“尙”，崇尙。《字彙》：“尙，崇也，又尊也。”“諸尙”，眾人崇尙。

“夫”，語氣助詞，起提示作用。“此”，代詞。“夫此”之“此”，指“大舊而不渝，……；陶而諸尙，……”；“謂此”之“此”，指“至忠不訛，至信不背”。

意爲：時間久遠而矢志不渝，忠便可以達到最高境界；做人用心誠篤而受到眾人推崇，信便可以達到最高境界。這就是所謂“至忠無訛，至信不背”。

“大忠不說，大信不期。不說而足養者，地也；不期而可要者，天也。節天地也者，忠信之謂此”：

“說”，解釋。《論語．八佾》：“成事不說。”何晏注引包咸曰：“事已成，不可復解說。”“不說”，莫然不語。

“期”，邀約。《說文》：“期，會也。”段玉裁注：“會者，合也。期者，邀約之意，所以爲會合也。”“不期”，未經約定。

“足”，富足。《書．旅獒》：“不作無益害有益，功乃成：不貴異物賤用物，民乃足”。足，富足。“養”生活所需。“足養”，使生活所需富足。

“要”約言。《左傳．哀公十四年》：“使子路要我，吾無盟。”杜預注：“子路信誠，故欲得與相要誓而不須盟。”相要誓，言子路之約言，甚過盟約。“可要”，可與之相要誓也。

“節”，徵驗。《荀子．性惡》：“善言古者必有節於今，善言天者必有徵於人。”王先謙集解引王引之曰：“節亦驗也。”“節天地”，有徵驗於天地。“謂此”之“此”，代詞。指“不說而足養”，“不期而可要”。

此三句的意思是：大忠者莫然不語，大信者不期而會。莫然不語而使人生活所需富足的是地，不期而會且能與之相要誓的是天。有徵驗於天地，忠信所說的就是這樣。

四

口惠①而實弗從，君子弗言爾。心疏而貌②親，君子弗由爾。故行而鯖悅③民，君子弗由也。三者，忠人弗作，信人弗爲也。忠之爲道也，百工不盬④，而人養皆足；信之爲道也，群物皆成，而百善皆立。君子其施也忠，故蠻⑤親溥⑥也；其言爾信，故亶⑦ 而可受也。

【注】

① 此字依裘按讀爲“惠”。

②“疏而貌”三字，簡文缺，依裘按補出。

③ 此字簡文釋文作“兌”，依裘按讀“悅”。

④“盬”，簡文作“古”，“古”、“盬”古音同，借爲“盬”。

⑤ 此字簡文從二𤰈從車，疑爲“𨏔”之異構。《集韻·脂韻》：“蠻，或作𨏔。”

⑥ 此字簡文釋文讀爲“傅”，依裘按讀爲“溥”。

⑦ 此字簡文從彳旦聲，疑借作“亶”。

【釋】

此章言君子其施也忠、其言爾信。

“口惠而實弗從，君子弗言爾”：

“惠”，恩惠，好處。“口惠”，空口許人以好處。《禮記·表記》：“口惠而實不至。”孔穎達疏：“言口施恩惠於人而實行不至。”“從”，爲。引申爲“實行”。《管子·正世》：“知得之所在，然後從事。”尹知章注：“從，爲。”

意爲：口施恩惠於人而不實行，君子不要說這樣的話。

“心疏而貌親，君子弗申爾”：

“疏”，疏遠。《玉篇》：“疏，非親也。”《呂氏春秋·慎行》：“（荊平）王爲（太子）建取妻於秦而美，無忌勸王奪。王已奪之，而疏太子。”高誘注：“疏，遠也。”

“貌”，猶言表面上。指行動以及表現並非出於本心。《逸周書·芮良夫》：“王貌受之，終弗獲用。”孔晁注：“貌，謂外相悅而無實也。”

“申”，表達。《文選·古詩〈今日良宴會〉》：“齊心同所願，含意俱未申。”李同翰注：“謂未達也。”

意爲：內心非親而表面上親，君子不要表達這樣的意思。

“故行而鯖悅民，君子弗由也”：

“故”，巧詐。《淮南子·主術訓》：“是以上多故，則下多詐。”高誘注：“故，詐。”

“行”，言論。《爾雅·釋詁下》：“行，言也。”《管子·山權數篇》：“行者，道民之利害也。”服虔注：“是皆行爲言也。”（見洪頤煊《讀書叢錄》卷八）

“鯖”，音征。同“脏”。肉和魚同燒的雜燴。《正字通》：“鯖”，煎和之名。《西京雜記》卷二：“五侯不相能，賓客不得來往。婁護豐辯，傳會五侯間，各得其歡心，競致奇膳，護乃合以爲鯖，世稱五侯鯖，以爲奇味焉。”

“由”，爲，從事。《墨子·非命中》：“凡出言談，由文學之爲道也。”孫詒讓閑詁：“由、爲義相近。下篇云：‘今天下之君子爲文學出言談也。’”

句意爲：巧詐的言論而合以爲鯖取悅於人民，君子不能幹這樣的事情。

“三者，忠人弗作，信人弗爲也”：

“三者”指上述“口惠而實弗從”、“心疏而貌親”、“故行而鯖悅民”。

“作”、“爲”義同，爲互文，都是從事或進行的意思。《爾雅·釋言》：“作，爲也。”《周禮·春官·典同》：“典同掌六律六同之和，以辨天地四方陰陽之聲，以爲樂器。”鄭玄注：“爲，作也。”

句意爲：“口惠而實弗從”、“心疏而貌親”、“故行而鯖悅民”，忠信之人是不能做這樣的事的。

“忠之爲道也，百工不盬，而人養皆足；信之爲道也，群物皆成，而百善皆立”：

“道”，社會倫理道德規範。《左傳·桓公六年》：“所謂道，忠於民而信於神也。”《孟子·公孫丑下》：“得道者多助，失道者寡助。”“爲道”，變成爲社會倫理道德規範。

“百工”，各種工匠。《墨子·節用中》：“凡天下群百工，輪車鞼匏，陶冶梓匠，使各從事其所能。”

“盬”音，股。止息。《詩·唐風·鴇羽》：“王事靡盬，不能稷黍。”王引之述聞：“盬者，息也。‘王事靡盬’者，王事靡有止息也。”

“人養”，人之生活所需。“成”，成熟。《呂氏春秋·明理》：“五穀萎敗不成。”高誘注：“成，熟也。”《淮南子·天文訓》：“地不發其陽，則萬物不成。”成，熟。

“百善”，各種好事。《呂氏春秋·孝行》：“夫執一術而百善至、百邪去、天下從者，其惟孝也。”

“立”，成。《廣雅·釋詁三》：“立，成也。”《論語·爲政》：“三十而立。”何晏注：“有所成也。”

句意爲：忠變成爲社會倫理道德規範，各種工匠從事其所能而不止息，人之生活所需就會富足；信變成爲社會倫理道德規範，萬物會受到保護而成熟，各種好事都會得到社會肯定而讓人們效仿。

“君子其施也忠，故輂親溥也；其言爾信，故亶而可受也”：

“施”，行。《書·君陳》：“惟孝友於兄弟，克施有政。”蔡沈注：“惟其孝友於家，是以能施政於邦。”

“輂”，退。《說文》：“輂，卻車抵堂爲輂。”《文選·張衡〈東京賦〉》：“於是皇輿夙駕，輂於東階。”李善注引薛綜曰：“輂之言卻也，謂卻於東階下。”

“溥”，音普。普遍。《玉篇》：“溥，遍也，普也。”《詩·小雅·北山》：“溥天上下，莫非王土。”“溥天”，遍天下。“親溥”，以遍天下爲親。

“亶”，誠信。《爾雅·釋詁上》：“亶，信也。”邢昺疏：“皆謂誠實不欺也。”又“亶，誠也。”邢昺疏：“皆謂至誠，轉相訓也。”《詩·大雅·板》：“不實於亶。”毛傳：“亶，誠也。”鄭玄箋：“不能用實於誠信之言，言行相違也。”“受”，接受。

句意爲：君子其行忠貞不貳，所以退而以遍天下爲親；其言誠信不欺，所以誠而可接受重托。

五

忠，仁之實也；信，義①之期也。是故，古之所以行乎閈②嘍者，如此也。

【注】

① 此字簡文從我從口，依裘按讀爲"義"。

② 此字簡文從門從手，"開"的俗字，見《龍龕手鑒・門部》。

【釋】

此章言忠、信與仁、義的關係，總結全篇。

"忠，仁之實也；信，義之期也"：

"仁"，《說文》"仁，親也。"《廣雅・釋詁一》："仁，有也。"王念孫疏證："古音謂相親曰有，……有，猶友也。"孔子以仁發明斯道，"仁"成爲一種含義極廣的倫理學範疇，其核心是愛人、與人相親。

"義"，《書・臯陶謨》："強而義。"王引之《經義述聞・尚書上》："義，善也。"孔子之後，"義"逐漸成爲一種倫理範疇，而且被認爲是"德"之本。《孟子・公孫丑上》："其爲氣也，配義與道。"趙岐注："義謂仁義，可以立德之本也。"《禮記・祭統》："夫義者，所以濟志也，諸德之發也。"

"實"，實質，實在內容。

"期"，度，規範。

句意爲：忠是仁的實在內容，信是義的規範。

是故，古之所以行乎閧嘍者，如此也”：

“閧”，解說。《廣韻·哈韻》：“閧，解閧。”《易·繫辭下》：“閧而當名，辨物正言。”韓康伯注：“閧釋爻卦使各當其名也。”

“嘍”，音簍。猶說。《玉篇》：“連嘍，多言也。”“閧嘍”，即閧說，解釋、闡發。

“是故”，同義連用的語氣助詞，表示議論開始。此句是全篇的結尾，在將忠、信歸結爲仁、義的實在內容和規範之後，作此交代。

意爲：古代之所以進行解釋、闡發的，就是這樣。

君子於教

按：本篇存簡40枚，956字，因簡殘，缺15字，凡971字。全篇擬分爲七章，歸併爲三部分。“君子之於教”是全篇論述過的中心。第一部分包括1、2、3章，論述教民與求諸己的關係。第1章（4—10簡）言君子教民必先求諸己，只有嚴於責己，才能取信於民。第2章（10—15簡）言求諸己是教民之本。第3章（15—23簡）言只有反諸己才可以教民。第二部分包括4、5章，論述教民與取信於民的關係。第4章（23—26簡）言取信於民乃“上之恒務”，只有取信於民眾，才能真正教化民眾。第5章（26—30簡；1—3簡）言君子教民、治民要靠內在的德行。第三部分包括6、7章，論述教民的內容和意義。第6章（31—37簡）言君子教民乃治人倫以順天德。第7章（37—40簡）言君子教民乃慎六位以祀天常。

本篇原無篇題，《郭店楚墓竹簡》整理者以第1簡“成之聞之”爲篇題，現根據本篇論述中心，以作爲第一章首簡的第4簡“君子於教”四字作爲篇題。

一

君子之於教也，其導民也不浸①，則其淳②也弗深矣。是故亡乎其身而存③乎其詞，雖厚其命，民弗從之矣。是故威④服刑罰之屢行也，由上之弗身也。昔者君子有言曰："戰與刑，人君⑤之墜德也。"是故上苟身服之，則民必有甚焉者。君袀冕⑥而立於阼⑦，一宮之人不勝其敬；君衰絰⑧而居位⑨，一宮之人不勝其哀；君甲胄而立於車左⑩，一軍之人不勝其勇。上苟倡之，則民鮮不從矣。雖然，其存也不厚，其重也弗多矣。是故君子之求諸己也深。

【注】

① 依裘按讀爲"浸"。

② 依裘按釋爲"淳"。

③ 此字與"亡"爲對文，依裘按讀爲"存"。

④ 依裘按讀爲"威"。

⑤ 簡文爲"人君子"，裘按"人君子"之"子"爲衍文，今從，讀爲"人君"。

⑥ 依裘按讀爲"袀冕"。

⑦ 依裘按讀爲"阼"。

⑧ 依裘按釋爲"經"。

⑨ 依裘按讀爲"居位"。"其哀"、"君甲胄而",凡六字,簡文缺,依裘按補。

⑩"立於車左",據上下文補出。

【釋】

本章言君子教民必先求諸己。

"君子之於教也,其導民也不浸,則其淳也弗深矣":

"教",政教。《禮記·樂記》:"廣樂以成其教。"孔穎達疏:"謂寬樂之義理,以成就其政教之事也。"

"導民",勸導百姓從事於善道。

"浸",副詞,相當於"漸漸"。《廣韻·沁韻》:"浸,漸也。"《易·遁·彖》:"小利貞,浸而長也。"孔穎達疏:"浸者,漸進之名。"

"淳",澆灌。《說文》:"淳,淥也。"

句意爲:君子爲政,對老百姓實行政治教化,勸導他們從事於善道,如果不循序漸進,就如澆地一樣難以澆深。

"是故亡乎其身而存乎其詞,雖厚其命,民弗從之矣":

"亡",失去,不存在。"亡乎其身"與"存乎其詞"爲對文。"亡乎其身",不存在於身體力行之中;"存乎其詞",存在於語詞中。主語承前省,應是君子之所導於民的善道。"厚",重。

句意爲:因此,善道而不身體力行,而只停留在口頭上(存在於語詞中),雖然十分被看重,那樣老百姓也是不會服從你的。

"是故威服刑罰之屢行也，由上之弗身也"：

"威服"以威力懾服。"威服刑罰"，以威力使人懾服的刑罰。"弗身"，不身體力行善道。

句意爲：因此，以威力使人懾服的刑罰之所以屢次施行，是因爲居於上位的人沒有身體力行善道之故。

"昔者君子有言曰：'戰與刑，人君之墜德也。'故上苟身服之，則民必有甚焉者"：

"戰"，戰爭。《論語·述而》："子之所慎：齊，戰，疾。"祭祀、戰爭、疾病對於百姓都是十分重要的，所以不可不慎。"上苟身服之"，居於上位的人如果不墜德而身體力行善道。

句意爲：以前，君子曾說過："戰爭與刑罰，是人君喪失德行之舉。"居於上位的人如果不做喪失德行的事而身體力行善道，那麼，老百姓一定會做得更好。

"君袀冕而立於阼，一宮之人不勝其敬；君衰絰而居位，一宮之人不勝其哀；君甲胄而立於車左，一軍之人不勝其勇。上苟倡之，則民鮮不從矣"：

"袀"，音均。《說文》："袀，玄服也。"《左傳·僖公五年》："袀服振振。"服虔曰："袀服，黑服也。"杜預曰："振振，威貌也。"

"冕"，古代天子、諸侯、卿、大夫等行朝儀、祭禮時所戴的禮帽。

"阼"，音皺。《說文》："阼，主階也。"《集韻·鐸韻》："阼，東階。"《禮記·曲禮》："君天下曰天子，……踐阼，臨祭祀。"孔穎達疏："阼，主人階，天子祭祀升降阼階。"

"衰絰"，喪服。古人喪服胸前當心處綴有長六寸，寬四寸的麻布，名衰，圍在頭上、纏在腰間的散麻繩，名絰（音跌）；頭上的爲首絰，腰間的爲腰絰。“君衰絰”，意爲君上者穿喪服。

“甲冑”，鎧甲和頭盔。“君甲冑”，意爲君上者披甲戴盔。

“車左”，《穀梁傳．成公五年》：“使車右下而鞭之。”范寧注：“凡車，將在左，禦在中，有力之人在右，所以備非常。”

句意爲：如果君上者穿著黑色的禮服立於東階之上，那麼一宮之人就會不勝其敬；如果君上者穿著綴有衰記的喪服出現在他的位置上，那麼一宮之人就會不勝其哀；如果君上者披甲戴盔立於戰車上，那麼一軍之人就會不勝其勇。這就是榜樣的力量。君上者如果倡導一件事，那老百姓很少有不跟從的。

“雖然，其存也不厚，其重也弗多矣。是故君子之求諸己也深”：

“存”，存在，存留。“厚”，豐厚，富厚。“重”，看重，重視。“求”，責求。《論語．衛靈公》：“子曰：‘君子求諸己，小人求諸人。’”《正義》曰：“求，訓責。”朱熹集註引謝氏曰：“君子無不反求諸己。”

句意爲：即使這樣，其所存留的善道和德行也還是不豐富，其影響（被重視）也還是不大（重視的人、受影響的人不多）。因此，君子之求諸己應更深入一些。

此章爲本篇首章，把孔子“君子求諸己，小人求諸人“的思想，用於政教，要求君上者之於教也，必先求諸己，而且求之應更深入一些，才能取信於民，使民從之。

二

不求諸其本而攻諸其末，弗得矣。是故①，君子之於言也，非從末流者之貴，窮源反本者之貴。苟不從其由，不反其本，未有可得也者。君上享②成不唯本，功③德弗顯矣④；農夫⑤務食不強，加糧弗足矣；士成言不行，名弗得矣。是故，君子之於言也，非從末流者之貴，窮源反本者之貴。苟不從其由，不反其本，唯強之弗入⑥矣。

【注】

① 簡文脫“故”字，從裘按。

② 簡文釋文作“卿”，依裘按讀爲“享”。

③ 簡文釋文作“工”，依裘按讀爲“功”。

④“德弗顯矣”，簡文缺。郭沂依文義補出，今從。

⑤ 依裘按作“農夫”。

⑥ 簡文釋文讀作“內”，依裘按讀爲“入”。

【釋】

本章言求諸己是教民之本。

“不求諸其本而攻諸其末，弗得矣。是故，君子之於言也，非從末流者之貴，窮源反本者之貴”：

“求”，探求。《詩·王風·黍離》：“不知我者，謂我何求。”孔穎達疏：“謂我有何所求索。”

“攻”，致力研究。《論語·爲政》：“攻乎異端，斯害也已！”朱熹集註引范氏曰：“攻，專治也。”

“本”，事物的基礎或主體。《論語．學而》：“君子務本，本立而道生。”何晏注：“本，基也。”“末”，事物次要的、非根本的一面。

“言”，言論。《論語．公冶長》：“聽其言而觀其行。”聽其言，即聽其言談、議論。

“從”，順。《左傳．昭公十一年》：“不昭不從。”杜預注：“言順曰從。”引申爲符合。

“末流”，水的下流。與“本”、“源”相對。喻指事物發展的表面狀態。“窮源”，探尋事物的本源。“反本”，復歸本性。《禮記．禮器》：“禮也者，反本修古，不忘其初者也。”孔穎達疏：“反本，謂反其本性。”這裡所說的“不求諸其本”（不探求事物的根本）就是指的“君子之於教”不深深地責求於己，而是只注意“導民”一方面，這就是“攻諸其末”，所以一無所得。

句意爲：不探求事物的根本只注意事物次要的、非根本性的一面，就會無所得。因此，君子對於他的言論，不是以符合事物發展的表面狀態爲貴，而是以符合事物的本質和人的本性復歸爲貴。

“苟不從其由，不反其本，未有可得也者”：

“由”，經歷。《廣韻．尤韻》：“由，經也。”《論語．爲政》：“觀其所由。”何晏注：“經也。”

句意爲：（君子的言論）如果不符合事物發展的基本過程（不從其由），不復歸其本性，不可能起到導民的作用（未有可得也者）。

“君上享成不唯本，功德弗顯矣”：

“享”，享受。《左傳．僖公二十三年》：“保君父之命，而享其生祿。”杜預注：“享，受也。”“成”，現成的。“唯”，助詞，表示肯定。

《管子·牧民》："如天如地，何私何親；如日如月，唯君之節。"尹知章注："言人君親下，當如天地日月之無私也。"

君上本應"享成唯本"，然而卻"享成不唯本"，意即享受其成而忘根本，所以"功德弗顯矣"。

"農夫務食不強，加糧弗足矣"：

"食"，用引申義，耕種。《周禮·地官·遂師》："經牧其田野，辨其可食者。"鄭玄注："可食，謂今年所當耕者也。"

"務"，從事，致力。"強"，堅強，堅定。《書·皋陶謨》："強而義。"孔傳："無所屈撓。"孔穎達疏："強，謂性行堅強。"

"糧"，穀類食物的總稱。"加糧"，增加穀類食物的種植。

句意爲：農夫如果從事耕種不堅定，就不會增加穀類食物的種植，即使增加，也不會充足。從事耕種是農夫之本，如果不知其本，則"加糧弗足矣"。

"士成言不行，名弗得矣"：

"成言"，約言，諾言。《楚辭·離騷》："初既與余成言兮，後悔遁而有他。"朱熹集注："成言，謂成其要約之言也。"

"名"，聲譽，名聲。《禮記·中庸》："故大德必得其位，必得其祿，必得其名，必得其壽。"鄭玄注："名，令聞也。"

句意爲：士大夫如果有約言而不實行，就不會得到好的聲譽。

"是故，君子之於言也，非從末流者之貴，窮源反本者之貴。苟不從其由，不反其本，唯強之弗入矣"：

"唯"，連詞，相當於"雖"，"雖然"，即使。

句意爲：因此，君子對於他的言論，不是以符合事物發展的表面狀態爲貴，而是以符合事物的本質和人的本性復歸爲貴。如果不符合事物發展的基本過程，不復其本性，即使把自己的觀念強加給老百姓，他們也是不能接受的。

三

上不以其道，民之從之也難。是以民可敬導也，而不可弇也；可御也，而不可牽①也。故君子不貴庶物而貴與民有同也。智而比次，則民欲其智之遂也②；富而分賤，則民欲其富之大也③；貴而能④讓，則民欲其貴之上也。反此道也，民必因此厚也以復之，可不慎乎？故君子所復之不多，所求之不遠⑤，察⑥，反諸己，而可以知人。是故，欲人之愛己也，則必先愛人；欲人之敬己也，則必先敬人。是以智而求之不疾，其去人弗遠矣；勇而行之不果，其疑也弗往矣。是故，凡物在疾之。《君奭》曰“唯冒丕單⑦稱德”何⑧？言疾也。君子曰：“疾之。行之不疾，未有能深之者也。”

【注】

① 此字簡文釋文讀爲“賢”，現依裘按讀爲“牽”。

② 簡文釋文作“比即”，依裘按讀爲“比次”；“智”，簡文釋文讀爲“知”，依裘按，當如字讀；“述”字，依裘按讀爲“遂”字。

③ 簡文釋文“福而貧賤”、“福之大”依裘按讀爲“富而分賤”、“富之大”。

④ 此字簡文釋文讀“一”，依裘按讀爲“能”。

⑤ 此字依裘按讀爲“遠”。

⑥ 簡文此字，劉釗認爲是“察”的異體，今從。

⑦ 據裘按，參照今本《尚書·君奭》暫訂爲“唯冒丕單稱德”。

⑧ 從裘按讀“何”，下同。

【釋】

此章言只有反諸己才可以教民。

“上不以其道，民之從之也難。是以民可敬導也，而不可弇也；可御也，而不可牽也”：

“上”，指君主。《廣雅·釋詁一》：“上，君也。”《管子·君臣下》：“民之制於上，猶草木之制於時也。”“上不以其道”，君主不行其道。

“從之”，順從他，擁護他。

“弇”，音眼，掩蔽。

“御”，統治。《廣韻》：“御，理也。”《國語·周語上》：“瞽告有協風至，王即齋宮，百官御事。”韋昭注：“御，治也。”

“牽”，指對動物“拉”、“挽”，猶言役使。又：指牛、羊、豕。《左傳·僖公三十三年》：“吾子淹久於敝邑，唯是脯資餼牽竭矣。”杜預注：“牽，謂牛、羊、豕。”孔穎達疏：“牛、羊、豕可牽行，故云‘牽謂牛羊豕’也。”

句意為：君主不行君道，要老百姓擁護他是很困難的。因此，老百姓可敬重而引導他們，但不能掩蓋真相而蒙蔽他們；可關心而管理他們，但不能輕視而役使他們。

“故君子不貴庶物而貴與民有同也。智而比次，則民欲其智之遂也；富而分賤，而民欲其富之大也；貴而能讓，則民欲其貴之上也。反此道也，民必因此厚也以復之，可不慎乎”：

“庶”，眾多。《禮記．孔子閒居》：“庶物露生。”孔穎達疏：“庶，眾也。言眾物感此神氣風雷之形露見而生。”

“同”，猶通。

“比次”，比較，考較。

“遂”，通達。《禮記．月令》：“慶賜遂行，毋有不當。”鄭玄注：“遂，猶達也。”孔穎達疏：“通達施行，使之周遍。”

“分”，給予。《左傳．昭公十四年》：“（楚子）分貧，振窮。”杜預注：“分，與也。”“厚”，重，大，多。

句意為：君子不以眾物（豐厚的物質條件）為貴，而以“與民有同”（有相通的感情）為貴。智慧而相考校（相互取長補短），則民眾希望智慧者更加通達；富而能將財富給與貧賤，則民眾希望他更加富有；高貴而能謙遜禮讓，則民眾希望他更加高貴。如果為君者反此之君道，那民眾必然給予更大的報復。哪能不慎重？

“故君子所復之不多，所求之不遠，察，反諸己，而可以知人。是故，欲人之愛己也，則必先愛人；欲人之敬己也，則必先敬人”：

“復”，謂實踐諾言。《論語．學而》：“信近於義，言可復也。”朱熹集註：“復，踐言也。”

“求”，尋求。

“察”，考察，調查。《論語·衛靈公》：“子曰：‘眾惡之，必察焉；眾好之，必察焉。’”朱熹集註引楊氏曰：“惟仁者能好惡人。眾好惡之而不察，則惑蔽於私矣。”

“反”，反省。《孟子·公孫丑》：“自反而不縮，雖褐寬博，吾不惴焉，自反而縮，雖千萬人，吾往矣。”趙岐注：“人加惡於己，己內自省。”

句意爲：君子所要踐言的無須多，所要尋求的亦無須深，考察眾人之好惡，反省自己，便可以知人。所以“欲人之愛己也，則必先愛人；欲人之敬己也，則必先敬人。”

“是以智而求之不疾，其去人弗遠矣；勇而行之不果，其疑也弗往矣。是故，凡物在疾之”：

“智”，智慧，聰明。《釋名·釋言語》：“智，知也，無所不知也。”《孟子·公孫丑上》：“是非之心，智之端也。”是非，情也。智，性也。心，統性、情者也。“智而求之”，用明智、聰慧之心求取善道。

“疾”，盡力。《楚辭·九章·惜誦》：“疾親君而無他兮，有招禍之道也。”朱熹注：“疾，猶力也。”

“去”，失去。《史記·李斯列傳》：“胥人者，去其幾也。”司馬貞索隱：“去，猶失也。”

“勇”，氣力。《說文》：“勇，氣也。”段玉裁注：“勇者，氣也，氣之所至，力亦至焉。”《禮記·中庸》：“知、仁、勇三者，天下之達德也。”朱熹集註：“謂之達德者，天下古今所同得之理也。”“達德”是對“達道”而言，朱熹集註曰：“達道者，天下古今所共由之路，……。知，所以知此也；仁，所以體此也；勇，所以強此也。”

“行”，施行。《易·繫辭上》：“推而行之謂之通。”孔穎達疏：“因推此以可變而施行之。”

“果”，有決斷。《廣韻·果韻》：“果，定也。”《論語·雍也》：“子曰：‘由也果，於從政乎何有？’”朱熹集註：“果，有決斷。”

“疑”，迷惑。《說文》：“疑，惑也。”

“往”，歸向。《穀梁傳·莊公三年》：“其曰王者，民之所歸往者。”

“物”，指事和事情。《玉篇·牛部》：“物，事也。”《周禮·地官·大司徒》：“以鄉三物教萬民。”鄭玄注：“物，猶事也。”

“疾之”，爲之疾。“之”，代詞，指“物”（事）。

句意爲：因此，用明智、聰慧之心求取善道而不盡心竭力，那失去人心就不遠了；用勇氣、氣力施行善道而不堅決果斷，那迷惑、不信任的情緒將使人不願歸往。所以，凡事在於爲之盡心竭力。

“《君奭》曰‘唯冒丕單稱德’何？言疾也。君子曰：‘疾之。行之不疾，未有能深之者也’”：

“冒”，覆蓋。《易·繫辭上》：“夫《易》，開物成務，冒天下之道，如斯而已者矣。”韓康伯注：“冒，覆也。”言《易》通萬物之志，成天下之務，其道可以覆冒天下。

“丕”，大。《說文》：“丕，大也。”《書·大禹謨》：“嘉乃丕績。”孔傳：“丕，大也。”

“單”，通“殫”，盡。

《書·洛誥》：“考朕昭子刑，乃單文祖德。”孔傳：“我所成明子法，乃盡文祖之德。”《書·君奭》：“唯此四人，昭武王唯冒，丕單稱德。”蔡沈集傳：“惟此四人能昭武王，遂覆冒天下，天下大盡稱武王之德。”

句意爲：《君奭》說“覆蓋天下，天下大盡稱武王之德”什麼？言盡心竭力。君子說：“爲之盡心竭力，施行不盡心竭力，是不能深得人心的。”

“《君奭》曰”、“君子曰”，先引《尚書》證“上不以其道，民之從之也難”，後引君子之語強調君主必須行君道，不僅要施行，而且要“疾之”

（爲之盡心竭力），“行之不疾，求有能深之者也”。

四

教①之述也，強之工也，遭②之弇也，詞之工也，民孰③弗從？形於中，發於色，其睟④也固矣，民孰⑤弗信？是以，上之恒務在信於眾。《韶命》曰：“允師濟⑥德。”此言也，言信於眾之可以濟德也。

【注】

① 簡文此字疑爲“教”之異構，讀爲“教”。

② 簡文此字下半部模糊，疑爲從辵、曹聲的“遭”。

③ 依裘按讀爲“孰”。

④ 此字郭沂認爲應爲“睟”，今從。

⑤ 依裘按讀爲“孰”。

⑥ 此字依裘按讀爲“濟”，下同。

【釋】

此章言取信於民乃“上之恒務”。

“教之述也，強之工也，遭之弇也，詞之工也，民孰弗從”：

“教”，教化。《說文》：“上所施下所效也。”《書．舜典》：“百姓不親，五品不遜，汝作司徒，敬敷五教，在寬。”孔傳：“布五常之教務在寬。”

“述”，遵循。《書．五子之歌》：“五子咸怨，述大禹之戒以作歌。”孔傳：“述，循也。”

“強”，堅強。《書．皋陶謨》：“強而義。”孔傳：“無所屈撓。”孔穎達疏：“強，謂性行堅強。”

“工”，擅長。《韓詩外傳》卷二：“昔者舜工於使人，造父工於使馬。”

“遭”，遇。《說文》：“遭，遇也。”《禮記．曲禮上》：“遭先生於道，趨而進，正立拱手。”孔穎達疏：“遭，逢也。”

“弇”，承襲。《荀子．賦》：“法舜禹而能弇跡者邪！”楊倞注：“弇，襲也。”

“詞”，訴訟。《字彙》：“詞，訟也。”《淮南子．時則訓》：“審決獄，平詞訟。”

“工”，通“公”。

句意爲：教民而使有所遵循，強民而使有所擅長，民有遇而能世代承襲，民有訟而能得公斷，老百姓孰能不順從呢？

“形於中，發於色，其睟也固矣，民孰弗信”：

“中”，指內心。《史記．樂書》：“情動於中，故形於聲。”張守節正義：“中，猶心也。”

“形”，形成。《楚辭．天問》：“上下未形，何由考之。”

“色”，臉色。《論語．公冶長》：“令尹子文，三仕爲令尹，無喜色；三已之，無慍色。”

“發”，顯現。《詩·周南·關雎序》：“情發於聲，聲成文謂之音。”毛傳：“發，猶見也。”

“睟”，音歲。潤澤貌。《孟子·盡心上》：“其生色也，睟然見於面。”朱熹集註：“睟然，清和潤澤之貌。”

“固”，專一，堅定。《廣韻·暮韻》：“固，一也。”

句意爲：形成於內心，顯現於顏面的對老百姓的感情，其清和潤澤的樣子是那樣純粹專一，老百姓孰能不信任呢？

“是以，上之恒務在信於眾。《詔命》曰：‘允師濟德。’此言也，言信於眾之可以濟德也”：

“務”，專力從事。《說文》：“務，趣也。”段玉裁注：“趣者，疾走也。務者，言其促疾於事也。”《論語·雍也》：“子曰：‘務民之義，敬鬼神而遠之，可謂知矣。’”朱熹集註：“專用力於人道之所宜，而不惑於鬼之不可知，知者之事也。”

“恒”，長久。《說文》：“恒，常也。”《玉篇》：“恒，常也，久也。”《孟子·梁惠王上》：“無恒產而有恒心者，惟士爲能。”朱熹集註：“恒，常也。產，生業也。恒產，可常生之業也。恒心，人所常有之善心也。”

“詔命”，古佚書篇名。

“允”，誠信。《爾雅·釋詁上》：“允，信也。”《書·舜典》：“命汝作納言，夙夜出納朕命，惟允。”孔傳：“納言，喉舌之官，聽下言納於上，受上言宣於下，必以信。”

“師”，民眾。《詩·大雅·文王》：“殷之未喪師，克配上帝。”鄭玄箋：“師，眾也。”

“濟”，成就。《爾雅·釋言》：“濟，成也。”《書·君陳》：“必有忍，其乃有濟；有容，德乃大。”孔傳：“爲人君長，必有所含忍，其乃有所成；有所包容，德乃爲大。”“濟德”，成就其德行。

句意爲：因此，君上者長久專力從事的在取信於民眾。古書《詔命》說：“允師濟德”。這句話就是說取信於民眾就可以成就其德行。

五

聖人之性與中人之性，其生而未有非之節於而也，則猶是也。雖其於善道也，亦非有譯婁以多也。及其專長而厚大也，則聖人不可由與墠①之。此以民皆有性而聖人不可慕②也。《君奭》曰“襄我二人，毋有合在言”何③？道不悅之詞也。君子曰，“唯有其恒而可能終之爲難”。“槁木三年，不必爲邦旗”何？言會④之也。是以君子貴成之。聞之曰：“古之用民者，求之於己爲恒。”行不信則命不從，信不著則言不樂。民不從上之命，不信其言，而能念⑤德者，未之有也。故君子之蒞⑥民，身服善以先之，敬慎以導⑦之，其所在者內矣。

【注】

① 簡文此字從土從單，似應讀爲“墠”。

② 此字從裘按，讀“慕”。

③“在言”二字，簡文釋文讀爲“才音”，“何”讀爲“曷”，依裘按，分別讀爲“在言”、“何”。

④ 簡文此字疑讀爲“會”。

⑤ 依裘按讀爲“念”。

⑥ 此字簡文釋文讀爲“立”，依裘按讀爲“蒞”。

⑦ 此字從郭沂考，讀“導”。

【釋】

此章言君子教民、治民要靠內在的德行。

“聖人之性與中人之性，其生而未有非之節於而也，則猶是也”：

“性”，人的本性。《論語·陽貨》：“性相近也，習相遠也。”劉寶楠正義：“人性相近，而習相遠。”《孟子·告子》：“告子曰：‘生之謂性。’”趙岐注：“凡物生同類者皆同性。”

“聖人”，指品德最高尚、智慧最高超的人。

“中人”，常人。《論語·雍也》：“子曰：‘中人以上，可以語上也；中人以下，不可以語上也。’”朱熹集註：“語，告也。言教人者，當隨其高下而語之。”

“生而未有”之“而”，語氣助詞，用在“生”與“未有”之間起強調作用。“節於而”，“節”，控制，限制。《廣韻·屑韻》：“節，制也，止也。”

“而”，音能。才能。《莊子·逍遙遊》：“故夫知效一官，行比一鄉，德合一君，而徵一國者，其自視也亦若此也。”

“猶是”，化誘如此。“猶”，音誘。通誘。朱駿聲《說文通訓定聲·孚部》：“猶，假借爲誘。”《莊子·人間世》：“雖然，止是耳矣，夫胡可以及化猶師心者也。”高亨新箋：“猶者誘也。化猶即化誘也。”

句意爲：所謂聖人之性與中人之性的區別，其生而未有，也不受限制於先天的才能，而是後天教化所致。

“雖其於善道也，亦非有譯婁以多也。及其尃長而厚大也，則聖人不可由與墠之。此以民皆有性而聖人不可慕也”：

“譯”，解釋，闡述。《正字通・音部》：“凡詁譯經義亦曰譯。”《潛夫論・考績》：“夫聖人爲天口，賢者爲聖譯。”

“婁”，音屢，古屢字，多次。

“多”，活用爲動詞，義爲“增多”。

“尃”，音夫，散佈。

“長”，音掌。滋長。《詩・小雅・巧言》：“君子屢盟，亂用是長。”孔穎達疏：“言在位之君子，數數相與要盟，其亂是用之，故而滋長也。”

“厚大”，又厚又大。

“墠”，通繟。《集韻》：“墠，寬也。”今本《老子》第三十七章：“不召而自來，繟然而善謀。”魏源本義：“繟，河上作墠，梁武作坦。繟、墠、坦三字通用。”

“由”，遵從。《詩・大雅・假樂》：“率由舊章。”高亨注：“由，從也。”

“與”，音遇。參與。《論語・八佾》：“吾不與祭。”

“慕”，仿效。《說文》：“慕，習也。”

句意爲：即使在善道認識上，亦非有因闡述多次而增多的現象。到了善道因向外散佈滋長而發生變化時，聖人也不可參與而使之有所改變。因此，普通人都有普通人之性，聖人只可尊重而不可仿效。

“《君奭》曰‘襄我二人，毋有合在言’何？道不悅之詞也。君子曰‘唯有其恒而可能終之爲難’。‘槁木三年，不必爲邦旗’何？言會之也。是以君子貴成之”：

“襄”，除去。《爾雅·釋言》：“襄，除也。”《詩·鄘風·牆有茨》：“牆有茨，不可襄也。”毛傳：“襄，除也。”

“毋”，表示否定，相當於“不”。王引之《經傳釋詞》卷十：“毋與無通。”

“恒”，常久。《論語·子路》：“人而無恒，不可以作巫醫。”朱熹集註：“恒，常久也。”

“槁”，乾枯。“槁木”，枯木。

“邦”，邊界。段玉裁《說文解字注》：“邦，《周禮》故書‘乃分地邦而辨其守’，‘地邦’謂土界。”

“旗”，表識。《左傳·閔公二年》：“佩，衷之旗也。”杜預注：“旗，表也。”“邦旗”，地邦之標記。

“會”，疑借爲“殨”，爛。會，古音匣紐月部；殨，古音匣紐物部。同爲匣紐，月物可旁轉，符合通假的條件。

“成”，完成，實現。《說文》：“成，就也。”《玉篇》：“成，畢也。”

“之”，句末語氣詞。

句意爲：《君奭》篇中周公爲什麼說除了我們兩個之外，就找不到有共同語言的人了呢？這是他對眾人不滿而說出的不高興的話。君子說，人有恒而能做到有始有終是一件不容易的事。古語爲什麼說枯木三年之後，就不能用來作地邦之標記了呢？這是說枯木容易腐爛，不能常久地做標記，不能有始有終。因此，君子以成爲貴。

“聞之曰，‘古之用民者，求之於己爲恒。’行不信則命不從，信不著則言不樂。民不從上之命，不信其言，而能念德者，未之有也。故君子之蒞民，身服善以先之，敬慎以導之，其所在者內矣”：

“用”，主宰，治理。

“求之於己”，責求於自己，即“求諸己”。

“爲”，介詞，猶在。《莊子·天下》：“老弱孤寡爲意。”爲意，猶言在意。

“行”，行爲。《周禮·地官·師氏》：“敏德以爲行本。”鄭玄注：“德行，內外之稱，在心爲德，施之爲行。”

“信”，誠實，不欺。《詩·衛風·氓》：“信誓旦旦。”孔穎達疏：“言其懇惻款誠。”

“命”，政令。《周禮·秋官·司盟》：“盟萬民之犯命者。”鄭玄注：“犯命，犯君教令也。”

“著”，顯著。

“言”，講說。《說文》：“言，直言曰言。”

“樂”，愉快。《廣韻·鐸韻》：“樂，喜樂。”《荀子·非相》：“法先王，順禮義，黨學者，然而不好言，不樂言，則必非誠士也。”不樂言，即言不樂。

“念”，懷念。《說文》：“念，常思也。”朱駿聲通訓定聲：“謂長久思之。”

“蒞”，臨視，治理。《易·明夷·象》：“君子以蒞眾用晦而明。”君子治理民眾，不以苛察爲明，而是外愚內慧，容物親眾，此乃所以用晦爲明。

“服善”，服膺善言、善行。

"敬慎"，恭敬謹慎。

《詩·大雅·抑》："敬慎威儀，維民之則。"

句意爲：聽古人說，古代治理民眾的人，求之於己在長久地堅持。對統治者來說，如果他們所施行的政令（統治者的行爲）有欺騙性（不信），那麼老百姓就不會聽從；如果統治者的誠信不顯著，那麼老百姓就不喜歡聽他們說的話。老百姓不聽從統治者的政令，不相信統治者說的話，而懷念統治者的德行的人，從來就沒有過。所以君子治理民眾，自己服膺善言善行以爲民之表率，恭敬謹慎勸導民眾，關鍵在於內在的德行，內在的德行的培養，又在於長久地堅持責求於己。

六

天降①大常，以理人倫。制爲君臣之義，著爲父子之親，分爲夫婦之辨。是故小人亂天常以逆大道，君子治人倫以順天德。《大禹》曰"餘才宅天心"何②？此言也，言餘之此而宅於天心也。是故君子簟③席之上讓而叟孳④；朝廷之位，讓而處賤；所宅不遠⑤矣。小人不逞⑥人於仁⑦，君子不逞人於禮。津梁爭舟⑧，其先也不若其後也。言語哷⑨之，其勝也不若其已也。君子曰："從允釋過，則先者餘，來者信。"唯君子道可近求而可遠措⑩也。

【注】

① 此字郭沂釋爲"降"，今從。

② 依裘按讀爲“何”。

③ 簡文此字從竹敭聲，疑借爲“簜”。敭，古音餘紐陽部，簜，古音透紐陽部。透、餘同爲舌頭音，韻部相同，可通假。

④“而”後兩個字，第一字簡文上左、下部形體均與“叟”同，疑爲“叟”之異構。第二字簡文形體與孚、孳相近，“孚”同“孳”，疑爲“孳”之異構。

⑤ 從裘按作“遠”。

⑥ 從裘按作“逞”。

⑦ 從裘按讀“仁”。

⑧ 從裘按讀爲“津梁爭舟”。

⑨ 從裘按讀“吽”。

⑩ 此字劉釗考釋以爲應讀作“措”，今從。

【釋】

此章言君子教民乃治人倫以順天德。

“天降大常，以理人倫。制爲君臣之義，著爲父子之親，分爲夫婦之辨。是故小人亂滅常以逆大道，君子治人倫以順天德”：

“大常”，本性，常道。

“人倫”，人與人之間的關係。《孟子·滕文公上》：“人之有道也，飽食、暖衣、逸居而無教，則近於禽獸。聖人有憂之，使契爲司徒，教以人倫；父子有親，君臣有義，夫婦有別，長幼有序，朋友有信。”

“理”，治理。《 易·繫辭下 》：“理財正辭，禁民爲非。”

"制"，制訂。《易·節·象》："君子以制數度，議德行。"

"著"，明白規定。《禮記·樂記》："故先王著其教焉。""分"，分解。

"天常"，天的常道。也指綱常倫理。《左傳·文公十八年》："顓頊氏有不才子，不可教訓，不知話言，告之則頑，舍之則嚚，傲很明德，以亂天常。"

句意爲：人間的常道乃天之所降，人倫乃聖人依據天之常道所理。君臣之義、父子之親、夫婦之辨乃人倫所制、所著、所分，均爲聖人之所教。因此，後世小人背逆大道而亂天常，君子依順天德而治人倫。

"《大禹》曰'餘才宅天心'何？此言也，言餘之此而宅於天心也。是故君子簟席之上讓而叟孶；朝廷之位，讓而處賤；所宅不遠矣"：

"《大禹》"，李學勤先生認爲是佚《書》《大禹謨》。《大禹謨》在孔穎達《尚書正義》所述漢代孔壁所出佚《書》之中。

"餘"，表示第一人稱。《爾雅·釋詁下》："餘，我也。"

"才"，《說文》："才，草木之初也。"段玉裁注："才，引申爲方始之稱。"

"宅"，存。《書·康誥》："宅心知訓。"孔穎達疏："居之於心，則知訓民也。"

"天心"，本性，本心。《文子·上禮》："聖人初作樂也，以歸神杜淫，反其天心。"天心，乃體現聖人得自於天的"天德"的人之本心，是恒常性的"天常"的反映。

"之"，介詞，到，至。"之此"，猶至此也。"於"，語氣助詞，補湊音節。

"簟"，音但，大竹。《說文》："簟，大竹也。"《書·禹貢》："筱簜既數，厥草惟夭，厥木惟喬。”孔傳：“筱，竹箭。簜，大竹。”

“叟”，對老年男子的尊稱。《說文》：“叟，老也。”《孟子・梁惠王上》：“王曰：‘叟，不遠千里而來，亦將有以利吾國乎？”趙岐注：“叟，長老之稱也，猶父也。”

“孳”，通孜。《禮記・表記》：“俛焉日有孳孳，斃而後已。”陳澔集說：“孳孳，勤勉之貌。”“叟孳”，年老而勤勉之稱。

“所宅”之“宅”，住處，居住的區域。《荀子・王制》：“順州里，定廛宅。”楊倞注：“廛謂市內百姓之居，宅謂邑內居也，定其分界，不使相侵奪也。”

“不遠”，猶距離近，謂無須定其分界，亦無相侵奪也。

句意爲：《大禹》篇說“餘才宅天心”是什麼意思呢？這句話是說我到此才存有人之本心。因爲這樣，君子在家裡竹製的坐席上能謙讓而尊重勤勉的老者；在朝廷的位置上，能謙讓而甘願自處賤位；所居無須與人定分界而能友好相處。

“小人不逞人于仁，君子不逞人於禮。津梁爭舟，其先也不若其後也。言語哅之，其勝也不若其已也”：

“逞”，誇耀，顯示。“人“，指自己。“逞人”，意即荆楚方言的“充人”，自我表現。

“仁”，《禮記・中庸》：“仁者人也，親親爲人。”《論語・顏淵》：“樊遲問仁。子曰：‘愛人。’”《孟子・告子上》：“惻隱之心，仁也。”《韓非子・解老》：“仁者，謂其中心欣然愛人也。”所謂仁，乃人之內在的仁心。

“禮”，《禮記・曲禮上》：“夫禮者，所以定親疏，決嫌疑，別同異，明是非也。”《論語・雍也》：“君子博學於文，約之以禮。”《禮記・內則》：“禮帥初，無辭。”孔穎達疏：“禮，謂威儀也。”所謂禮，乃人之外在的禮儀。

“津梁”，橋梁，或曰渡口、橋梁。

“爭”，競，搶先。

“不若”，不如，比不上。

“哷”，音卮。《集韻·月部》：“哷，語相呵拒。”“已”，停止。《廣韻·止韻》：“已，止也。”《詩·鄭風·風雨》：“風雨如晦，雞鳴不已。”鄭玄箋：“已，止也。”

句意爲：小人只注重自我表現於外的外表形式而不注重內在的仁心，君子不在意自我表現於外的外表形式而注重內在的仁心。在津梁之上看大小船隻競相爭先，與其冒險在前不如安全殿後。說話之間語相呵拒，與其爭勝不如停止。

“君子曰：‘從允釋過，則先者餘，來者信。’唯君子道可近求而可遠措也”：

“從”，聽從，順從。《易·坤》：“或從王事，無成有終。”孔穎達疏：“或順從於王事。”

“允”，《爾雅·釋詁上》：“允，信也。”又“允，誠也。”

“釋”，《爾雅·釋詁》：“釋，服也。”邢昺疏：“釋者，釋去恨怨而服也。”

“過”，過失，錯誤。

“先”，前導，前驅。

“餘”，通“餘”，長久。朱駿聲《說文通訓定聲》：“餘，假借爲餘。”《廣雅·釋詁三》：“餘，久也。”

“措”，運用。《廣韻·暮韻》：“措，舉也。”《禮記·中庸》：“故時措之宜也。”鄭玄注：“時措，言得其時而用也。”孔穎達疏：“措，猶用也。”

句意爲：君子說，如果順從誠信、釋去過失而服，那麼前導者就能長久對後世產生影響，後來者就能取信於民。其所以能如此，是因爲君子道近可求遠可用。

七

昔者君子有言曰“聖人天德”何①？言慎求之於己，而可以至順天常矣。《康誥》曰“不還大暊，文王作罰，刑茲亾懇”何②？此言也，言不肨③大常者，文王之刑莫厚焉。是故君子慎六位④以祀天常。

【注】

① 此字依裘按讀爲“何”。

② 此字依裘按讀爲“何”。

③ 簡文此字從雨從肨，肨亦聲，疑讀爲“肨”。

④ 依裘按讀爲“六位”。

【釋】

此章言君子教民乃慎六位以祀天常。

"昔者君子有言曰'聖人天德'何？言慎求之於己，而可以至順天常矣"：

"天德"，天的德性。

"慎"，《爾雅·釋詁上》："慎，誠也。"相當於"確實"、"確確實實"。

"天常"，天的常道。"至順天常"，順天常之至者也。至，最好的。

句意爲：過去君子曾經說"聖人天德"是什麼意思呢？意思是說確確實實地責求於己，便可以達到順天常之至。

"《康誥》曰'不還大炳，文王作罰，刑茲亡槑'何？此言也，言不胖大常者，文王之刑莫厚焉。是故君子慎六位以祀天常"：

"《康誥》"，《尚書》篇名。

"炳"，音許，明。《玉篇·日部》："炳，明。""大炳"，即"大明"，指政治修明。《孟子·公孫丑上》："貴德而尊士，賢者在位，能者在職。國家閒暇，及是時明其政刑。"

"罰"，《易·豫·彖》："聖人以順動，刑罰清而民服。"《說文》："罰，罪之小者。"徐灝注箋："析言之，則重者爲刑，輕者爲罰。"

"刑"，《廣雅·釋詁三》："刑，治也。"《書·大禹謨》："刑，期於無刑。"蔡沈集傳："其始雖不免於用刑，而實所以期至於無刑之地。"

"茲"，代詞。《爾雅·釋詁下》："茲，此也。"

"亡"，通"無"。

"槑"，音與。《說文》："槑，趣步槑槑也。"槑槑，行步安詳貌。段玉裁注："趣，疾走也。趣步，謂疾而舒也。"

今本《尚書·康誥》云："……曰，乃其速由文王作罰，刑茲無赦。"蔡沈集傳："當商之季，禮義不明，人紀廢壞，子不敬事其父，大傷父心；父不能愛子，乃疾惡其子，是父子相夷也。……弟不念尊卑之序，而不能敬其兄；兄亦不念父母鞠養之勞，而大不友其弟，是兄弟相賊也。父子兄弟至於如此，苟不於我爲政之人而得罪焉，則天之與我民彝而紊亂矣。曰者，言如此。則汝其速由文王作罰，刑此無赦，而懲戒之不可緩也。"簡文中《康誥》引文，雖也有"文王作罰"，"刑茲"六字，但內容與今本《尙書·康誥》完全不同。簡文《康誥》的引文的意思是：如果不還其政治修明，文王作罰，刑此而民不安（老百姓再無過去的趣步懇懇的安祥姿態了）。看來簡文《康誥》引文另有所屬。

"肨"，音榜。古荊楚方言語詞，言人之所爲達到極至。黃侃《蘄春語》："今四川語狀物之臭曰肨臭底。"現代荊楚方言用爲貶義，指某種感受之極至。如肨臭（臭之極），肨不好看（不好看之極）、肨苦（苦之極）、肨辣（辣之極）等，"臭"、"不好看"、"苦"、"辣"都是人的感受。"大常"，本性，常道。《莊子·田子方》："草食之獸不疾易藪，水生之蟲不疾易水，行小變而不失其大常也。"《文子·上禮》："屏流言之跡，塞明黨之門，消智慧，循大常，……萬物各復歸其根。""肨大常"，意爲循大常之極也。

"厚"，深廣。《廣韻·厚韻》："厚，廣也。"

"六位"，謂君、臣、父、子、夫、婦。《莊子·盜蹠》："五紀六位，將何以爲別乎。"成玄英疏："六位，君臣父子夫婦也，亦言父母兄弟夫妻。"

句意爲：《康誥》爲什麼說'不還大暊，文王作罰，刑茲亡懇'呢？這話是說如果不循大常而達到極至，文王所作之刑的作用就不可能深廣。因此君子必須謹慎地依循人倫而祀天常。

尊德義

按：本篇存簡39枚，890字，因簡殘，缺7字，凡897字。全篇擬分爲9章，歸併爲三部分。如何爲君是全篇論述的中心。第一部分包括：1、2、3章，論述爲君應以何爲先。第1章（1簡）言尊德義、明乎民倫是爲君的基本條件。第2章（12—16簡）言爲政者教道之取先。第3章（2—8簡）言君子治民人道之取先。第二部分包括4、5、6、7章，論述爲君應以何爲上。第4章（8—11簡、17—18簡）言人君當以善取爲上。第5章（18—22簡）言治國要實行禮治。第6章（22—27簡）言民可道而不可強。第7章（27—31簡）言禮治是最大的德治。第三部分包括8、9章，論述爲君應如何治民。第8章（31—36簡）言君子治民而民不可惑也。第9章（36—39簡）言君子凡動民必順民心。

一

尊德義，明乎民倫，可以爲君。捶①忿䜌②，改期勝，爲人上者之務也。

【注】

① 此字簡文從水從睢，睢亦聲，疑借爲"捶"。"睢"古音禪紐微部，"捶"古音章紐歌部。章、禪同爲舌上音（"捶"的聲符"垂"即爲禪紐），微、歌可旁轉。

② 此字簡文從車從絲，疑爲"䜌"之異構。

【釋】

此章言尊德義、明乎民倫是爲君的基本條件。

"尊德義，明乎民倫，可以爲君。捶忿䜌，改期勝，爲人上者之務也"：

"德"，德行，節操。《易·乾·文言》："君子進德修業。"孔穎達疏："德，謂德行。業，謂功業。"

"義"爲人的倫理原則。《禮記·祭統》："夫義者所以濟志也，諸德之發也。"《淮南子·齊俗》："義者，所以合君臣、父子、兄弟、夫妻、朋友之際也。"

"民倫"，即人倫。《詩·大雅·生民》："厥初生民，時維姜嫄。"朱熹集傳："民，人也。"《左傳·成公十三年》："民受天地之中以生。"孔穎達疏："民也，人生。"人倫，指人與人之間的關係。《孟子·滕文公上》："當堯之時，天下猶未平，洪水橫流，泛濫天下。……堯獨憂之，舉舜而敷治焉。舜使益掌火，……禹疏九河，……后稷教民稼穡。……人之有道也，飽食、暖衣、逸居而無教，則近於禽獸。聖人有憂之，使契爲司徒，教以人倫，父子有親，君臣有義，夫婦有別，長幼有序，朋友有信。"

"捶"，本義謂以杖擊也，引申爲"鞭"，"捶策"。《韓非子·姦劫弒臣》："無捶策之威，銜橛之備，雖造父不能以服馬。""轡"，本義指駕馭馬的韁繩，借指馬。《文選·左思〈吳都賦〉》："飛輕軒而酌綠醽，方雙轡而賦珍羞。"李周翰注："雙轡則四馬也。""忿"，本義憤怒，引申爲忿而相爭。《易·損·象》："君子以懲忿窒欲。"高亨注："懲，制止也。"《廣雅·釋詁》："忿，怒也。"《說文》："窒，塞也。"欲，貪欲。君子制止其忿怒，杜塞其貪欲。《淮南子·本經訓》："逮至衰世，人眾而財寡，事力勞而養不足，於是忿爭生。""捶忿轡"，字面意義是捶策忿怒的馬，其所指乃是制止因貪欲忿而相爭的社會現象。

"期"，求，希望達到。《書·大禹謨》："刑期於無刑。"蔡沈集傳："其始雖不免於刑，而實所期至於無刑之地。""勝"，戰勝。《爾雅·釋詁上》："勝，克也。"《正字通·力部》："勝，負之對也。""期勝"，期於必勝。《荀子·性惡》："不恤是非，不論曲直，以期勝人爲意，是役夫之知也。"王先謙集解："期於必勝人，惠施之論也。徒自勞苦爭勝而不知禮義，故曰役夫之知也。"

句意爲：只有尊德義，明乎人倫，才可以爲君。制止因貪欲忿而相爭的社會現象、改變徒自勞苦爭勝而不知禮義的傳統觀念是爲上者之務。

二

善者民必眾，眾未必治，不治不順，不順不平。是以爲政者教道之取先。教以禮，則民果以經①。教以樂，則民順②德清牆③。教以辯說，則民勢④隄⑤倀⑥貴以忘。教以藝，則民野以爭。教以荒⑦，則民少以吝。教以言，則民訏以寡信。教以事，則民力嗇以面利。教以權謀，則民淫惃⑧遠禮亡親仁。先之⑨以德，則民進善焉。

【注】

① 此字簡文釋文隸定爲“巠”郭沫若《金文叢考》：“餘意巠蓋經之初字也。”

② 此字簡文象川中流水，疑爲“順”字之異構。

③ 此字裘按爲古文“醬”字。此處疑讀爲“牆”。牆、醬古音同爲精紐陽部。

④ 此字簡文釋文釋作“埶”，“埶”通“勢”。

⑤ 此字簡文從阜從正，《集韻・徑韻》：“定，古作正。”簡文此字應隸爲“阷”。《山海經・北山經》：“又北百七十里，曰隄山。”郭璞注：“或作阷，古字耳。”卷子本《玉篇・阜部》：“阷，《字書》：‘古文隄字也。’”

⑥ 此字簡文從彳從長，疑讀爲“倀”。

⑦ 此字簡文從口從，兒兒，應隸定爲“巟”，《字彙補・口部》：“古文荒字。”

⑧ 此二字，前一字簡文釋文隸定爲“湯”，李家浩釋爲“淫”；後一字李家浩認爲是“惃”。今從。

⑨ 依裘按讀爲“先之”。

【釋】

此章言爲政者教道之取先。

“善者民必眾，眾未必治，不治不順，不順不平。是以爲政者教道之取先”：

“善”，善人，善行。《論語．爲政》：“舉善而教不能則勸。”朱熹集註：“善者舉之而不能者教之，則民有所勸而樂於爲善。”

“眾”，多。

“治”，社會安定，天下太平，與“亂”相對。

“順”，和順。

“平”，寧靜，安舒。

“教”，政教。《說文》：“教，上所施下所效也。”

“道”，音導，訓導。《國語．晉語》：“智子之道善也，是先主覆露子也。”韋昭注：“道，訓也。”

句意爲：有善行的人擁護的人一定眾多，擁護的人眾多未必天下太平，天下不太平就不和順，不和順就不安寧。因此，執掌國政的人，實施政教應以訓導百姓爲先導。

“教以禮，則民果以經。教以樂，則民順德清漿。教以辯說，則民勢隍倀貴以忘。教以藝，則民野以爭，教以荒，則民少以吝。教以言，則民訏以寡信。教以事，則民力嗇以面利。教以權謀，則民淫惃遠禮亡親仁。先之以德，則民進善焉”：

“禮”，行爲準則和道德規範。《禮記．曲禮上》：“夫禮者，所以定親疏，決嫌疑，別同異，明是非也。”

“果”，有決斷。《玉篇・木部》：“果，果敢也。”《廣韻・果部》：“果，定也。”《周禮・春官・大卜》：“以邦事作龜之八命……五曰果。”鄭玄注：“果，謂以勇決爲之。”

“經”，義理。《玉篇・系部》：“經，義也。”柳宗元《斷刑論》：“經非權則泥，權非經則悖。”

“樂”，音樂。《易・豫・象》：“先王以作樂崇德，殷薦之上帝，以配祖考。”高亨注：“崇，猶尊也。崇德，謂尊崇其德而歌頌之也。配，猶獻也。”作樂崇德，謂製作音樂，歌頌祖德。《漢書・禮樂志》：“夫樂本情性，浹肌膚而臧骨髓，雖經乎千載，其遺風餘烈尙猶不絕。”

“順”，依順，順從。《釋名・釋言語》：“順，循也。”《廣韻・稕韻》：“順，從也。”“順德”，順從其德。《易・升・象》：“地中生木，升。君子順德，積小以高大。”孔穎達疏：“地中生木始於毫末，終至合抱。君子象之以順行其德，積其小善以成大名。”

“清漿”，猶清水。《字彙補・水部》：“水亦曰漿。”《山海經・中山經》：“高前之山，其上有水焉，甚寒而清，帝台之漿也，飲之者不心痛。”此處喻指人心純淨無雜。

“辯說”，猶雄辯。明代方孝孺《與鄭叔度書》：“屈原之《離騷》，憂世憤戚，呼天目鬼神自列之辭，其語長短舒縱，抑揚闔闢、辯說詭異，雜錯而成章。”《荀子・非十二子》：“辯說譬喻，齊給便利，而不順禮義，謂之姦說。”

“勢”，情勢。《孟子・公孫丑上》：“雖有智慧，不如乘勢。”焦循正義：“乘勢，居富貴之勢。”

“隄”，音低。限制，阻礙。《玉篇・阜部》：“隄，限也。”《漢書・東方朔傳》：“夫一日之樂不足以危無隄之輿。”顏師古注引張晏曰：“無隄之輿，謂天子富貴無隄限也。

“倀”，無所適從貌。《玉篇・人部》：“倀，失道貌。”《荀子・成相》：

“人主無賢，如瞽無相何倀倀。”楊倞注：“倀倀，無所往貌。”

“忘”，通“妄”。不法。胡作非爲。

“藝”，種植。《書·酒誥》：“嗣爾股肱，純其黍稷。”孔傳：“其當勤種黍稷。”

“野”，田野。《廣韻·馬韻》：“野，田野。”《呂氏春秋·審己》：“稼生於野而藏於倉。”

“爭”，競爭。《廣韻·耕韻》：“爭，競也。”

“荒”，沈迷，迷亂。《書·五子之歌》：“內作色荒，外作禽荒。”蔡沈注：“色荒，惑嬖寵也。禽荒，耽遊畋也。”《孟子·梁惠王下》”從獸無厭謂之荒。”朱熹集註：“從獸，田獵也。”

“少”，時間短，不長久。《孟子·萬章上》：“始舍之，圉圉焉；少則洋洋焉，悠然而逝。”

“吝”，貪婪。《後漢書·黃憲傳》：“鄙吝之萌復存乎心。“李賢注：“吝，貪也。”

“言”，政令，號令。《國語·周語上》：“有不祭則修意，有不祀則修言。”韋昭注：“號令也。”

“訏”，音需，詭詐。《說文》：“訏，詭譌也。”《新書·禮容下》：“犯則淩人，訏則誣人，伐則掩人。”

“事”，勤勞。《爾雅·釋詁下》：“事，勤也。”邢昺疏：“謂勤勞也。”

“力畜”，通“穡”；“力畜”，又作“力穡”。努力耕作。《書·盤庚上》：“若農服田力穡，乃亦有秋。”蔡沈注：“勤於田畝，則有秋成之望。”

“面”，通“湎”，沈迷。“面利”，沈湎於個人私利。

“淫”，迷惑。《呂氏春秋·直諫》：“得丹之姬，淫，期年不聽朝。”

高誘注：“淫，惑也。”

“惃”，音滾。亂。《廣雅．釋詁三》：“惃，亂也。”

“親仁”，親近仁德的人。《論語．學而》：“泛愛眾，而親仁。”朱熹集註：“泛，廣也。眾，謂眾人。親，近也。仁，謂仁者。”

“進”，舉薦。《周禮．夏官．大司馬》：“進賢興功，以作邦國。”《呂氏春秋．論人》：“貴則觀其所進。”高誘注：“進，薦也。”

句意爲：以禮教人，人果敢而懂義理。以樂教人，人順其德而心純淨無雜念。以辯說教人，人之情勢受到阻遏，使其茫然崇尙而胡作非爲。以藝教人，人們在田野勞作而相互競爭。以荒教人，人沈迷於玩樂而貪。以號令教人，人詭訛而不守信用。以事教人，人只知努力耕作而沈湎於個人私利。以權謀教人，人的思想惑亂遠禮而不親近仁德。如果以德爲先，便能使人人向善而能舉薦賢能。

三

賞與刑，禍福之基①也，或肯②之者矣。爵位，所以信其然也。正欽，所以攻邪也③。刑坐④，所以不⑤舉也。殺戮，所以除犯⑥也。不由其道，不行。仁爲可親也，義爲可尊也，忠爲可信也，學爲可益也，教爲可類也。教非改道也，教之也。學非改倫也，學己也。禹以人道治其民，桀以人道亂其民。桀不易禹民而後亂之，湯不易桀民而後治之。聖人之治民，民之道也。禹之行水，水之道也。造父之御馬，馬之⑦道也。后稷⑧之藝地，地之道也。莫不有道焉，人道爲近。是以君子人道之取先。

【注】

① 此字簡文釋文作“羿”，裘按疑讀爲“基”，今從。

② 此字簡文從止從月，與包山楚簡122簡釋爲“前”的簡文字形完全不同，而與酓肯鼎“肯”字形體完全相同，應釋爲“肯”。

③“邪也”二字簡文字跡脫落，依據上下文補出。

④“坐”字簡文字跡脫落，依據上下文義補出。

⑤“不”字簡文字跡脫落，依據上下文補出。

⑥ 簡文此字從口從舥，舥亦聲。疑讀爲“犯”。“舥”同“䑶”。《龍龕手鑒·舟部》：“舥”，“䑶”的俗字。䑶，從舟氾聲。氾，古音滂紐談部；犯，古音並紐談部。滂、並同爲唇音，氾、犯可通假。

⑦“馬之”簡文爲“馬也之”，簡文釋文注釋指出“也”爲衍文，今從。

⑧“稷”字，簡文文釋文讀爲“禝”，《集韻·職韻》：“禝，通作稷。”

【釋】

此章言君子治民人道之取先。

“賞與刑，禍福之基也，或肯之者矣”：

“賞”，獎賞。《說文》：“賞，賜有功也。”《禮記·月令》：“賞公卿諸侯大夫于朝。”鄭玄注：“賞，謂有功德者，有以顯賜之也。”

“刑”，懲治。《廣雅·釋詁三》：“刑，治也。”《書·康誥》：“非汝封刑人殺人，無或刑人殺人。”孔傳：“言得刑殺罪人。”漢桓寬《鹽鐵論．疾貧》："刑一而正百，殺一而慎萬。"

"基"，根本，基礎。《集韻．之韻》："基，本也。"《詩．小雅．南山有台》："樂只君子，邦家之基。"毛傳："基，本也。""肯"，贊同，許可。《爾雅．釋言》："肯，可也。"

句意爲：獎賞與懲治乃禍福之根本，有人完全贊同這種觀點。

"爵位，所以信其然也。正欽，所以攻邪也。刑坐，所以不舉也。殺戮，所以除犯也。不由其道，不行"：

"爵位"，爵號，官位。《禮記．禮運》："合男女，頒爵位，必當年德。"

"信"，相信。《字彙．人部》："信，不疑也。""信其然"，相信其實在性，意爲使人感到所得的實在。

"正"，君長。《呂氏春秋．君守》："天之大靜，既靜而又寧，可以爲天下正。"高誘注："正，主。"

"欽"，謹慎，戒慎。《書．堯典》："帝曰：生，欽哉！"孔傳："敕鯀往治水，命使敬其事。"

"攻"，段玉裁《說文解字注》："'攻猶治也'，此引申之義。"

"邪"，指品行不正的人。《書．大禹謨》："任賢勿貳，去邪勿疑。"孔穎達疏："任用賢人，勿有二心；逐去回邪，勿有疑惑。"

"刑坐"，猶連坐。《一切經音義》卷二："坐，罪也。謂相緣罪也。"《韓非子．定法》："公孫鞅之治秦也，設告相坐而責其實。"刑坐，即"設告相坐而責其實"。

"不舉"，不檢舉，不揭發。

"除"，清除。《書．微子之命》："撫民以寬，除去邪虐。"

"犯"，違反，違背。《周禮．夏官．大司馬》："犯令陵政，則杜之。"

鄭玄注："犯令者，違命也。"

"由"，遵從。《詩·大雅·假樂》："不愆不忘，率由舊章。"高亨注："由，從也。"

"行"，做，從事。《左傳·隱公元年》："多行不義，必自斃。"

句意爲：得到爵號或者官位，人們因此信其實在。君長戒慎，因此能治理品行不正的人。設告相坐而責其實，因此人們不敢輕易檢舉、揭發。有罪者被殺戮，因此可以杜絕犯令陵政。然而，這一切（賞與刑），都必須遵從其道，不遵從其道，則不行。

"仁爲可親也，義爲可尊也，忠爲可信也，學爲可益也，教爲可類也。教非改道也，教之也。學非改倫也。學己也"：

"仁"，《說文》："仁，親也。"仁者，對人親善，仁愛，故"仁爲可親也。"

"義"《說文》："義，己之威儀也。"作爲社會倫理原則。義者，立德之本也，"所以合君臣、父子、兄弟、夫妻、朋友之際也。"（《淮南子·齊俗訓》故"義爲可尊也。"

"忠"，《說文》："忠，敬也。"段玉裁補："盡心曰忠。"盡心竭力，忠誠無私，故"忠爲可信也。"

"學"，《廣雅·釋詁三》："學，效也。"《書·說命》："學於古訓，乃有獲。"接受教育，受教傳業，故"學爲可益也。"

"教"，《說文》："教，上所施下所效也。"《禮記·樂記》："廣樂以成其教。"孔穎達疏："謂寬廣樂之義理，以成就其政教之事也。"

"類"，法式，法則。《書·泰誓下》："天有顯道，厥類惟彰。"孔傳："言天有明道，其義類惟明，言王所宜法則。"上所施下所效，民將以爲類，故"教爲可類也。"

"改"，《說文》："改，更也。"《文選·張衡〈東京賦〉》："春秋改節，四時疊代。"李善注引薛綜曰："改，易也。""教爲可類"，民以上之所施爲類（法）。上之所施必須依道而行，必須遵從其道。道是"上所施下所效"的最高原則，故曰"教非改道也，教之也。"

"倫"，人倫。父子有親，君臣有義，夫婦有別，長幼有序，朋友有信，乃聖人順天常之所教也。學，乃效其聖人之所教也。學者不能逆大道而亂天常。學必求諸己。故曰"學非改倫也，學己也。"

"禹以人道治其民，桀以人道亂其民。桀不易禹民而後亂之，湯不易桀民而後治之。聖人之治民，民之道也。"：

"人道"，猶言人倫。《禮記·喪服小記》："親親、尊尊、長長，男女之有別，人道之大者也。"

"禹"，史稱夏禹、大禹、戎禹，因治水有功，舜死，禹繼任部落聯盟領袖。《書·大禹謨》："稽古大禹，曰：文命敷於四海，……野無遺賢，萬邦咸甯，稽於眾，舍己從人，不虐無告，不廢困窮，……"所謂"舍己從人，不虐無告，不廢困窮"乃禹以人道治其民也。

"桀"，史稱"夏桀"，夏代最後一個君王，名履癸，暴虐荒淫，湯起兵伐桀，桀敗，被俘，流死南巢。《史記·夏本紀》："帝桀之時，自孔甲以來而諸侯多畔，夏桀不務德而武傷百姓，百姓不堪，乃召湯而囚之夏台。"所謂"不務德而武傷百姓"，乃桀以人道亂其民也。

"湯"，史稱"成湯"，亦稱"成商"，子姓，名履，又稱天乙，商的開國之君。《呂氏春秋·順民》："夫以德得民心以立大功名者，上世多有之矣。……得民必有道，萬乘之國百戶之邑民無有不說。取民之所說而民取矣。民之所說豈眾哉，此取民之要也。昔者湯克夏而正天下。天大旱，五年不收。湯乃以身禱於桑林。曰：'餘一人有罪，無及萬夫；萬夫有罪，在餘一人。無以一人之不敏，使上帝鬼神傷民之命。'於是剪其髮，磨其手，以身爲犧牲，用祈福於上帝。民乃甚說，雨乃大至。"夏桀所治理的百姓，仍然是禹的百姓，但夏桀不務德而武傷百姓，所以天下大亂；成湯治理的百姓仍然是夏桀的百姓，但成湯以人道治民，天大旱“乃以身禱於桑林”，所以天下大治。故“聖人之治民，民之道也。”“民之道”，即“人道”，聖人治民是靠“人道”治民的，即“取民之所說而民取矣”。

“禹之行水，水之道也。造父之御馬，馬之道也。后稷之藝地，地之道也。莫不有道焉，人道爲近。是以君子人道之取先”：

“行”，做，從事。“行水”，猶治水。

“道”，事理，規律。《禮記・中庸》：“道也者，不可須臾離也。”朱熹集注：“道者，日用事物當行之理。”

“近”，切近，《詩・周南・關雎序》：“故正得失，動天地，感鬼神，莫近於詩。”孔穎達疏：“無有近於詩者，言詩最近之，餘事莫之先也。”

句意爲：大禹治水，水有水的規律。造父禦馬，馬有馬的規律。后稷種植，土地有土地的規律。世上的事事物物都有其規律，人也有人的規律，君子之治人，人道最爲切近。因此，君子應以行人道取先。

四

察①者出所以知己，知己所以知人，知人所以知命，知命而後知道，知道而後知行。由禮知樂，由樂知哀。有知己而不知命者，亡知命而不知己者；有知禮而不知樂者，亡知樂而不知禮者。善取，人能從之，上也。行此䖒②也，然後可偷③也。因恒則固，察匚則亡僻④，不黨則亡怨，撫⑤思則亡罔⑥。

【注】

① 此字劉釗釋爲"察"，今從。

② 此字簡文上部形體與包山179號簡"鹿"字上部形體完全不同，而與271號簡"虎"字上部形本相近，疑爲從又虘聲。應隸爲"叡"。

③ 此字簡文釋文作"逾"，《呂氏春秋·任地》："操事則苦，不知高下，民乃逾處。"孫詒讓《札迻》："逾當讀爲偷。"此處亦當讀爲"偷"。

④"察匸則亡僻"，從劉釗考釋。

⑤ 簡文此字不清晰，疑爲從辵從亡，應隸定爲"迒"，讀爲"撫"。

⑥"亡罔"，簡文脫落，依據上下文補出。

【釋】

此章言人君治民當以善取爲上。

"察者出所以知己，知己所以知人，知人所以知命，知命而後知道，知道而後知行"：

"出"，自內而外。

"知己"，謂瞭解自己。

"知人"，謂懂得人事。

"知命"，謂知人事變化之時運。

"知道"，謂知萬事萬物變化之理。

"知行"，謂知何以爲何以不爲。

句意爲：求諸己且能反之以出可以瞭解自己，瞭解自己可以懂得人事，懂得人事可以知人事變化之時運，知人事變化之時運可以知萬事萬物變化之理，知萬事萬物變化之理可以知何以爲何以不爲。

“由禮知樂，由樂知哀。有知己而不知命者，亡知命而不知己者；有知禮而不知樂者，亡知樂而不知禮者。善取，人能從之，上也”：

“禮”《禮記·曲禮》：“夫禮者，所以定親疏，決嫌疑，別同異，明是非也。”

“樂”，安樂。

“哀”，憐憫。

“取”，獲得。《左傳·莊公六年》：”若不從三臣，抑社稷實不血食。而君焉取餘？”“餘”，食餘。“不食餘”爲古代俗語，賤視唾棄之意。“取食餘”，得到信任之意。“而君焉取餘”，怎麼能取信於楚君呢？“善取”，善於取信之意。

句意爲：由知禮而知安樂，由知安樂而知憐憫。有瞭解自己而不知人事變化之時運的，沒有知人事變化之時運而不瞭解自己的；有知禮而不知安樂的，沒有知安樂而不知禮的。善於取信，人方能從之，人君當以善於取信於民爲上。

“行此戱也，然後可偷也。因恒則固，察匚則亡僻，不黨則亡怨，撫思則亡罔”：

“戱”，音渣。《說文》：“戱，叉卑也。”段玉裁據《類篇》改作“叉卑”，曰：“叉卑者，用手自高取下也。……《方言》‘抯摣，取也。南楚之間，凡取物溝泥中謂之抯，或謂之摣’，亦此字引申之義。”徐鍇繫傳：“戱，叉取也。”

“偷”，苟且，怠惰。《禮記·表記》：“安肆曰偷。”鄭玄注：“偷，苟且也。”《老子》第四十一章：“建德曰偷。”俞樾平議：“建當讀爲健。……言剛健之德，反若偷惰也。”此處“偷”，乃“建德日偷”之意，以喻體代替本體。“可偷”，即可行剛健之德。

“恒”，《說文》：“恒，常也。”《玉篇·心部》：“恒，常也，久也。”

“固”，愚陋，固執。《廣雅·釋言》：“固，陋也。”《論語·子罕》：“子絕四：毋意，毋必，毋固，毋我。”朱熹集註：“意，私意也。必，期必也。固，執滯也。我，私己也。”

“匸”，音細。掩藏。《廣韻·薺韻》：“匸，有所藏也。”

“僻”，邪惡，不端。《集韻·昔韻》：“僻，邪也。”《論語·先進》：“師也僻。”孔穎達疏：“子張才過人，失在邪僻。”

“不黨”，不阿附，不偏私。《論語·述而》：“吾聞君子不黨。”朱熹集註：“相助匿非曰黨。”

“怨”，譏諷。《論語·陽貨》：“詩可以興，可以觀，可以群，可以怨。”何晏集解引孔安國曰：“怨，刺上政。”

“撫思”，猶追思往事。“撫”，依循。《楚辭·九章·懷沙》：“撫情效志兮，曲而自抑。”王逸注：“撫，循也。”“思”，思考。《集韻·志韻》：“思，慮也。”《論語·爲政》：“學而不思則罔。”朱熹集註：“不求諸心，故昏而無得。”“罔”，迷惑，昏亂。《楚辭·九章·悲回風》：“紛容容之無經兮，罔芒芒之無紀。”洪興祖補注：“言楚國上下昏亂無綱紀也。”

句意爲：行取信於民之事，後可行剛健之德。雖因時間常久而變得固執保守，然察究隱匿就可不失於邪僻，不偏私就無譏諷怨謗，追思往事防微杜漸就可防止社會昏亂。

五

夫生而有職事者也，非教所及也。教其政，不教其人，政弗行矣。故共①是物也而有深焉者，可學也而不可疑也。可教也而不可迪其民，而民不可止也。尊②仁、親忠、敬壯、歸禮，行矣而亡違③，養心於子諒④，忠信日益而不自知也。民可使道之，而不可使知之。民可道也，而不可強也。

【注】

① 此字簡文形體與包山228號簡"共"字相近，與楚帛書"共"字形體完全一致，應釋爲"共"。

② 此字廖名春釋爲"尊"，今從。

③ 此字廖名春釋爲"違"，今從。

④ 依裘按讀爲"養心於子諒"。

【釋】

此章言民可道而不可強。

"夫生而有職事者也，非教所及也。教其政，不教其人，政弗行矣。故共是物也而有深焉者，可學也而不可疑也。可教也而不可迪其民，而民不可止也"：

“生”，繼承。《公羊傳·襄公二十二年》：“魯一生一及，君已知之矣。”何休注：“父死子繼曰生，兄死弟繼曰及。”

“職事”，職務。

“非”，必須，定要。

“及”，至，到達。“所及”，可及，猶勝任。

“政”，治理（國事）。《荀子·王制》：“王者之等賦，政事，財萬物，所以養萬民也。”

“共”，《說文》：“共，同也。”《論語·公冶長》：“願車馬，衣輕裘，與朋友共。敝之而無憾。”劉寶楠正義：“共，同也。”

“深”，玄妙、精微。《易·繫辭上》：“探賾索隱，鉤深致遠。”

“疑”，惑亂。《戰國策·秦策二》：“夫以曾參之賢，與母之信也，而三人疑之，則慈母不能信也。”姚宏注：“疑，猶惑也。”

“迪”，動，作。《書·多方》：“爾乃迪屢不靜，爾心未愛。”孫星衍疏：“迪者，《釋詁》云‘作也。’……迪屢，猶言屢迪。汝數作不靜，汝心無愛順之意。”

“止”，禁止，阻攔。《呂氏春秋·貴生》：“口雖欲滋味，害於生則止。”高誘注：“止，禁也。”

句意爲：通過繼承而得到職務的，定要教育使其能勝任。只教其治理（國事）而不教其人，治理（國事）也是治理不好的。同樣的事物中有精微的，可學而不可惑亂。比如對老百姓，可以教化而不可動，更不能禁止。

“尊仁、親忠、敬仕、歸禮，行矣而亡違，養心於子諒，忠信日益而不自知也。民可使道之，而不可使知之。民可道也，而不可強也”：

“違”，違背，違反。《書·堯典》：“靜言庸違，象恭滔天。”孔傳：

“言共工自爲謀言，起用行事而違背之。”

“養心”，修養心神。《孟子·盡心下》：“養心莫善於寡欲。”“子諒”，慈愛誠信。

“子”，借爲“慈”。《禮記·樂記》：“致樂以治心，則易直子諒之心油然生矣。”孔穎達疏：“子謂子愛，諒謂誠信，言能深遠詳審此樂以治其心，則和易正直子愛誠信之心，油然從內而生矣。”

“道”，引導。“知”，知道，瞭解。“強”，強迫，使用強力。

句意爲：尊重仁德，親近忠誠，敬重壯勇，一切復歸於禮，行無所違逆，養心於慈愛誠信，忠信日日有所增益而不自知。老百姓可以使其接受引導，而不可使其知道自己在被引導。老百姓可以引導，而不可使用強力。

六

桀不謂其民，必亂，而民又爲亂矣。爰不若也，可從也而不可及也。君民者，治民復禮，民餘曷知離勞之究①也。爲邦而不以禮，猶人之所②亡適③也。非禮而民悅，妄④此小人矣。非倫而民服，殜此亂矣。治民非還生而已也。不以嗜欲害⑤其義。究⑥民愛，則孳⑦也；弗愛，則仇⑧也。民五之方格，十之方爭，百之而後服⑨。

【注】

①“曷”、“究”，從劉釗考釋。

②“人之所”，從劉釗考釋。

③“適”，從劉釗考。

④ 簡文此字似從心從亡，與𡚬蛮壺“忘”字形體近似，似應隸爲“忘”，讀“妄”。

⑤“嗜”、“害”，從裘按。

⑥“宄”，從劉釗考。

⑦“孳”、從劉釗考。

⑧“仇”，從劉釗考。

⑨“格”、“爭”、“服”，從裘按。

【釋】

此章言君民者治國要實行禮治。

“桀不謂其民，必亂，而民又爲亂矣。爰不若也，可從也而不可及也”：

“謂”，助。《爾雅·釋詁上》：“謂，勤也。”《呂氏春秋·開春論》：“周厲之難，天子曠絕，而天下皆來謂矣。”陳奇猷校釋引洪頤煊曰：“《釋詁》：‘謂，勤也。’……《晉語》‘秦人勤我’，韋注：‘勤，助也。’此文謂周厲之難，天子曠絕，於是天下諸侯皆來助王室也。”《晏子春秋·內篇·諫下》：“古者之爲宮室也，足以便生不以爲奢侈也，故節於身謂於民。及夏之衰也，其王桀背棄德行爲瓊室玉門。”“謂於民”，乃助於民也。

“爲”，助。《廣韻·寘韻》：“爲，助也。”《詩·大雅·鳧鷖》：“公尸燕飲，福祿來爲。”鄭玄箋：“爲，助也。”《 史記·呂后本紀 》：

“太尉將之入軍門，行令軍中曰：‘爲呂氏右袒，爲劉氏左袒。’軍中皆左袒爲劉氏。”

“爰”，舒緩貌。《詩・王風・兔爰》：“有兔爰爰，雉離於羅。”毛傳：“爰爰，緩意。”

“不若”，不善，強暴。《商君書・慎法》：“外不能戰，內不能守，雖堯爲主，不能以不臣諧謂所不若之國。”

“從”，依順。“及”，干預。《管子・君臣》：“是以上及下之事謂之矯。”尹知章注：“及，猶預也。”

句意爲：夏桀背棄德行不助其民，天下必然大亂，而民又助其亂，致使夏桀爲成湯所滅。對於強暴只能使其舒緩，可使其順從而不可干預。

“君民者，治民復禮，民餘曷知離勞之究也。爲邦而不以禮，猶人之所亡適也。非禮而民悅，妄此小人矣。倫而民服，殜此亂矣”：

“餘”，語氣詞。

“曷”，表示反問語氣，相當於“何不”。《爾雅・釋言》：“曷，盍也。”郭璞注：“盍，何不也。”

“知”，欲。《廣韻・支韻》：“知，欲也。”《禮記・樂記》：“好惡無節於內，知誘於外。”鄭玄注：“知，猶欲也。”此處引伸爲“希望”。

“離”，憂愁。《詩・小雅・四月》：“秋日淒淒，百卉具腓，亂離瘼矣，爰其適歸。”毛傳：“離，憂。”

“勞”，勞苦。《詩・邶風・凱風》：“棘心夭夭，母氏劬勞。”朱熹注：“劬勞，病苦也。”

“究”，盡頭，《水經注・溫水》引竺枝《扶南記》曰：“山溪瀨中，謂之究。”究的本義指山溪瀨的盡頭處，此喻指憂愁和勞苦的盡頭。劉釗認爲“‘民餘曷知離勞之究’的‘究’即‘究竟’之‘究’，”其意亦可通，因爲“究竟”有“結局”、“結果”的意思。

“適”往，至。《說文》：“適，之也。”段玉裁注：“此不曰往而曰之……往自發動言之，適自所到言之。”“亡適”，即“無適”，意爲“無所適從”。

“妄”，混亂。《說文》：“妄，亂也。”《管子·牧民》：“上無量，則民乃妄。”

“殜”，《玉篇·歹部》：“殜，病也。”《方言》卷二：“自關而西，秦晉之間，凡病而不甚曰殜。郭璞注：“病半臥半起也。”

句意爲：君民者，治理老百姓要因襲禮制，老百姓是希望他們的憂愁、勞苦有盡頭的。如果不以禮制治理國家，國家就像人無所適從一樣。不以禮制治國，如果有人高興，那是希望混亂，這樣的人是小人。不講人倫，如果有人順服，那是有病（不正常），這是國家的災難。

“治民非還生而已也。不以嗜欲害其義。究民愛，則孳也；弗愛，則仇也。民五之方格，十之方爭，百之而後服”：

“非”，必須，定要。“還”，歸還。《周禮·秋官·司儀》：“致饔餼，還圭。”鄭玄注引鄭司農曰：“還圭，歸其玉也。”

“生”，生存。《左傳·襄公二十二年》：“生於亂世，貴而能貧。”“嗜欲”，嗜好與欲望，多指貪圖身體感官方面享受的欲望。《荀子·性惡》：“妻子具而孝衰於親，嗜欲得而信衰于友，爵祿盈而忠衰於君。”

“義”，倫理的原則。《淮南子·齊俗訓》：“義者，所以合君臣、父子、兄弟、夫妻、朋友之際也。”

“究”，窮盡。《爾雅·釋言》：“究，窮也。”

“孳”，繁盛。《玉篇·子部》：“孳，孳產也。”本義生育、繁殖，引申爲繁盛。

“仇”，仇怨。《廣雅·釋詁三》：“仇，惡也。”《玉篇·人部》：“仇，怨也。”

“格”，擊打、格鬥。《逸周書·武儞》：“窮寇不格。”孔晁注：“格，鬥也。”

“爭”，爭鬥，較量。《詩·大雅·江漢》：“時靡有爭，王心載寧。”陸德明釋文：“爭，爭鬥之爭。”

“服”，服從，順從。《論語·爲政》：“舉直錯諸枉，則民服。”邢昺疏：“時哀公失德，民不服從。”

“五”，通“伍”。朱駿聲《說文通訓定聲》：“五，假借爲伍。”《商君書·畫策》：“入行間之治連以五。”引申爲隊伍。

“十”，特指十倍。《孫子·謀攻》：“故用兵之法，十則違之，五則攻之，倍則分之。”

“百”，音莫。勉力。《正字通》：“百，厲也，勉勵而爲之。”《左傳·僖公二十八年》：“距躍三百，曲踴三百。”杜預注：“百，猶勵也。”孔穎達疏：“言每跳皆勉力爲之。”

句意爲：治理老百姓必須讓老百姓能夠生存，僅此而已。君民者絕不能因滿足身體感官方面享受的欲望而害其大義。如果窮其對民之愛，國家就會繁榮昌盛；不能窮其對民之愛，老百姓就會產生仇怨。老百姓對君民者的仇怨會使他們組織起來，他們有了隊伍，將會與君民者發生衝突；他們的力量成倍地增加，將會與君民者較量。這時候，只能勉勵老百姓，只有這樣老百姓才會順從。

七

善者民必富①，富未必和，不和不安，不安不樂。爲故率民向方者，唯德可。德之流，速乎置郵②而傳命。其載也亡厚焉，交矣而弗知也，亡。德者，且莫大乎禮樂。故爲政者，或論之，或養③之，或由中出，或設之外，侖求④其類焉。

【注】

①“富”，從裘按。

②“置郵”，從裘按。

③ 此字與21號簡“養心於子諒”之“養”形體相同。

④“求”，從裘按。

【釋】

此章言禮治是最大的德治。

“善者民必富，富未必和，不和不安，不安不樂。爲故率民向方者，唯德可”：

“善”友好，親善。《正字通·口部》：“善，與人交歡曰友善。”《左傳·隱公六年》：“親仁善鄰，國之寶也。”

“富”，財物多。《論語·學而》：“富而無驕。”邢昺疏：“多財曰富。”

“和”，和諧。《廣雅·釋詁三》：“和，諧也。”《易·乾·彖》：“保合太和，乃利貞。”和，諧和。

“安”，安定，安全。《爾雅．釋詁下》：“安，定也。”《詩．小雅．常棣》：“喪亂既平，既安且寧。”

“樂”，安樂。“率”，帶領。

“向”，趨向。《書．多士》：“向於時夏，弗克庸帝。”“向方”，遵循正道。

句意爲：對老百姓親善，老百姓必然多財。老百姓多財未必和諧，不和諧就不安定，不安定就不安樂。爲此故，帶領老百姓遵循正道，只有崇尚道德爲是。

“德之流，速乎置郵而傳命。其載也亡厚焉，交矣而弗知也，亡。德者，且莫大乎禮樂。故爲政者，或論之，或養之，或由中出，或設之外，侖求其類焉”：

“流”，移動，運行。《廣雅．釋詁一》：“流，行也。”“速”迅速。《廣雅．釋詁下》：“速，疾也。”

“置”，驛站。《廣雅．釋詁四》：“置，驛也。”《龍龕手鑒．網部》：“置，驛傳也。馬遞曰置。”《孟子．公孫丑上》：“孔子曰：‘德之流行，速於置郵而傳命。”朱熹集註：“置，驛也。郵，馹也。所以傳命也。”

“載”，裝運、《廣韻．隊韻》：“載，運也。”《易．大有》：“大車以載，有攸往，無咎。”王弼注：“任重而不危。”孔穎達疏：“大車，謂牛車。載物既多，故云任重。車材強壯，故不有傾危也。”

“厚”，看重。《禮記．曲禮上》：“故日月以告君，齋戒以告鬼神，爲酒食以召鄉党僚友，以厚其別也。”鄭玄注：“厚，重慎也。”

“交”，此與彼受。《禮記．坊記》：“禮非祭，男女不交爵。”鄭玄注：“交爵，謂相獻酢。”

“亡”通“忘”，忘記。《詩．邶風．綠衣》：“心之憂矣，曷維其亡。”

鄭玄箋："亡之言忘也。"

"莫"，用同"沒"，沒有。

"論"，定罪。《洪武正韻·真韻》："論，決罪曰論。"

"養"，供養。《說文》："養，供養。"《書·大禹謨》："德惟善政，政在養民。"養民，使老百姓能得到生活所必需而生活下去。

"中"，內，裡面。《說文》："中，內也。"《尸子》卷下："卑牆來盜，榮辱由中出，敬侮由外生。"

"設"，制訂。《廣雅·釋詁三》："設，施也。"《篇海類編》："設，立也。"《易·觀·象》："先王以省方，觀民，設教。"《韓非子·八經》："設法度以齊民，信賞罰以盡民能。"

"侖"，"倫"的古字。《說文》："侖，思也。"段玉裁注："思與理義同也。……凡人之思必依其理。"徐灝箋："侖、倫古今字。倫，理也。"

"類"，種類。許多相似或相同事物的綜合。《易·乾·文言》："本乎天者親上，本乎地者親下，則各從其類也。"

句意爲：德的流行，迅疾如驛站跑馬傳命一樣，傳送的人對裝運的是什麼並不看重，彼此交接也不知是什麼，送走以後什麼都忘記了。德，大莫過於禮樂，禮樂是最大的德。爲政者，或制定刑罰，或決定養民政策，或出之於內，或制定於外，都應依理求其類。

八

治樂和哀，民不可惑也。反之，此往矣。刑不逮①於君子，禮不逮於小人。攻昧②往者復，依惠則民材足，不時則亡勸③也。不愛則不親，不德④則弗懷⑤，不厘則亡畏，不忠則不信，弗用⑥則亡復。侮⑦則民悻⑧，正則民不吝，恭⑨則民不怨⑩。均不足以平政，偷⑪不足以安民，勇不足以沫眾，博不足以知善，決⑫不足以知倫，殺不足以勝⑬民。

【注】

① 依裘按讀"逮"，下句同。

②"昧"，簡文此字字跡不清，根據上下文義補出。

③ 裘按讀爲"勸"。

④"德"，簡文此字字跡模糊，根據上下文義補出。

⑤ 依裘按讀爲"懷"。

⑥ 依裘按讀爲"用"。

⑦ 簡文此字疑從人從攴，讀爲"侮"。《正字通·人部》："伎，籀文侮。"

⑧ 簡文釋文作"悻"，讀爲"悻"。《說文》段玉裁注："悻，即《孟子》悻字也。"

⑨ 從裘按讀爲"恭"。

⑩ 依裘按讀爲"怨"。

⑪ 簡文此字從心從俞，似應隸定爲愈，讀爲"偷"。《漢書·淮南王傳》："王亦愈欲休。"王念孫雜志："愈讀爲偷。故《史記》作'王欲偷欲休'，言偷安而不欲發兵也。"

⑫ 從裘按讀爲"決"。

⑬ 依裘按讀爲“勝”。

【釋】

此章言君子治民而民不可惑也。

“治樂和哀，民不可惑也。反之，此往矣”：

“治”，治理。《孟子．滕文公上》：“勞心者治人，勞力者治於人。”引申爲“掌握”、“征服”。《孫子．軍事》：“以治待亂，以靜待嘩，此治心者也。”治心，猶掌握人心，征服人心。

“樂”快樂；“哀”，悲傷。《荀子．正名》：“性之好、惡、喜、怒、哀、樂謂之情。”《商君書．說民》：“民之情也治，其事也亂。”《呂氏春秋．上德》：“變俗改容，而莫得其所受之，此之謂順情。”《孟子．告子上》：“乃若其情，則可以爲善矣，乃所謂善也。”俞樾《群經平議．孟子二》：“蓋性二字，在後人言之，則區以別矣，而在古人言人，則情即性也……孟子以惻隱爲仁，羞惡爲義，正是以情見性。”在古人那裡，不僅“情即性也”，心與情性也是密不可分的。《韓非子．觀行》：“西門豹之性急，故佩韋以自緩；董安於之心緩，故佩弦以自急。”陳奇猷校注：“性既自心而生，故此文心緩即性緩也。”“樂和哀”乃人之情也，情由性起，性由心生，故“治樂和哀”，即治人之情，亦即治人之心。治情乃順其民情；治心乃征服民心。

“惑”，亂，迷亂。《說文》：“惑，亂也。”《玉篇．心部》：“惑，迷也。”《管子．問》：“國則不惑，行之職也。”尹知章注：“國無奸人，所以不惑。”

“往”，去，與“來”相對。

“此往”猶“往此”，即離開（或遠離）“民不可惑也”。

句意爲：君子治民，要治人之情，征服民心，不可使民心惑亂。如果不治人之情，征服不了人心，必然使民心惑亂（民心惑亂必然導致天下大亂）。

“刑不逮于君子，禮不逮於小人。攻昧往者復，依惠則民材足，不時則亡勸也”：

“逮”，及。《爾雅·釋言》：“逮，及也。”《書·費誓》：“峙乃糗糧，無敢不逮。”孔傳：“皆當儲峙汝糗糒之糧，使足食無敢不相逮及也。”

“君子”，德才出眾的人。亦稱“君子人”。《論語·泰伯》：“可以托六尺之孤，可以寄百里之命，臨大節而不可奪也。君子人與？君子人也。”朱熹集注引程子曰：“節操如是，可謂君子矣。”

“小人”，人格卑鄙的人。《書·大禹謨》：“君子在野，小人在位。”陳昉《潁川語小》卷下：“君子小人之目，始于大禹誓師之辭，曰‘君子在野，小人在位’，蓋謂廢仁哲任奸佞也。”

“昧”，昏亂。《左傳·宣公十二年》：“兼弱攻昧，武之善經也。”杜預注：“昧，昏亂。”

“攻昧”，攻擊昏亂無道者。

“往”，離去。“復”返回。《易·泰》：“無往不復。”“《象》曰：無往不復，天地際也。”（離去必定復返。《象辭》說：離去必定復返，這是天地間的法則。）

“惠”，仁愛。《說文》：“惠，仁也。”《論語·公冶長》：“其養民也惠。”劉寶楠正義：“惠者，仁也。”

“材”，通“財”。朱駿聲《說文通訓定聲·頤部》：“材，假借爲財。”“民財”，老百姓的財物。《墨子·節用上》：“民財不足，凍餓死者，不可勝數也。”

“時”，適時，合於時宜。《孟子·萬章下》：“孔子，聖之時者也”。趙岐注：“孔子時行則行，時止則止。”

“勸”，助。《廣雅．釋詁二》：“勸，助也。”王念孫疏證：“勸者，《盤庚》云：‘女誕勸憂。’《君奭》云：‘在昔上帝割申勸寧之德。’皆助之義也。”

句意爲：刑罰不及於賢德的人，禮儀不及於卑鄙的人。攻擊昏亂無道可恢復失去的安寧，依循仁義老百姓就會財用充足。如果不合時宜地對待老百姓，那老百姓便會窮困無助。

“不愛則不親，不德則弗懷，不厘則亡畏，不忠則不信，弗用則亡復。侮則民悻，正則民不吝，恭則民不怨。均不足以平政，偷不足以安民，勇不足於沫眾，博不足以知善，決不足以知倫，殺不足以勝民”：

“愛”，仁愛。《廣雅．釋詁四》：“愛，仁也。”。《玉篇．文部》：“愛，仁愛。”

“親”，感情深厚。《說文》：“親，至也。”段玉裁《說文解字注．至部》：“到其地曰至，情意懇到曰至。”《呂氏春秋．貴信》：“交友不信，則離散鬱怨，不能相親。”

“德”，恩惠。《玉篇．彳部》：“德，惠也。”《書．武成》：“大邦畏其力，小邦懷其德。”

“懷”，使人懷念。《左傳．僖公七年》：“招攜以禮，懷遠以德。德禮不易，無人不懷。”

厘，本義爲“理”。引申爲“整治”，如“厘奸”，即爲“整治邪惡”之義。

“畏”，害怕，恐懼。《廣雅．釋詁二》。“畏，懼也。”《老子》第七十四章：“民不畏死，奈何以死懼之？”

“忠”，盡心竭力。《說文》：“忠，敬也。盡心曰忠。”《廣韻．東韻》：“忠，無私也。”《書．伊訓》：“爲下克忠。”孔傳：“事上竭誠。”《論語．學而》：“爲人謀而不忠乎？”

“信”，相信，信任。《論語·公冶長》：“聽其言而信其行。”“用”，施行。《說文》：“用，可施行也。”《易·乾》：“初九，潛龍勿用。”王弼注：“勿可施用。”

“復”，實踐。《論語·學而》：“言可復也。”朱熹集註：“復，踐言也。”

“侮”，欺淩，欺侮。《說文》：“侮，傷也。”《詩·大雅·烝民》：“不侮矜寡，不畏強禦。”孔穎達疏：“不欺侮於鰥寡孤獨之人。”

“悻”惱恨。《正字通·心部》：“悻，怒也。”《孟子·公孫丑下》：“諫於君而不受，則怒，悻悻然見於面。”朱熹集註：悻悻，怒意也。”

“正”，正直，公正。《論語·憲問》：“晉文公中譎而不正，齊桓公正而不譎。”

“吝”，吝嗇，鄙吝。《論語·泰伯》：“子曰：‘如有周公之才之美，使驕且吝，其餘不足觀也已。’”朱熹集註：“吝，鄙吝也。”

“恭”，肅敬。《說文》：“恭，肅也。”段玉裁注：“肅者，持事振敬也。”《論語·子路》：“居處恭，執事敬。”朱熹集註：“恭主容，敬主事。恭見於外，敬主乎中。”

“怨”，違背，背離。《管子·宙合》：“夫名實之相怨久矣。”郭沫若等集校引許維曰：“怨，猶違也。”

“均”，公平。《說文》：“均，平。”《論語·季氏》：“不患寡而患不均，不患貧而患不安。”何晏集解：“孔曰：患政理之不均平。”“平政”，謂修明政治。《荀子·王制》：“故君人者，欲安，則莫若平政愛民矣。”

“偷”，偷惰，意爲對偷惰的容忍，引申爲“寬容”。

“安民”，安撫百姓。《書·臯陶謨》：“在知人，在安民。”孔穎達疏：“在於能安下民。”

"勇"，勇力。《說文》："勇，氣也。"段玉裁注："勇者，氣也。氣之所至，力亦至焉。《論語·憲問》："仁者不憂，知者不惑，勇者不懼。"

"沬"，已。"沬眾"，使眾人停止反抗。《廣雅·釋詁四》："沬，已也。"《楚辭·離騷》："芳菲菲而難虧兮，芬至今猶未沬。"王逸注："沬，已也。"

"博"，淵博。《玉篇·十部》："博，通也。"《左傳·昭公元年》："晉侯聞子產之言，曰：'博物君子也。'"

"善"，善行。《論語·爲政》："舉善而教不能則勸。"朱熹集註："善者舉之而不能者教之，則民有所勸而樂於爲善。"善者，謂有善行者。

"決"，判決，斷案。《禮記·曲禮上》："分爭辯訟，非禮不決。"

"倫"，倫常。

"殺"，殘害。《廣雅·釋詁三》："殺，賊也。"《漢書·董仲舒傳》："霜者，天之所以殺也。"

"勝"，制服。《論語·子路》："子曰：'善人爲邦百年，亦可以勝殘去殺矣。"勝殘，制服殘暴之人，使其不作惡。

句意爲：君民者對老百姓不施仁愛，老百姓就不會親上；對老百姓不施恩惠，老百姓就不會懷德；君民者不整治邪惡，奸邪之徒就無恐懼之心；君民者不盡心竭力爲老百姓，就得不到老百姓的信任；君民者有政令不施行，就不可能有好的實踐結果。君民者欺侮老百姓，老百姓必然惱恨；君民者正直，老百姓就不會鄙吝；君民者肅敬，老百姓就不會背離。君民者只注意均平並不足以修明政治；只注意寬容並不足以安撫老百姓；只靠勇力並不足以使眾人咸服（停止反抗）。君民者知識淵博並不足以證明懂得善行；君民者依禮斷案並不足以證明懂得倫常。君民者用殘害的手段是不足以制服老百姓的。

九

下之事上也，不從其所命，而從其所行。上好是物也，下必有甚焉者。夫唯是，故德可易而施可轉①也。有是施小有利，轉而大有害者，有之；有是施小有害，轉而大有利者，有之。凡動民必順民心。民心有恒，求其養②；重義集理，言此章也。

【注】

① 從裘按讀“轉”，下同。

② 此字與21號簡“養心於子諒”之“養”形體相同。

【釋】

此章言君子凡動民必順民心。

“下之事上也，不從其所命，而從其所行。上好是物，下必有甚焉者”：

“事上”，事奉尊長。

“命”，政令。《禮記・緇衣》：“《甫刑》曰：‘苗民弗用命。’”鄭玄注：“命，謂政令也。”

“行”，做。《墨子・經上》：“行，爲也。”《左傳・隱公元年》：“多行不義，必自斃。”

“從”，聽從，依順。

“好”，愛好，喜愛。

句意爲：下之事奉尊長，不聽從他的政令，而依順他的行爲。上愛好這一事物下必定還要超過。

“夫唯是，故德可易而施可轉也。有是施小有利，轉而大有害者，有之；有是施小有害，轉而大有利者，有之”：

“德”，德政，善教。《禮記·內則》：“降德於眾兆民。”鄭玄注：“德，猶教也。”

“施”，實行。《書·君陳》：“惟孝友於兄弟，克施有政。”蔡沈集傳：“惟其孝友於家，是以能施政於邦。”

“轉”，改變行動的方向。《廣雅·釋詁一》：“轉，行也。”《淮南子·修務訓》：“百里奚轉鬻。”高誘注：“百里奚，虞臣，自知虞公不可諫而去，轉行自賣於秦，爲穆公相。”

句意爲：因爲這樣，德教可以變換內容而實行，也可以改變行動方向。有如此實行小有利，然而改變行動方向卻大有害，此種情況有之；有如此實行小有害，然而改變行動方向卻大有利，此種情況有之。

“凡動民必順民心。民心有恒，求其養；重義集理，言此章也”：

“動”，行動，採取行動。

“順”，順應。《釋名·釋言語》：“順，循也。”《廣韻·稕韻》：“順，從也。”

“恒”，長久。亦指“恒心”。《孟子·滕文公上》：“民之爲道也，有恒產者有恒心，無恒產者無恒心。苟無恒心，放辟邪侈，無不爲己。”《論語·子路》：“人而無恒，不可作巫醫。”

“養”，財用，生活所需。《淮南子・本經訓》：“人眾財寡，事力勞而養不足。”

“求”，獲得，得到。《淮南子・說山訓》：“芻狗待之而求福，土龍待之而得食。”高誘注：“求，猶得也。”

“此”，用，就。《禮記・大學》：“有德此有人，有人此有土，有土此有財，有財此有用。”此，用爲副詞，猶“就”。

“章”，章著，顯露。

句意爲：君民者凡對老百姓採取行動，必須順應民心。老百姓若心有恒，就能獲得充足的財用；老百姓若遵重德義集合事理，言論就能使德義章著。

性自命出

按：本篇存簡67枚，凡1550字，因簡殘，缺32字，凡1582字。全篇可分爲四部分十二章。論述中心是人雖有性，心無定志，君子身以爲主心。第一部分論述人之性待物而後作，待悅而後行，待習而後定。第1章（1—5簡）言性自命出，道始於情，情生於性。第2章（5—9簡）言四海之內其性一也，其用心各異。第3章（9—15簡）言長性者，道也；凡道，心術爲主。第二部分論述樂出於情，然後入撥人之心。第4章（15—20簡）言詩、書、禮、樂之教，所以生德於中也。第5章（20—27簡）言凡聲其出於情也信，入撥人之心也厚。第6章（28—35簡）言古樂龍心，燕樂龍指，皆教其人者也。第7章（36—42簡）言凡學者求其心爲難，不如以樂之述也。第三部分論述人之所爲，人情爲可悅。第8章（42—48簡）言人之所爲必有甚，不難爲之死。第9章（48—53簡）言人爲爲可惡，人情爲可悅。第10章（54—58簡），言行之不過，知道者也。第11章（58—61簡）言獨處習父兄之所樂。第四部分總結全文，提出“君子身以爲主心”的主張。第12章（62—67簡）言凡憂患之事欲任，樂事欲後。

一

凡人雖有性，心亡定①志，待物而後作，待悅而後行，待習而後定。喜怒哀悲之氣，性也。及其見於外，則物取之也。性自命出，命自天降。道始於情，情生於性。始者近情，終者近義。知情者能②出之，知義者能入③之。好惡，性也。所好所惡，物也。善不善，性也④。所善所不善，勢也。

【注】

① 簡文釋文作“奠”，依裘按作“定”。下同。

② “情者能”簡文殘缺，裘按“據上下文可補足爲‘知情者能出之’。”今從。

③ 簡文釋文作“內”，讀“納”，裘按“‘內’似可讀爲‘入’，‘入之’意爲‘使之入’。”今從。

④ 因簡殘，“善不”後缺三字，裘按“此句可補爲‘善、不善，口也。’”郭齊勇補爲“善不善，性也。”今從。

【釋】

此章言性自命出，道始於情，情生於性。

“凡人雖有性，心亡定志，待物而後作，待悅而後行，待習而後定”：

"性"，物類的本質特性。《孟子·告子上》："告子曰：'生之謂性。'"趙岐注："凡物生同類者皆同性。"焦循正義："《荀子·正名篇》云：'生之所以然者謂之性。'《春秋繁露·深察名號篇》云：'如其生之自然之資謂之性。'"韓愈《原性》："性也者，與生俱生也。"

"心"，古代以心爲思維器官，沿用代稱大腦。《孟子·告子上》："心之官則思。"《荀子·解蔽》："心者，形之君也，而神明之主也。"《陸九淵集》卷三十二："心之在人，是人之所以爲人，而與禽獸草木異焉者也。"

"志"，意念，心情。《說文》："志，意也。"《書·舜典》："詩言志。"《左傳·昭公二十五年》："是故審則宜類，以制六志。"杜預注："爲禮以制好惡喜怒哀樂六志，使不過節。"孔穎達疏："此六志，《禮記》謂之六情。在己爲情，情動爲志，情志一也。"

"待"，依靠。《呂氏春秋·無義》："行方可賤可羞，而無秦將之重，不窮奚待？"高誘注："待，恃也。"《文心雕龍·指瑕》："然則聲不假翼，其飛甚易，情不待根，其固匪難。"

"物"，外物，客觀存在的物體。《說文》："物，萬物也。"《玉篇·牛部》："物，事也。"此處指人以外的一切事物。

"悅"，愉悅。《爾雅·釋詁上》："悅，樂也。"《廣雅·釋詁一》："悅，喜也。"

"習"，《論語·學而》："子曰：'學而時習之，不亦悅乎？'"朱熹集註引程子曰："習，重習也。"

句意爲：凡是人，雖然都有與生俱來的人之性，但人之心卻無確定的情，人之情依靠外物引發而後作，依靠愉悅而後行，依靠重習而後定。

"喜怒哀悲之氣，性也。及其見於外，則物取之也"：

"氣"，意氣。"《荀子·勸學》："有爭氣者，勿與辯也。"《逸周書·

官人》：“民有五氣：喜、怒、欲、懼、憂……五氣誠於中，發形於外，民情不可隱也。”五氣又稱爲五性。《大戴禮記·文王官人》：“民有五性，喜、怒、欲、懼、憂也。”

句意爲：人內蘊的喜怒哀悲之氣就是人之性。及其發形於外（由性變爲情），則是外物作用的結果。

“性自命出，命自天降。道始於情，情生於性。始者近情，終者近義。知情者能出之，知義者能入之”：

“命”，指天命。《詩·周頌·維天之命”》：“維天之命，於穆不已。”孔穎達疏：“言天道轉運，無極止時也。”《禮記·中庸》：“天命之謂性。”朱熹集注：“天以陰陽五行化生萬物，氣以成形，而理亦賦焉，猶命令也。於是人物之生，因各得其所賦之理，以爲健順五常之德，所謂性也。”

“道”，有天道、人道。《易·說卦》：“是以立天之道曰陰與陽，立地之道曰柔與剛，立人之道曰仁與義。”《禮記·中庸》：“道也者，不可須臾離也。”朱熹註：“道者，日用事物當行之理。”所謂天道，乃天之常理。《易·謙·彖》：“謙，亨。天道下濟而光明。”《爾雅·釋詁》：“濟，成也。”天道下行以成萬物。“下濟”以言天道之謙（謙讓），“光明”以言天道之亨（通達）。所謂“謙”，“亨”，即是天之常理。人道，猶人倫，即仁義。“道始於情”之“道”，指人道而言。

“情”，指人情。《說文》：“情，人之陰氣有欲者。”徐灝注箋：“發於本心謂之情。”《論衡·本性》：“情，接於物而然者也，出形於外。形外則謂之陽，不發者則謂之陰。”《禮記·禮運》：“何謂人情？喜、怒、哀、懼、愛、惡、欲，七者弗學而能。”

“義”，指仁義。《孟子·公孫丑上》：“其爲氣也，配義與道。”趙岐注：“義謂仁義，可以立德之本也。”《淮南子·齊俗訓》：“義者，所以合君臣、父子、兄弟、夫妻、朋友之際也。”

句意爲：人之性出自於命，命來自於天（或曰來自註天道，即所謂“天命之謂性”）。道（人道）始於人之情，人之情則產生於性（或曰人之性出形於外而爲情）。人之性出形於外，開始近乎情，最後便近乎仁義。知情者其性能出形於外而爲情，知義者其情能入形於內而爲性（知情者能使之〈性〉出，知義者能使之〈情〉入）。

“好惡，性也。所好所惡，物也。善不善，性也。所善所不善，勢也”：

“好惡”，喜好與嫌惡。《左傳·昭公二十五年》：“喜生於好，怒生於惡。”《易·謙·象》：“人道惡盈而好謙。”“好惡”與“喜怒”，前者誠於中，後者發形於外。“人道惡盈而好謙”即是誠於中的人之品性，並未發形外而爲情。

“物”，形色。《周禮·春官·保章氏》：“以五雲之物，辨吉凶水旱降豐荒祲象。”鄭玄注：“物，色也。”孫詒讓正義：“凡物各有形色，故天之雲色，地之土色，牲之毛色，通謂之物。”

“善不善”，指人心地善良和不善良。“善”，善性；不善，沒有善性。《孟子·告子上》：“人性之善也，猶水之就下也。”“告子曰：‘性無善無不善也。’或曰：‘性可以爲善，可以爲不善。’”“善、不善”也是指的人之品性。

“勢”，情勢。《孟子·公孫丑上》：“齊人有言曰：‘雖有智慧不如乘勢；雖有鎡基，不如待時。’”

句意爲：人之好惡是人的品性，屬於人之本性；喜好什麼、嫌惡什麼是對形色而言，是發形於外的情。人心地善良和不善良（或者說人有善性和沒有善性）也是人的品性，屬於人之本性；以什麼爲善和以什麼爲不善是一種情勢，也是發形於外的情。“好惡”、“善不善”是“性”，“所好所惡”、“所善所不善”是“好惡”、“善不善”發形於外所產生的“情”。

二

凡性爲主，物取之也。金石之有聲，猶人之有性；人①雖有性，心弗取不出。凡心有志也，亡與不悅。不悅不可②獨行，猶口之不可獨言也。牛生而長，雁③生而伸，其性天之就也，④而學或使之也。凡物亡不異也者。剛之梪也，剛取之也。柔之約，柔取之也。四海之內其性一也，其用心各異，教使然也。

【注】

①“猶人之有性”、“人”凡六字，簡文殘缺，根據上下文補出。

②“悅”、“不悅不可”凡五字，簡文殘缺，根據上下文補出。

③ 此字李家浩考釋認爲應釋爲“雁”，指家鵝，今從。

④“天之就也”，簡文殘缺。《荀子．正名》篇有“性者天之就也”句，就上下文義看，試補足爲“其性天之就也”。

【釋】

此章言四海之內人之性一也，其用心各異。

“凡性爲主，物取之也。金石之有色，猶人之有性；人雖有性，心弗取不出”：

“主”，根本。《易．繫辭上》：“言行，君子之樞機，樞機之發，榮辱之主也。”《管子．國蓄》：“凡五穀者，萬物之主也。”

“取”，依託，憑藉。《 易・繫辭下 》：“愛惡相攻而吉凶生，遠近相取而悔吝生，情僞相感而利害生。”王弼注：“相取，猶相資也。”“物取之”，猶言物資之也。“心弗取”，猶心弗資也。

句意爲：凡人之性爲主，必然憑藉外物使之發形於外（或曰取決於外物的作用而發形於外）。金石之有聲，如同人之有性。金石雖然可能發出聲音，如果沒有樂師的演奏就不可能發出美妙動聽的音樂；人雖然有性，如果沒有心的幫助就不可能發形於外而產生符合人倫禮義的情。

“凡心有志也，亡與不悅。不悅不可獨行，猶口之不可獨言也”：

“亡與”，即“無與”，不給與。《孟子・離婁下》：“可以取，可以無取，取傷廉；可以與，可以無與，與傷惠。”

“獨行”，專意實行。“獨”，專斷。《莊子・人間世》：“回聞衛君，其年壯，其行獨。”郭象注：“不與民同欲也。”成玄英疏：“其年少壯而威猛可畏，獨行兇暴而不順物心。”

句意爲：凡人之心均有一定的意念，如果不與便可能不悅。然而不悅切不可專意實行。不可專意實行，如同言論不可專斷一樣，專斷都是不可取的，一定要以人倫禮義控制心志，待悅而後行。

“牛生而長，雁生而伸，其性天之就也，而學或使之也”：

“長”，音掌。此指牛的軀體高大。

“伸”，《廣雅・釋詁三》：“伸，展也。”此指家鵝的脖子長而直。

“就”，《爾雅・釋詁下》：“就，成也。”“天之就也”，意即天生成的。

“或”，通“惑”，疑惑。《玉篇・戈部》：“或，有疑也。”《廣韻・德韻》：“或，疑也。”

句意爲：牛軀體生來就高大，家鵝脖子生來就長而直，這種特性是天生成的，不可能通過學習而使之成爲這個樣子的。

“凡物無不異也者。剛之梪也，剛取之也。柔之約，柔取之也。四海之內其性一也，其用心各異，教使然也”：

“剛”，堅毅，與“柔”相對。《論語·公冶長》：“子曰：‘吾未見剛者。’或對曰：‘申棖。’子曰：‘棖也欲，焉得剛？’”劉寶楠正義引鄭玄曰：“剛，謂強志不屈撓。”朱熹集註：“剛，堅強不屈之意。”

“梪”，音兜。古代食器。喻指才短量淺。鮑照《謝上除啓》：“但臣自丁常梪，來塗階級，非所敢冀。”

“柔”，軟弱，與“剛”相對。《詩·小雅·巧言》：“荏染柔木，君子樹之。”孔穎達疏：“言荏染柔忍之木，君子之人所樹之也。”

“約”，卑微。《國語·吳語》：“王不如設戎，約辭行成，以喜其民。”韋昭注：“約，卑也。”

句意爲：凡物都有不同於他物的特性。堅毅的人往往才短量淺，這是由於過於自負決定的；軟弱的人往往卑微無能，這是由於過於怯懦決定的。四海之內人之性是相同的，並無堅毅與軟弱之分，其所以如此，是因爲用心各異，是後天的教所使然。

三

凡性或動之，或逄之，或交之，或厲之，或出之，或養之，或長之。凡動性者，物也；逄性者，悅也；交性者，故也；厲性者，義也；出性者，勢也；養性者，習也；長性者，道也。凡見者之謂物，快於己者之謂悅，物之勢者之謂勢，有爲也者之謂故。義也者，群善之蕝也。習也者，有以習其性也。道者，群物之道。凡道，心術爲主。道四術，唯人道爲可道也。其三術者，道之而已。

【釋】

此章言長性者，道也；凡道，心術爲主。

“心性或動之，或逢之，或交之，或厲之，或出之，或養之，或長之”：

“或”，表示列舉，相當於“或者”。

“動”，與“靜”相對，改變原來的狀態。

“逢”，逢迎。《樂雅·釋詁下》：“逢，遇也。”

“交”，交接，交往。《論語·學而》：“與朋友交言而有信。”“厲”，激勵。《銀雀山漢墓竹簡·孫臏兵法·延氣》：“臨境近敵，務在厲氣。”

“出”，與“進”、“入”相對。《集韻·至韻》：“出，自內而外也。”

“養”，修養，培養。《孟子·公孫丑上》：“我善養吾浩然之氣。”

“長”，增長，進益。《集韻·養韻》：“長，進也。”《史記·平津侯主父列傳》：“壤長地進，至於霸王。”裴集解引張晏曰：“長，進益也。”

句意爲：凡人之性，或者“動”，或者“逢”，或者“交”，或者“厲”，或者“出”，或者“養”，或者“長”，總要形發於外，而不是永遠靜止不動的。

“凡動性者，物也；逢性者，悅也；交性者，故也；厲性者，義也；出性者，勢也；養性者，習也；長性者，道也”：

“物”，有形色之外物。

“悅”，愉悅。指令人愉悅之事。

“故”，舊識，舊交。《周禮．秋官．小司寇》：“議故之辟。”鄭玄注：“故，謂舊知也。”

“義”，指仁義之事。

“勢”，情勢。指事物的發展變化之情勢。

“習”，重習。指重習之行爲。

“道”，人道。指符合人道之事。

句意爲：“物”能使性“動”；“悅”能使性“逢”；“故”能使性“交”；“義”能使性“厲”；“勢”能使性“出”；“習”能使性“養”；“道”能使性“長”。

“凡見者之謂物，快於己者之謂悅，物之勢者之謂勢，有爲也者之謂故。義也者，群善之蕝也。習也者，有以習其性也。道者，群物之道。凡道，心術爲主。道四術，唯人道爲可道也。其三術者，道之而已”：

“蕝”，《說文》：“朝會束茅表位曰蕝。”蕝，又稱之爲“茅蕝”，或“表蕝”，意爲標誌。

“心”，指人認識事物的方法和途徑。《管子．七法》：“實也，誠也，厚也，施也，度也，恕也，謂之心術。”《莊子．天道》：“……精神之運，，心術之動，然後從者也。”成玄英疏：“術，能也。心之所能，謂之心術也。”

“四術”，《尸子．治天下》：“治天下有四術。一曰忠愛，二曰無私，三曰用賢，四曰度量。”“道四術”之“道”、“可道”之“道”、“道之而已”之“道”，均爲“說”、“講述”之意。

句意爲：何者爲物？凡有形色可見者之謂物。何者爲悅？某事能使自己感到愉悅者之謂悅。何者爲故？舊交中有爲也者之謂故。什麼是義？“義”是各種善人善事的標誌。什麼是習？能使其性得以養的重習行爲就是“習”。道是萬物之理。大凡道都以心術爲主。人們所說的“四術”，只有以忠愛爲內容的人道可被稱道之外，其他三術，只不過說說罷了。

四

詩、書、禮、樂，其始出皆生於人。詩，有爲爲之也。書，有爲言之也。禮、樂，有爲舉之也。聖人比其類而論會之，觀其先後①而逢訓之，體其義而節度②之。理其情而出入之，然後復以教。教，所以生德於中者也。禮作於情，或興③之也。當事因方而制之，其先後之序④則義道也。或敘爲之節則度⑤也。致容貌⑥，所以度次⑦也。

【注】

①“先後”。從裘按。

②“節度”，從裘按。

③“興”從裘按。

④“序”，從裘按。

⑤“敘”、“節”、“度”三字依裘按補出。

⑥“致容貌”，從裘按。

⑦“度次”，從裘按。

【釋】

此章言詩、書、禮、樂之教，所以生德於中也。

“詩、書、禮、樂、其始出皆生於人。詩，有爲爲之也。書，有爲言之也。禮、樂，有爲舉之也”：

“詩、書、禮、樂”古代稱之爲四種經術。《禮記・王制》：“樂正崇四術，立四教，順先王詩、書、禮、樂以造士，春秋教以禮、樂，冬夏教詩、書。”

“有爲”，有作爲。《 易・繫辭上 》：“是以君子將有爲也。”將有爲，即將有所作爲。“爲之”之“爲”，製作，創作。《周禮・春官・典同》：“典同掌六律六同之和，以辨天地四方陰陽之聲，以爲樂器。”鄭玄注：“爲，作也。”

“言”，記載。《左傳・隱公元年》：“段不弟，故不言弟。”《漢書・藝文志》：“武帝時，河間獻王好儒，與毛生等共采《周官》及諸子言樂事者，以作《樂記》。”

“舉”，記錄。《左傳・襄公二十七年》：“仲尼使舉是禮也，以爲多文辭。”陸德明釋文：“沈云：舉謂記錄之也。”

句意爲：詩、書、禮、樂，其最初都是出於一般人之手。詩，是有作爲的人創作的。書，是有作爲的人記載的。禮、樂，是有作爲的人記錄的。

“聖人比其類而論會之，觀其先後而逢訓之，體其義而節度之，理其情而出入之，然後復以教”：

“聖人”，指品德最高尙、智慧最高超的人。

“比”排列。《廣韻．質韻》：“比，比次。”

“論”，分析。《說文》：“論，議也。”“會”，聚合。《廣雅．釋詁三》：“會，聚也。”《爾雅．釋詁上》：“會，合也。”“論會”，猶分析綜合。

“逢”，遇也。“訓”，釋也。“體”，體會，體察。《莊子．應帝王》：“體盡無窮，而遊無朕。”成玄英疏：“體悟真源，故能以智境冥會，故曰皆無窮也。”

“節度”，猶調度，指揮。此處用爲“調整、編排”。

“理”，猶順。《廣雅．釋詁一》：“理，順也。”

句意爲：聖人對於出於一般人的詩、書、禮、樂按其類進行重新整理並且進行分析綜合，觀其先後逐一訓釋，體察其義進行編排，順其義而使之出或者入，然後再用於教化。

“教，所以生德於中者也。禮作於情，或興之也。當事因方而制之，其先後之序則義道也。或敘爲之節則度也。致容貌，所以度次也”：

“德”，德行。《易．乾．文言》：“子曰：‘君子進德修業。忠信所以進德也。修辭立其誠，所以居業也。’”孔穎達疏：“德，謂德行。業，謂功業。”

“中”，內心。《莊子．天運》：”中無主而不止。“成玄英疏：”若使中心無受道之主，假令聞於聖說，亦不能止住於胸懷，故知無佗也。“《史記．樂書》：“情動於中，故形於聲。”張守節正義：“中，猶心也。”

“興”，《說文》：“興，起也。”“興之”，使人興起而奮發。《詩．大雅．綿》：“百堵皆興。”鄭玄箋：“興，起也。”

“方”，法度，準則。《詩．大雅．皇矣》：“萬邦之方，下民之王。”毛傳：“方，則也。”

“制”，約束，控制。《增韻．祭韻》：“制，檢也。”《字彙．刀部》：“制，節也。”

“義”，適宜，順應。《釋名．釋言語》：“義，宜也。”《墨子．節葬下》：“此所謂便其習而義其俗者也。”

“敘”，比次。《周禮．天官．司書》：“以周知入出百物，以敘其財，受其幣，使入於職幣。”鄭玄注：“敘，猶比次也。”

“節”，禮節。《禮記．文王世子》：“乃命有司行事，興秩節。”鄭玄注：“節，猶禮也。”

“度”，合乎法度。

“致容貌”，致，還。《公羊傳．宣公元年》：“退而致仕。”何休注：“致仕，還祿位於君。”致容貌，猶言還其本來的樣子。

“度次”，杜塞。《書．盤庚》：“名恭爾事，齊乃位，度乃口。”孫星衍疏：“度，《說文》作‘敱’，云：‘閉也。’此省文。“《墨子．小取》：“度其所惡。”劉師培注：“謂塞其所惡也。”次，通恣。放縱。《墨子．天志上》：“是故庶人竭力從事，未得次己爲政。”畢沅注：“次，恣字省文，一本作恣。”度次，猶言杜塞其放縱。

句意爲：教其所以能生德於中是因爲詩、書、禮、樂用於教的原因。禮作用於人的感情，可使人興起而奮發。即使臨事因法度而受到某種約束，也能依其先後之序而順應人道。或者按照比次所規定的禮節行事也能合乎法度。這是因爲詩、書、禮、樂之教還其人以本來的樣子，杜塞其放縱的緣故。

五

君子美其情，貴其義①，善其節②，好其容③，樂其道，悅其教，是以敬焉。拜，所以順而服④其黯度⑤也。幣帛，所以爲信與徵⑥也。其詞義道也。簫⑦，禮之淺澤⑧也。樂，禮之深澤也。凡聲，其出於情也信，然後其入撥人之心也厚。⑨聞簫聲，則鮮如也斯喜。聞歌謠，則舀如也斯奮。聽琴瑟之聲，則悸如也斯歎⑩。觀賚、武，則齊如也斯作。觀韶、夏，則勉如也斯儉。羕思而動心，胄如也。其居次也舊，其反善復始也慎，其出入也順，司其德也。鄭衛之樂，則非其聲⑪而從之也。

【注】

① “貴其義”三字，簡文殘缺，依裘按補出。

② 簡文釋文作“即”，依裘按讀爲“節”。

③ 簡文釋文作“頌”，依裘按讀爲“容”。

④ “順而服”三字，簡文殘缺，根據上下文補出。

⑤ “黯”，簡文從黑省，音聲，疑爲“黯”之異構。“度”，從裘按讀“度”。

⑥ 簡文釋文讀爲“證”，依裘按讀爲“徵”。

⑦ “簫”，簡文釋文讀爲“笑”。疑借爲“簫”。簫，古音心紐幽部；笑，古音心紐宵部。幽、宵可旁轉。簫、笑具備古音通假條件。

⑧ 從裘按讀爲“淺澤”。

⑨“入撥”，簡文釋文作“入拔”；“厚”，簡文作“皈”。裘按：“疑‘拔’當讀爲‘拔’，‘皈’當讀爲‘厚’。”今從。

⑩ 依裘按讀爲“歎”。“諍如”之“諍”疑借爲“悖”，或爲“悖”之異構。

⑪ 此字簡文釋文讀作“聽”，從裘按讀作“聲”。

【釋】

此章言凡聲其出於情也信，入撥人之心也厚。

“君子美其情，貴其義，善其節，好其容，樂其道，悅其教，是以敬焉”：

“節”，節操，氣節。《左傳·成公十五年》：“聖達節，次守節，下失節。”

“容”，從容。《荀子·不苟》：“柔從而不流，恭敬謹慎而容。”王念孫雜志：“容之言裕也。言君子敬慎而不局促，綽綽有裕也。”

句意爲：君子以其情爲美，以其義爲貴，以其節爲善，好其從容，樂其人道，悅其教化，因此他們是可尊敬的人。

“拜，所以順而服其黯度也。幣帛，所以爲信與徵也。其詞義道也”：

“拜”，古代表示敬意的一種禮節。《論語·子罕》：“拜下，禮也。”

“順”，順從。《廣韻·稕韻》：“順，從也。”

“服”，信服，佩服。《書·康誥》：“時乃大明服。”蔡沈注：“明者，明其罰。服者，服其民者。”服其民，使其民信服。

"黯度"，猶深謀遠慮。"黯"，深隱。《集韻·談韻》。"黯，深隱也。""度"，謀慮。《爾雅·釋詁上》："度，謀也。"《字彙·廣部》："度，算謀也，料也，忖也。""幣帛"，泛指財物。《左傳·襄公八年》："敬共幣帛，以待來者，小國之道也。"

"信"，誠實，不欺。《說文》："信，誠也。"《禮記·禮運》："講信修睦。"孔穎達疏："信，不欺也。"

"徵"，明白，坦然。《廣雅·釋詁四》："徵，明也。"《後漢書·郭太傳論》："人情險於山川，以其動靜可識，而沈阻難徵。"李賢注："徵，明也。"

"詞"，告訴，言說。《禮記·曾子問》："其詞於賓曰。"鄭玄注："詞，告也。"

句意爲：行拜禮，是因爲順從而信服他們的深謀遠慮。敬共幣帛，用以表示誠實和坦然。君子的言說符合禮義人道。

"簫，禮之淺澤也。樂，禮之深澤也。凡聲，其出於情也信，然後其入撥人之心也厚"：

"簫"，簫管，竹管樂器。《說文》："簫，參差，管樂。象鳳之翼。"《詩·周頌·有瞽》："簫管備舉。"鮑照《代州天行》："鳳台無還駕，簫管有遺聲。"

"樂"，指樂器，管樂的總稱。《韓非子·解老》："竽也者，五聲之長者也，故竽先則鐘瑟皆隨，竽唱則諸樂皆和。"

"澤"，水匯處。《釋名·釋地》："下而有水曰澤。"《廣雅·釋地》："澤，池也。"

"厚"豐厚，富厚。

句意爲：禮猶如一池清水。簫管之聲猶如積蓄不厚的水池。諸管樂之聲猶如積蓄豐厚的水池。凡聲，出於情必信，然後入撥人之心也必然富厚，能深深地打動人。

“聞簫聲，則鮮如也斯喜。聞歌謠，則舀如也斯奮。聽琴瑟之聲，則悸如也斯歎。觀賚武，則齊如也斯作。觀韶夏，則勉如也斯儉。羕思而動心，胃如也。其居次也舊，其反善復始也慎，其出入必順，司其德也。鄭衛之樂，則非其聲而從之也”：

“鮮”，善，妙。《詩・小雅・北山》：“嘉我未老，鮮我方將。”鄭玄箋：“嘉、鮮、皆善也。”

“舀”，音咬，取。《說文》：“舀，抒臼也。”段玉裁注：“抒，挹也，即舂之，乃於臼中挹出之。”

“悸”，心動，《說文》：“悸，心動也。”俞樾《群經平議・毛詩一》：“垂帶悸兮，……悸之本義爲心動，引申之則凡物之動者，皆可以悸言之。”

“賚”，音賴，指《詩・周頌・賚》。“武”，指《詩・周頌・武》。《賚》、《武》均爲歌頌武王滅商定天下的《大武》樂的歌辭。《武》爲《大武》之首章，《賚》爲《大武》之三章。古代樂歌與舞蹈是分不開的。《周禮・地官・大司徒》：“三曰六藝：禮、樂、射、御、書、數。”鄭玄注：“樂，六樂之歌舞。”賈公彥疏：“言歌舞者，以其作樂時有升歌下舞。”“觀賚武”，指觀賞唱著賚、武之樂歌的舞蹈。

“齊”，整齊。《廣雅・釋言》：“齊，整也。”《易・說卦》：“齊也者，萬物之絜齊也。”高亨注：“齊，整齊也。”

“作”，興起。《說文》：“作，起也。”《易・乾・文言》：“雲從龍，風從虎，聖人作而萬物睹。”陸德明釋文：“鄭云：作，起。”

“韶”，虞舜時樂名。《說文》：“韶，虞舜樂也。”《書・益稷》：“簫韶九成，鳳皇來儀。”孔傳：“韶，舜樂也。”《禮記・樂記》：“韶，繼也。”鄭玄注：“韶之言紹也，言舜能繼紹堯之德。”“夏”，即大夏。

周代"六舞"之一，相傳爲夏禹時的樂舞。《周禮·春官·大司樂》："以舞樂教國子，舞……人夏、大濩、大武。"鄭玄注："大夏，禹樂也。"

"勉"，勸勉。《廣韻·獮部》："勉，勸也。"段玉載《說文解字注》："凡言勉者，皆相迫之意。"

"儉"，行爲約束而有節制。《說文》"儉，約也。"《禮記·樂記》："恭儉而好禮者，宜歌《小雅》。"孔穎達疏："儉，謂以約自處。"

"羕"，音樣。《爾雅·釋詁上》："羕，長也。"羕，通"永"《詩·周南·漢廣》："江之永矣，不可方思。"《說文》："羕，水長也。"引《詩》曰，作"江之羕矣"。

"胃"，音衛。草木盛美貌。

"居"，安。《玉篇·尸部》："居，安也。"

"次"，位，職位。《書·胤征》："沈亂於酒，畔官離次。"孔穎達疏："離其所居位次。"

"舊"，長久。《詩·大雅·抑》："於乎小子，告爾舊止。"鄭玄注："舊，久也。"

"反善"，復歸人之善性。"復始"，返回人之本性。

"出"，指人之性形發於外。

"入"，指樂教的影響入於內。

"順"，順應，依順。《釋名·釋言語》："順，循也。循其理也。"《詩·大雅·皇矣》："不識不知，順帝之則。"

"司"，掌管。《廣雅·釋詁三》："司，主也。"《詩·鄭風·羔裘》："彼其之子，邦之司直。"毛傳："司，主也。"

"鄭衛之樂"，指鄭、衛二國的音樂。《禮記·樂記》："鄭衛之音，亂世之音也。"《論語·衛靈公》："放鄭聲，遠佞人。鄭聲淫，佞人殆。"

劉寶楠正義："《五經異義·魯論》說鄭國之俗，有溱洧之水，男女聚會，謳歌相感，故云鄭聲淫。"

"從"，《淮南子·氾論訓》："鳥鵲之巢，可俯而探也；禽獸，可羈而從也。"高誘注："從，猶牽也。"

句意爲：聽到簫管之聲，就感到美妙、喜悅。聽到歌謠之聲，就覺得有所取，令人振奮。聽到琴瑟之聲，就感到心悸、令人悲歎。觀大武之樂舞，就體會到整齊之美，令人欲作。觀韶夏之樂舞，就迫人自勉、以約自處。長久地思考之後動其心，便會如草木一樣盛美。長久地安居其位，謹慎地反善復始，循其理而出性入情，此乃以其德爲之主也。即使是鄭衛之樂，也不會爲其聲所牽動。

六

凡古樂龍心，燕樂龍①指，皆教其人者也。賚武樂取，韶夏樂情。凡至亦樂必悲，哭京悲，皆至其情也。哀、樂，其性相近也，是故其心不遠。哭之動心也，浸②殺，其剌③戀戀④如也，戚然以終。樂之動心也，浚⑤深臟⑥舀，其剌則流如也以悲，條然以思。凡憂思而後悲，凡樂思而後忻。凡思之用心爲甚。難，思之方也。其聲變則其心變，其心變則其聲亦然⑦。諗⑧遊哀也，喿遊樂也，啾⑨遊聲戲⑩遊心也。喜斯慆，慆斯奮，奮斯詠，詠斯猷，猷斯舞。舞，喜之終也。慍斯憂，憂斯戚，戚斯戁，戁斯辟，辟斯踊。踊，慍之終也。

【注】

① 此字簡文釋文作"益"，查簡文字形，象鳥飛，形似燕，疑爲簡文"燕"字。

② 此字簡文從水，侵聲，同"浸"，見《正字通》。

③ 此字簡文釋文以爲從央從刀，查簡文字形，左邊部分與包山201號簡"央"有別，似爲"束"，從束從刀，應隸定爲"剌"。

④ 簡文釋文注釋認爲"疑讀爲'戀'"，今從。

⑤ 簡文釋文注釋疑爲"濬"，今從。"濬"同"浚"。

⑥ 簡文此字從月從或，"或"爲古"國"字，現隸定爲"膕"。

⑦ 簡文"其心變"三字殘缺，釋文將"變"寫作"臾"。裘按：疑此句"臾"當釋爲"弁"，讀爲"變"。"則"下三字可能是"其心變"。今從。

⑧ 此字簡文，從言從心，金聲。"金"與"今"古音同爲見紐侵部，疑"金"借爲"今"，或爲"諗"之異構。

⑨ 此字簡文從言秋聲。"秋"與"啾"古音同爲精紐幽部，疑借爲"啾"，或爲"啾"之異構。

⑩ 此字簡文形體與睡虎地簡四六．三四"戲"字形體相似，似應釋爲"戲"。文中"舞"、"戚"、"辟"、"踴"，凡四字，從陳來、彭林考。

【釋】

此章言古樂龍心，燕樂龍指，皆教其人者也。

"古樂龍心，燕樂龍指，皆教其人者也。賚武樂取，韶夏樂情"：

"古樂"，樂，古代帝王祭祀，朝會時所奏的音樂。亦稱"雅樂"。《禮記·樂記》："魏文侯問於子夏曰，吾端冕而聽古樂，則唯恐臥。"鄭玄注："古樂，先王之正樂也。"

"燕樂"，樂，音月。古樂名。內延之樂。《周禮·春官·磬師》："教縵樂燕樂之鍾磬。"鄭玄注："燕樂，房中之樂。"賈公彥疏："此即《關雎》、二《南》也。謂之房中者，房中謂婦人后妃以風喻君子之詩，故謂之房中之樂。"

"龍"，《廣雅·釋詁三》："龍，和也。"

"指"，意旨，意向。《書·盤庚上》："王播告之修，不匿厥指。"《漢書·東方朔傳》："丞相御史知指。"顏師古注："指，謂天子之意也。""龍心"，猶和心。"龍指"，猶和意。《禮記·樂記》："故樂也者，動於內者也。禮也者，動於外者也。樂極和，禮極順，內和而外順，則民瞻其顏色而弗與爭也，望其容貌而民不生易慢焉。"陳澔集說："動於內，則能治心矣。動於外，則能治躬矣。極和極順，則無斯須之不和不順矣。"

"樂取"，樂，快樂，喜樂。樂取，樂於進取；"樂情"，樂於情事。

句意爲：古樂動於內使人之心和，燕樂動於內使人之意和，這都是在對人進行樂教。賚、武之樂動於內，使人振奮而樂於進取；韶、夏之樂動於內使人安命而樂於情事。

"凡至樂必悲，哭亦悲，皆至其情也。哀、樂，其性相近也，是故其心不遠"：

"至"，達到極點。《國語·越語下》："陽至而陰，陰至而陽。"韋昭注："至，極也。""至樂"，樂之極。

"哀"，《玉篇·口部》："哀，哀傷也。"

"悲"，《說文》："悲，痛也。"人之哀傷形發於外曰悲。《正字通·心部》："悲，戚也。"白居易《寄唐生》："悲甚則哭之。"戚、哭都是悲，都是哀傷形發於外之情。"哀"與"樂"相通，隱於內爲之氣，性也。形發於外爲之情，接於物而然者也。故《說文》曰："情，人之陰氣有欲者。"徐灝箋："發於本心謂之情。"

句意爲：人凡樂之極必悲，悲之甚則哭，哭也是悲，樂、悲、哭都是情緒激動的表現。哀、樂相通，其性相近，發而爲心志也不遠。

"哭之動心也，浸潹，其剌戀戀如也，戚然以終。樂之動心也，浚深䐹舀，其剌則流如也以悲，條然以思"：

"浸"，音進，淹沒。

"潹"，音曬。水流迅疾。

"剌"，通"厲"。章炳麟《新方言·釋言二》："厲，古音同賴、同剌。"厲、賴、剌，古音同爲來紐月部。《玉篇·厂部》："厲，危也。"《易·乾》九三："君子終日乾乾，夕惕若，厲，無咎。"孔穎達疏："厲，危也。言尋常憂懼恒如傾危，乃得無咎。"此處形容哭或笑時的前俯後傾的姿態。

"戀戀"，依依不捨。

"戚"，憂愁，悲哀。《詩·小雅·小明》："心之憂矣，自治伊戚。"毛傳："戚，憂也。"

"浚"，疏通。

"䐹"，音國。膝蓋後彎曲處，又稱爲"輔上"。《素問·骨空論》："輔上爲䐹。"

"舀"，用瓢、勺等舀取東西。

"條"，《廣韻·蕭韻》："條，貫也。""條然"猶連續不斷。

"思"，《方言》卷十："沅澧之原凡言相憐哀謂之嘳，……江濱謂之思。"

"條然以思"，悲傷之情連續不斷。

句意爲：人悲哭到動心的時候，淚流滿面，前仰後合有如生離死別難捨難分，悲哀之情從始至終。人歡樂到動心的時候，眼淚也會像疏通的深泉沒至膝膕似地漫出，前仰後合大笑流出的眼淚也同悲哭一樣，悲傷之情連續不斷。

"凡憂思而後悲，凡樂思而後忻。凡思之用心爲甚。難，思之方也。其聲變則其心變，其心變則其聲亦然"：

"憂思"與"樂思"相對。"憂思"，猶滿腹憂愁地思索；"樂思"，猶滿心快樂地思索。

"忻"，心喜。《墨子·經說上》："譽之，必其行也，其言之忻，使人督之。""孫詒讓閑詁："其言可忻悅也。"

"難"，《玉篇·隹部》："難，不易之稱。"《書·皋陶謨》："惟帝其難之。"孔傳："言帝堯亦以知人安民爲難。"

"方"，《廣雅·釋詁三》："方，類也。"《禮記·緇衣》："其惡有方。"鄭玄注："方，喻類也。"

"聲"，音樂。《書·舜典》："聲依永，律和聲。"孔傳："聲謂五聲。"《禮記·樂記》："感於物而動，故形於聲。"鄭玄注："宮商角徵羽，雜比曰音，單出曰聲。"沈括《夢溪筆談·樂律》："古樂府皆有聲有詞。"

句意爲：一般地說滿腹憂愁地思索之後會產生悲哀的情緒，滿心快樂地思索之後會產生忻悅的情緒。思索用心爲甚。難，是思索的依據和物件，有難就有思，思才能解決難。音樂能入撥人之心，音樂發生變化，人的心情也隨之發生變化。人的心情發生變化，對音樂的感受也隨之發生變化。

"諗遊哀也，喿遊樂也，啾遊聲戲遊心也。喜斯慆，慆斯奮，奮斯詠，詠斯猷，猷斯舞。舞，喜之終也。慍斯憂，憂斯戚，戚斯戁，戁斯辟，辟斯踴。踴，慍之終也”：

“訡”，音審，思念。《爾雅・釋言》：“訡，念也。”郭璞注：“相思念。”

“喿”，音造，謂名聲廣爲傳播。喿名，猶盛名。

“啾”，歌吟。《文選・班國〈答賓戲〉》：“夫啾發投曲，感耳之聲。”李善注引項岱曰：“啾，口吟也。”

“戲”，嬉戲。

“慆”，喜悅也。《說文》“慆，悅也。”《玉篇・心部》：“慆，喜也。”《左傳・昭西元年》：“君子之近琴瑟，以儀節也，非以慆心也。”慆心，謂悅其心也。

“奮”，奮發，振奮。《廣雅・釋言》：“奮，振也。”

“詠”，歌唱，曼聲長吟。《說文》：“詠，歌也。”徐灝注箋：“長聲而歌之。”《禮記・樂記》：“詩言其志，歌詠其聲也。”

“猷”，言、說。《樂雅・釋詁下》：“猷，言也。”郭璞注：“猷者，道；道亦言也。”

“舞”，舞蹈。《禮記・樂記》：”嗟歎之不足，故不知手之舞之足之蹈之也。”

“慍”，怨恨，含怒。《玉篇・心部》：“慍、恚也，怒也，恨也。”《詩・北風・柏舟》：“憂心悄悄，慍於群小。”毛傳：“慍，怒也。”《論語・學而》：“人不知而不慍，不亦君子乎。”朱熹集注：“慍，含怒意。”

“憂”，憂慮，擔憂。《說文》：“憂，愁也。”《爾雅・釋詁下》：“憂，思也。”邢昺疏：“憂者，愁思也。”《論語・衛靈公》：“君子憂道不憂貧。”

“戚”，悲哀，憂愁。《易・離》六五：“出涕沱若，戚嗟若。”孔穎達疏："憂傷之深，所以出涕滂沱，憂戚而咨嗟也。

"戁"，音赧，恐懼。《爾雅·釋詁下》："戁，懼也。"《詩·商頌·長髮》"不戁不竦，百祿是總。"毛傳："戁，恐。"

"辟"，通"擗"，捶胸。《爾雅·釋訓》："辟，拊心也。"郭璞注："謂椎胸也。"《詩·邶風·柏舟》："靜言思之，寤辟有摽。"毛傳："辟，拊心也。"

"踴"，《說文》："踴，跳也。"《禮記·檀弓下》："辟踴，哀之至也。"孔穎達疏："拊心爲辟，跳躍爲踴。"

句意爲：滿腹思念而遊充滿哀愁，身負盛名而遊充滿快樂，歌吟自得而遊充滿笑聲，嬉戲而遊內心充滿喜悅。快樂而喜悅，喜悅而振奮，振奮而歌唱，歌唱而言說，言說而舞蹈。舞蹈，是快樂由微而著的終極。怨恨而憂慮，憂慮而悲戚，悲戚而恐懼，恐懼而拊心，拊心而跳躍。跳踴，是怨恨由內而外的終極。

七

凡學者求①其心爲難。從其所爲，近得之矣，不如以樂之速也。雖能其事，不能其心，不貴。求其心有僞②也，弗得之矣。人之不能以僞也，可知也。其③過十舉，其心必在焉；察④其見者，情安失哉？簡⑤，義之方也。義，敬之方也。敬，物之節⑥也。篤，仁之方也。仁，性之方也。性或生之。忠，信之方也。信，情之方也。情出於性。愛類七，唯性愛爲近仁。智類五，唯義道爲近忠。

惡類三，唯惡不仁爲近義。所爲道者四，唯人道爲可道也。

【注】

① 此字簡文作“逮”，依裘按作“求”。

② 此字簡文作“爲”，裘按：此句“有爲”以及下句“不能以爲”之“爲”疑皆應讀爲“僞”。今從。

③“其”，簡文殘缺，依據裘按補出。

④ 此字簡文釋文未釋，從裘按讀爲“察”。

⑤ 此字簡文釋文未釋，從陳來考讀爲“簡”。

⑥ 此字簡文作“即”，從裘按讀爲“節”。

【釋】

此章言凡學者求其心爲難，不如以樂之速也。

“凡學者求其心爲難。從其所爲，近得之矣，不如以樂之速也。雖能其事，不能其心，不貴。求其心有僞也。弗得之矣。人之不能以僞也，可知也”：

“心”，思想、意念、感情的通稱。《易·繫辭上》：“二人同心，其利斷金。”“求其心”，自省其心，以求達到思想、感情的昇華。

“近”，切近。《詩·周南·關雎序》：“故正得失，動天地，感鬼神，莫近於詩。”孔穎達疏：“無有近於詩者，言詩最近之，餘事莫之先也。”

“樂”，樂心。《荀子·樂論》：“君子以鐘鼓導志，以琴瑟樂心。”

"速"，迅速。

"能"，勝任。《廣雅·釋詁二》："能，任也。"《史記·田敬仲完世家》："不救寡人，寡人弗能拔。"司馬貞索隱："能，猶勝也。"

"貴"，可貴，重要，《論語·學而》："禮之用，學爲貴。"

"僞"，虛假。《廣韻·寘韻》："僞，假也。"《易·繫辭下》："情僞相感而利害生。"孔穎達疏："情謂實情，僞爲虛僞。"

句意爲：大凡學者能自省其心是十分困難的事。依從其所爲，雖然切近可能有所得，但不如琴瑟之樂心更迅速。雖然勝其事，但不勝其心，是不可貴的。如果自省其心不真誠，其思想、感情是不可能達到理想境界的。人自省其心不能以虛假的態度對待，由此可知也。

"其過十舉，其心必在焉；察其見者，情安失哉？簡，義之方也。義，敬之方也。敬，物之節也。篤，仁之方也。仁，性之方也。性或生之。忠，信之方也。信，情之方也。情出於性"：

"過"，過失。《字彙·辵部》："過，失誤也。無心之失，謂之過。"《周禮·地官·調人》："凡過而殺人者，以民成之。"鄭玄注："過，無本意也。"

"舉"，糾正。《呂氏春秋·自知》："故天子立輔弼，設師保，所以舉過也。"高誘注："舉，猶正也。"

"在"，《說文》："在，存也。"

"見"，表現，顯現。

"簡"，指獄訟的情實。《集韻·產韻》："簡，誠也。"《禮記·王制》："有旨無簡不聽。"鄭玄注："簡，誠也。有其意無其誠者，不論以爲罪。"

"敬"，恭敬。《易·坤·文言》："君子敬以直內，義以方外。"孔穎達疏："內謂心也，用此恭敬以直內。·"《漢書·禮樂志》："蓋嘉其敬意而不及其財賄，美其歡心而不流其聲音。”

“節”，節制。《廣韻·屑韻》：“節，制也，止也。”

句意爲：“人有過失而能多次糾正，其仁義之心必然存在；察其所顯露的一切，愛憎好惡之情更沒有喪失。獄訟注重情實，乃義之所屬也。義乃敬之所屬也。恭敬以直內，必然節制物欲。篤乃仁之所屬也。仁乃性之所屬也。義、敬、仁之心都源於性，忠乃信之所屬也。信乃情之所屬也。忠、信之情都是性之發形於外。

“愛類七，唯性愛爲近仁。智類五，唯義道爲近忠。惡類三，唯惡不仁爲近義。所爲道者四，唯人道爲可道也”：

“性愛”，相親相愛。

“義”，《書·皋陶謨》：“彊而義。”王引之《經義述聞》：“義，善也。謂性發彊而又良善也。”“義道”，爲善之道。

“不仁”，無仁厚之德，殘暴。

“可道”，可言，可說。

句意爲：愛類而爲七，只有相親相愛才切近仁。智類而爲五，只有爲善之道才切近忠。惡類而爲三，只有惡不仁才切近義。所爲道者類而爲四，只有人之道才可言說。

八

凡用心之躁者，思爲甚。用智之疾者，患爲甚。用情之至者，哀、樂爲甚。用身之變①者，悅爲甚。用力之盡者，利爲甚。目之好色，耳之樂聲，膕②舀之氣也。人不難爲之死。有其爲人之即即③如也，不有夫柬柬之心則采。有其爲人之柬柬如也，不有夫恒怡之志則慢④。人之巧言利詞者，不有夫詘詘之心則流。人之悅⑤然可與和安者，不有夫奮詐⑥之情則悉。有其爲人之快如也，弗牧不可。有其爲人之荃⑦如也，弗伐⑧不足。

【注】

① 此字簡文釋文讀爲“弁”，依裘按讀爲“變”。

② 簡文此字從月從或，“或”爲古“國”字，現隸定爲“膕”。

③ 此二字簡文從辵即聲，從上下文看，疑讀爲“即”。

④ 此字簡文作“縵”，朱駿聲《說文通訓定聲》：“縵，假爲慢。”此處“縵”應讀爲“慢”。

⑤ 此字簡文從辵兌聲，通“稅”。《史記·禮書》：“凡禮始乎脫，成乎文，終乎稅。”裴駰集解引徐廣曰：“一作悅。”司馬貞索隱：“言禮終卒和稅人情也。”此處似應讀爲“悅”。

⑥ 此字從犬乍聲。朱駿聲《說文通訓定聲·豫部》：“詐，假借爲乍。”此字似應讀“詐”。

⑦ 此字簡文從艸泉聲，“泉”似借爲“全”，“泉”、“全”古音同爲從紐元部，可通假。故可讀爲“荃”。

⑧ 此字簡文從木從父，會意。郭沫若《甲骨文字研究》：“父乃斧之初字。石器時代，男子持石斧以事操作，故孳乳爲父母之父。”從木從斧，似可讀爲“伐木”之“伐”。“弗伐”正與上句“弗牧”相對。

【釋】

此章言人之所爲必有甚，不難爲之死。

“凡用心之躁者，思爲甚。用智之疾者，患爲甚。用情之至者，哀、樂爲甚。用身之變者，悅爲甚。用力之盡者，利爲甚。目之好色，耳之樂聲，膕舀之氣也。人不難爲之死”：

“躁”，急躁，不冷靜。《論語·季氏》：“孔子曰：‘侍於君子有三愆：言未及之而言謂之躁，言及之而不言謂之隱，未見顏色而言謂之瞽。’”

“思”，思慮。《集韻·志韻》：“思，慮也。”

“甚”，過分。

“智”，計謀。

“疾”，急速。《廣韻·質韻》：“疾，急也。”

“患”，憂慮。《說文》：“患，憂也。”

“身”，身體（全身及其四肢）。“變”，變化。“身之變”，指身體動作的變化。

“好色”，貪愛女色。“樂聲”，樂於聲歌。

“膕”，《素問·骨空論》：“膝痛，痛及拇指，治其膕。”王冰注：“膕謂膝解之後，曲腳之中委中穴。”“舀”，用瓢勺等挹取東西。“膕舀之氣”，不是口中所出之氣，而是膝解後曲腳中所出之氣，猶邪門之氣，或曰“邪氣”。

“難”，憂患。《廣韻·翰韻》：“難，患也。”《增韻·翰韻》：“難，憂也。”

句意爲：人用心急躁，是思慮過分。用智急速，是憂慮過分。用情極端，是哀愁或歡樂過分。舉止動作失態，是興奮過分。用力超過自身的極限，是貪求私利過分。目之貪愛女色，耳之樂於聲歌，是邪氣。人應該有憂患意識，生於憂患，死於安樂；人無憂患意識爲之自尋死路。

“有其爲人之即即如也，不有夫柬柬之心則采。有其爲人之柬柬如也，不有夫恒怡之志則慢。人之巧言利詞者，不有夫詘詘之心則流。人之悅然可與和安者，不有夫奮詐之情則悉。有其爲人之快如也，弗教不可。有其爲人之荃如也，弗伐不足”：

“即即”，充實。《漢書·禮樂志》：“磑磑即即，師象山則。”顏師古注引孟康曰：“即即，充實也。”

“柬”，少。《漢書·高惠高后文功臣表》：“ 遴柬布章。”顏師古注引晉灼曰：“柬，古簡字也。簡，少也。”“柬柬”，簡約。

“采”，文飾。《荀子·樂論》：“亂世之徵……其聲樂險，其文章匿而采。”梁啓雄簡釋：“言文章邪慝而多采飾。”

“恒”，常久。“怡”，和悅。“志”，心情。“慢”，懈怠。《說文》：“慢，惰也。”《廣韻·諫韻》：“慢，怠也。”

“詘”音區。“詘詘”，謙遜恭敬。“流”，放縱。《禮記·樂記》：“先王恥其亂，故制雅頌之聲以道之，使其聲足樂而不流。”鄭玄注：“流，謂淫放也。”

“奮”，憤激。《史記·高祖本紀》：“獨項羽怨秦破項梁軍，奮，願與沛公西入關。”司馬貞索隱引韋昭曰：“奮，憤激也。”

“詐”，欺詐。《說文》：“詐，欺也。”《洪武正韻· 禡韻》：詐，詭譎也。”

“悉”，音柔，心安。《集韻·尤韻》：“悉，心安也。”“快”，直爽。《顏氏家訓·勉學》：“人見鄰里有佳快者，使子弟慕而學之。”盧文弨補注：“佳快，言佳人快士，異乎庸流者也。”

“牧”，《方言》卷十二：“牧，察也。”《鬼谷子·反應》：“見其情，隋而牧之。”俞樾注：“此牧字當訓察。”

“荃”，香草。“伐”，誇耀。《左傳·襄公十三年》：“小人伐其技以馮君子”。杜預注：“自稱其能爲伐。”

句意爲：有的爲人十分充實，如果沒有簡約之心便會精心打扮。有的人爲人十分簡約，如果沒有恒久和悅的心情便會怠惰。那些巧言利詞的人，如果沒有謙遜恭敬之心便會放縱。那些悅然可與和安的人，如果沒有憤激欺詐之情便會心安。有的人爲人直爽，不察不可。有的人爲人如荃，不誇耀不足。

九

凡人僞爲可惡也。僞斯吝①矣，吝斯慮矣，慮斯莫與之結矣。慎，仁之方也，然而其過不惡。速，謀之方也，有過則咎。人不慎斯有過，信矣。凡人情爲可悅也。苟以其情，雖過不惡；不以其情，雖難不貴。苟有其情，雖未之爲，斯人信之矣。未言而信，有美情者也。未教而民恒，性善者也。未賞而民勸，含富②者也。未刑而民畏，有心畏者也。賤而民貴之，有德者也。貧而民聚焉，有道者也。

【注】

① 此字簡文從口，文聲（本是雙口，其中一口爲羨劃），應讀爲“吝”。

② 此字簡文釋文隸爲"福"，裘按"'福'疑當讀爲'富'"，今從。

【釋】

此章言人爲可惡、人情爲可悅。

"凡人慲爲可惡也。慲斯吝矣，吝斯慮矣，慮斯莫與之結矣"，

"慲"，音貴。《字彙·心部》："慲，諧也。"《說文》："諧，詥也。從言，皆聲。"又"詥，諧也。從言，合聲。"慲、諧、詥，意爲調和。諧、詥，從言。《集韻·合韻》："詥，會言也。"《六書統·言部》："詥，會衆意也。"諧、詥，是以言調合衆意，是人的外部行爲。慲，從心，應是人的一種心態，是人的內部行爲，龐樸先生認爲"應該就是通常所說的矯情，矯拂性情而師其成心之類。亦即老子所說的'有以爲'，荀子所說的'僞'或孟子所說的行仁義而非由仁義行。"（《郢燕書說一心旁文字試說》）就簡文"人慲爲可惡"來理解，慲是人之"有以爲"的一種心態，內諧其性，外諧其情，事事心安理得，處處自以爲是。入之矯拂其本性而"師其成心"，出之"有以爲"而矯其情。

"吝"，遺憾。《說文》："吝，恨惜也。"《易·繫辭上》。"悔吝者，憂虞之象也。"韓康伯注："失得之微者，足以致憂虞而已。"

"慮"，憂慮。《增韻·禦韻》："慮，憂也。""結"，交結。《周禮·春官·典瑞》："琬圭以治德，以結好。"

句意爲：大凡人自以爲是是最可惡的。自以爲是而至於遺憾，遺憾而至於憂慮，憂慮而至於沒有人願意與之交結。

"慎，仁之方也，然而其過不惡。速，謀之方也，有過則咎。人不慎斯有過，信矣"：

"慎"，謹慎。《說文》："慎，謹也。"《易·坤·象》："慎不害

也。”孔穎達疏：“曰其謹慎，不與物競，故不被害也。”

“惡”，憎惡。《廣韻·暮韻》：“惡，憎惡也。”《論語·里仁》：“唯仁者，能好人，能惡人。”朱熹集註引游氏曰：“唯仁者無私，所以能好惡人。”

“咎”，責備，追究罪過。《方言》卷十三：“咎，謗也。”《論語·八佾》：“既往不咎。”

“信”，相信，信任。《廣韻·震韻》：“信，重也。”《論語·公冶長》：“始吾於人也，聽其言而信其行。”

句意爲：謹慎，是屬於仁的行爲，他的過失不令人憎惡。動作迅速，是屬於智的行爲，有過失就改正。人如果不慎而有過失，仍然是可以信任的。

“凡人情爲可悅也。苟以其情，雖過不惡；不以其情，雖難不貴。苟有其情，雖未之爲，斯人信之矣”：

“情”，真實，誠實。《淮南子·繆稱》：“凡行戴情，雖過無怨，不戴其情，雖忠來惡。”高誘注：“情，誠也。”

“悅”，高興。《爾雅·釋詁上》：“悅，樂也。”《廣雅·釋詁》：“悅，喜也。”

句意爲：大凡人爲人誠實是最令人高興的。如果用其誠實待人處事，雖有過失也不令人憎惡；不用其誠實待人處事，雖知憂患也不可貴。如果有其誠實待人處事之心，雖然沒有作出成績，而人們是信任他的。

“未言而信，有美情者也。未教而民恒，性善者也。未賞而民勸，含富者也。未刑而民畏，有心畏者也。賤而民貴之，有德者也。貧而民聚焉，有道者也”：

“美”，善，好。《國語·晉語一》：“彼將惡始而美終。”韋昭注：“美，善也。”“美情”，善意。

“民恒”，老百姓恒久不變之心。“性善”本性善良。“勸”，勤勉，努力。《戰國策·宋策》：“齊攻宋，宋使臧子索救於荆。荆大説，許救甚勸。”高誘注：“勸，力也。”《管子·輕重乙》：“若是則田野大辟，而農夫勸其事矣。”

“含”，寬。《廣雅·釋詁三》：“含，寬也。”

“心畏”，心懷恐懼。

“有德”，有德行，謂道德品質高尚，能身體力行。

“聚”，集合。《説文》：“聚，會也。”“民聚”，猶百姓擁護。

“有道”，有道德，謂行人道，體察民情，關心民間疾苦。

句意爲：未言而信是有善意。未教而民心恒久不變是本性善良。未獎賞而民努力從事自己的工作是因爲寬而富。未實行懲罰而民畏服是因爲心懷恐懼。地位低下而民以之爲貴是因爲有德行。貧困而得到百姓擁護是因有道德。

十

獨處而樂，有內疊①者也。惡之而不可非者，達於義者也。非之而不可惡者，篤於仁者也。行之不過，知道者也。聞道反上，上交者也。聞道反下，下交者也。聞道反己，修身者也。上交近事君，下交得衆近從政。修身近至仁。同方而交，以道者也。不同方而交，以仁者也②。同悅而交，以德者也。不同悅而交，以猷者也。

【注】

① 此字簡文從日從冊，卌亦聲（雙冊，一冊爲羨劃），應隸定爲“曹”。

② “交以仁者也”，凡五字，簡文殘缺，根據上下文補出。

【釋】

此章言行之不過，知道者也。

“獨處而樂，有內曹者也。惡之而不可非者，達於義者也。非之而不可惡者，篤於仁者也。行之不過，知道者也”：

“獨處”，不與眾偶。宋玉《對楚王問》：“夫聖人瑰意琦行，超然獨處。”《漢書·劉向傳》：“君子獨處守正，不撓眾枉。”

“曹”，音冊。告誡。《說文》：“曹，告也。”古代用竹片寫文以祝告神明或告誡臣民。

“內曹”，內告，在心裡自我告誡。

“達”，通曉，明白。

“篤”，專一，誠信。

句意爲：超然獨處而得其樂，是因爲有內心的自我告誡。憎惡它而不能反對它，是因爲明白道義。反對它而不能憎惡它，是因爲專一仁德。行爲沒有過失，是因爲知人道。

“聞道反上，上交者也。聞道反下，下交者也。聞道反己，修身者也。上交近事君，下交得眾近從政，修身近至仁。同方而交，以道者也。不同方而交，以仁者也。同悅而交，以德者也。不同悅而交，以猷者也”。

“反上”，回報於上。

“交”，結交。《論語・學而》：“與朋友交而不信乎。”

“反下”，反求於下。

“近”，切近。《詩・周南・關雎序》：“故正得失，動天地，感鬼神，莫近於詩。”孔穎達疏：“言詩最近之，餘事莫之先也。”

“方”，方向。《莊子・駢拇》：“夫小惑易方，大惑易性。”成玄英疏：“夫指南爲北，其迷尚小，滯跡喪真，爲惑更大。”

“同方”，方向同。

“悅”，喜樂。《廣雅・釋詁一》：“悅，喜也。”《爾雅・釋詁上》：“悅，樂也。”

“猷”，謀略。《爾雅・釋詁上》：“猷，謀也。”《書・盤庚上》：“各長於厥居，勉出乃力，聽予一人之作猷。”孔傳：“盤庚敕臣下，各思長於其君，勉盡心出力，聽從遷徙之謀。”

句意爲：聞道回報於上是與上結交。聞道反求於下是與下結交。聞道反求於己是加強自身修養。上交切近事君，下交得眾切近從政，修身切近最大的仁德。同方向相交是根據道。不同方向相交是根據仁。同喜樂相交是根據德。不同喜樂相交是根據謀略。

十一

門內之治，欲其勉①也。門外之治，欲其制也。凡悅人勿吝也②，身必從之，言及則明舉之而毋僞。凡交毋剌③，必使有末。凡於返④毋畏，毋獨言。獨處則習父兄之所樂。苟無大害，少枉入之可也，已則勿復言也。

【注】

① 此字簡文從月，免省聲，疑讀爲“勉”。“免”、“勉”，古音同爲明紐元部，可通假。

② 裘按：疑此句當讀爲“凡悅人勿吝也”，今從。

③“剌”見前注。

④ 此字簡文形體與鄂君舟節“返”字形體近似，疑當讀爲“返”。

【釋】

此章言獨處習父兄之所樂。

“門內之治，欲其勉也。門外之治，欲其制也”：

“門內”，家庭，家中的人。顏之推《顏氏家訓·序致》：“吾今所以復爲此者，非敢軌物範世也，業以整齊門內，提斯子孫。”

“勉”，勸勉。《廣韻·獮韻》：“勉，勸也。”《詩·周南·汝墳序》：“文王之化行乎汝墳之國；婦人能閔其君子，猶勉之以正也。”

“制”，控制。《字彙》：“制，節也”。《書·盤庚上》：“相對憸民，猶胥顧於箴言，其發有逸口，矧導制乃短之長命？”蔡沈注：“相，視也。憸民，小民也。逸口，過言也。逸口尚可畏，況我制爾生殺之命，可不畏乎？”

句意爲：治理家庭是想勸勉子女，治理社會是想控制百姓。

“凡悅人勿吝也，身必從之，言及則明舉之而毋僞。凡交毋剌，必使有末。凡於返毋畏，毋獨言”：

“悅人”，使人悅服。悅，悅服。

“吝”，吝惜。《書·仲虺之誥》：“用人惟己，改過不吝。”孔傳：“有過則改，無所吝惜。”“勿吝”，即改過不吝。

“身”，自身，身己。

“從”，聽從。

“舉”，提出。

“剌”，音辣，違戾、違背。《說文》：“剌，戾也。”段玉裁注：“戾也，違背之意。”

“末”，終結。《小爾雅·廣言》：“末，終也。”《玉篇·木部》：“末，盡也。”

“返”，回歸，也作反。《廣雅·釋詁二》：“返，歸也。”“於返”，爲了回歸自我。

“於”，介詞，表示目的。

“獨言”，猶只說不做。

句意爲：凡是使人悅服就應不吝改過，自己必先聽從其政令，而且言論所及能明白提出而不自以爲是。凡是與人結交不能違背約言，一定使結交有始有終。凡是爲了回歸就不要畏懼，不能只說不做。

“獨處則習父兄之所樂。苟無大害，少枉入之可也，已則勿復言也”：

“習”，通“襲”。相因。《書·大禹謨》：“龜筮協從，卜不習吉。”孔傳：“習，因也。”《左傳·襄公十三年》：“先王卜征五年，而歲習其祥，祥習則行。”孔穎達疏：“歲因其善，謂去年吉，今年又吉也。”

“害”，災禍。《字彙·宀部》：“害，禍也。”

“枉”，邪曲。《禮記·少儀》：“毋循枉。”孔穎達疏：“循，猶追述。枉，邪曲也。人非圓熛，不免時或邪曲，若前已行之，今當改正，不得猶追述已之邪事也。”“少枉”，減少邪曲。

“入”，參與，加入。

“已”，完畢。

句意爲：個人獨處而相因父兄之樂。如果沒有大的災禍，減少邪曲參與其中可以，完了之後便不再說什麼了。

十二

凡憂患之事欲任，樂事欲後。身欲靜而毋款，慮欲淵而毋僞，行欲勇而以至，貌①欲壯而毋拔，欲柔齊而泊。喜欲智而亡末，樂欲睪而又有志，憂欲儉而毋惛，怒欲盈而毋逮②，進欲遜而毋巧，退欲易③而毋輕，欲④皆度⑤而毋僞，君子執志必有夫坣坣⑥之心，出言必有夫柬柬之信，賓客之禮必有夫齊齊之容，祭祀之禮必有夫齊齊之敬，居喪必有夫戀戀之哀。君子身以爲主心。

【注】

① 依裘按讀“貌”。

② 此字簡文從文從口，紌聲，疑讀爲“逮”。紌，以大（音代）得聲，大、逮古音同爲定紐月部，可通假。

③ 此字簡文形體與睡虎地簡二五·四四“易”字形體近似，疑讀爲“易”。

④ 根據上下文此字似應讀爲“欲”。

⑤ 根據上下文此字似應讀爲“度”

⑥ 此二字簡文釋文所隸定字形與《說文·之部》所錄字形相同，應讀爲“㞷㞷”。

【釋】

此章言凡憂患之事欲任，樂事欲後。

“凡憂患之事欲任，樂事欲後”：

“憂患”，猶困苦患難。《孟子·告子下》：“入則無法家拂士，出則無敵國外患者，國恒亡。然後知生於憂患而死于安樂。”

“欲”，願意。《玉篇·欠部》：“欲，願也。”《晏子春秋·外編重而異者七》：“寡人甚樂此樂，欲與夫子共之，請去禮。”

“任”，擔當，承受。《廣韻·侵韻》：“任，當也。”《左傳·僖公十五年》：“重怒難任。”杜預注：“注，當也。”

句意爲：大凡困苦患難的事願意承受，快樂的事讓給別人，自己願意在別人之後。

“身欲靜而毋款，慮欲淵而毋僞，行欲勇而必至，貌欲壯而毋拔，欲柔齊而泊”：

“身”，體驗。《孟子·盡心上》：“堯、舜性之也；湯、武身之也；五霸，假之也。”趙岐注：“身之，體之行仁，視之若身也。”朱熹集註：“堯舜天性渾全，不假修習。湯武修身體道，以復其性。五霸則假借仁義之名，以求濟其貪欲之私耳。”

“欲”，想，想要。《禮記 · 大學》：“古之欲明明德於天下者，先治其國。”

“靜”，平靜，與“動”相對。《玉篇 · 青部》：“靜，息也。”《易 · 坤 · 文言》：“坤至柔而動也剛，至靜而德方。”

“訡”，音因，同“訡”。《玉篇 · 言部》：“訡，同。啼不止也。”

“慮”，思考，考慮。《爾雅 · 釋詁》：“慮，思也。”《論語 · 衛靈公》：“人無遠慮，必有近憂。”

“淵”，深，深邃。《廣雅 · 釋詁三》：“淵，深也。”

“僞”，音貴。一種“有以爲”的心態，或曰“自以爲是”的心態。

“勇”，有膽量，果敢。

“貌”，姿體。《穀梁傳 · 桓公十四年》：“望遠者，察其貌，而不察其形。”范寧集解：“貌，姿體；形，容色。”

“壯”，強健。

“拔”，超出。《孟子 · 公孫丑上》：“出於其類，拔乎其萃。”朱熹集註：“拔，特起也。”

“柔”，安。《爾雅 · 釋詁》：“柔，安也。”《書 · 舜典》：“柔遠能邇。”孔傳：“柔，安。”

“齊”，同等。《廣韻 · 齊韻》：“齊，等也。”《論語 · 里仁》：“見賢思齊焉。”鄭玄注：“齊，等也。”

“泊”，淡泊。《正字通 · 水部》：“泊，淡泊，恬靜無爲貌。”

句意爲：修身體道想要靜就不要啼叫不止，思考想要深遠就不要自以爲是，行爲想要果敢就要有不達目的不止的決心，體魄想要強健活動就不要超出極限，想要平安、齊等就要恬靜無爲。

“喜欲智而亡末，樂欲睪而又有志，憂欲儉而毋惛，怒欲盈而毋逮，進欲遜而毋巧，退欲易而毋輕，欲皆度而毋僞”：

“喜”，高興。《詩・鄭風・風雨》：“既見君子，云胡不喜？”

“欲”，要，需要。《文子・微明》：“心欲小，志欲大。”

“智”，聰明，明是非。《孟子・公孫丑上》：“是非之心，智之端也。”

“亡”，音無。通“無”。表示禁止，不要。

“末”，卑微，淺薄。《易・咸・象》：“咸其脢，志末也。”孔穎達疏：“末，猶淺也。”

“樂”，安樂。《詩・魏風・碩鼠》：“逝將去女，適彼樂土。”

“睪”，音亦。伺視。《說文》“睪，司視也。”段玉裁注：“司者，今之伺字。”王筠句讀：“伺察罪人也。”桂馥義證：“凡吏出捕輒將兩人，一通資訊，謂之線；一能識認，謂之眼。”

“志”，神志。宋玉《神女賦》：“罔兮不樂，悵然失志。”

“儉”，約束、節制。《說文》：“儉，約也。”段玉裁注：“儉者，不敢放侈之意。”《禮記・樂記》：“恭儉而好禮者，宜歌《小雅》。”孔穎達疏：“儉，謂以約自處。”

“惛”，音昏。不明白，糊塗。《戰國策・秦策一》“今之嗣主，忽於至道，皆惛於教。”高誘注：“惛，不明也。”

“盈”，溢出。猶放失。

“逮”，及。《書・費誓》：“峙乃糗糧，無敢不逮。”孔傳：“皆當儲峙汝糗備之糧，使足食無敢不相逮及。”

“進”，出仕。

“退”，引退。《孟子・公孫丑上》：“治則進，亂則退，伯夷也。”

“遜”，恭順，謙抑。《書．舜典》：“帝曰：‘契，百姓不親，五品不遜，汝作司徒，敬敷五教在寬。’”孔傳：“遜，順也。”

“巧”，虛浮不實。《集韻．效韻》：“巧，僞也。”《詩．小雅．巧言》：“巧言如簧，顏之厚矣。”鄭玄箋：“顏之厚者，出言虛僞而不知慚於人。”

“易”，改變。

“輕”，輕率，不審慎。

“度”，忖度，揆度。《書．泰誓》：“同心度德，同德度義。”孔傳：“揆度優劣，勝負可見。”

句意爲：高興的時候要明是非而不能淺薄，安樂的時候要伺視環境而不能失去神志，憂慮的時候要以約自處而不能糊塗，憤怒的時候要放失而不能隨意逮及，出仕的時候要恭順而不能巧僞，引退的時候要改變態度而行動不可輕率，凡需要都要揆度優劣而不可自以爲是。

“君子執志必有夫𡗗𡗗之心，出言必有夫柬柬之信，賓客之禮必有夫齊齊之容，祭祀之禮必有夫齊齊之敬，居喪必有夫戀戀之哀。君子身以爲主心”：

“執志”，堅持素志，不改變其操守。

“𡗗”，音黃。《說文》：“𡗗……讀若皇。”“𡗗𡗗”，猶“皇皇”，莊肅貌。《禮記．曲禮下》：“天子穆穆，諸侯皇皇。”孔穎達疏：“諸侯皇皇者，自莊盛也。”

“信”，誠實，不欺。

“齊”，通“齋”。莊重。《詩．大雅．思齊》：“思齊大任，文王之母。”毛傳：“齊，莊。”“齊齊”，恭敬嚴肅貌。《禮記．玉藻》：“凡行，容愓愓；廟中，齊齊。”孔穎達疏：“齊齊，自收持嚴正貌也。”

“身”，自身，自己。

"以爲"，"以之爲"之省。

句意爲：君子堅持其素志必定有莊肅之心，出言必有簡約之誠，接待賓客之禮必定有莊重之儀態，祭祀之禮必定有莊重之敬意，居喪必定有依依不捨之悲哀。君子以自身作主心。

六德

按：本篇存簡49枚，894字，根據上下文補30字，凡924字。全篇可分爲12章，歸併爲四部分。第一部分論述求人道，明六位，任六職，美六德。第1章（7-10簡、1簡）言夫婦、父子、君臣爲六位、率、從、使、事、教、孝爲六職。第2章（1-5簡）言聖、智、仁、義、忠、信爲六德。第3章（6簡、47-49簡、11-12簡）言君子求人道以修其身。第二部分論述義爲君德、忠爲臣德、智爲夫德、信爲婦德、聖爲父德、仁爲子德。第4章（13-17簡）言義者，君德也；忠者，臣德也。第5章（17-20簡）言智也者，夫德也；信也者，婦德也。第6章（20-23簡）言聖也者，父德也；仁者，子德也。第7章（23-26簡）言六位各行其職而訕誇無由作也。第三部分論述父、子、夫爲內，君、臣、婦爲外。第8章（26-30簡）言仁，內也；義、外也；禮樂，共也。第9章（30-33簡）言門內之治仁弇義，門外之治義斬仁。第四部分論述男女有別、父子有親、君臣有義，此乃君子所以立身的三大法。此三者，君子所生與之立，死與之敝也。第10章（33-38簡）言男女辨生言，父子親生言，君臣義生言。第11章（38-44簡）言先王之教民，始于孝弟；孝，本也。第12章（44-46簡）言君子所以立身大法三，其繹之也六，其見十又二。

一

……不①由其道，雖堯求之弗得也。生民斯必有夫婦、父子、君臣，此②六位也。有率人者，有從人者；有使人者，有事人者；有③教者，有孝④者。此六職也。既有夫六位也，以任此六職⑤也。六職既分，以美⑥六德。六德者……此。

【注】

① 裘按："由"上原當有"不"字，已殘去。今依裘按補出。

② "斯必有夫婦父子君臣此"，凡10字，依裘按補出。

③ "者"、"有"二字，依裘按補出。

④ "教"、"孝"二字依上下文補出。

⑤ "六職"，依裘按補出。

⑥ 此字上部與包山248簡"大"字形體同，下部與包山181簡"羊"近似，似從大從羊，疑爲"美"字。

【釋】

此章言夫婦、父子、君臣爲六位，率、從、教、孝、使、事爲六職。

"不由其道，雖堯求之弗得也"：

“由”，遵從，奉行。《詩．大雅．假樂》：“不愆不忘，率由舊章。”高亨注：“由，從也。”《禮記．經解》：“是故隆禮由禮，謂之有方之士。”孔穎達疏：“由，行也。”

“道”，人道。《易．說卦》：“立人之道曰仁與義。”“由其道”，奉行人道。《左傳．宣公十五年》：“夫恃才與眾，亡之道也；商紂由之，故滅。”《韓詩外傳》卷四：“由其道則行，不由其道則廢。”

句意為：如果不奉行人道，即使是堯，也不可能得天下。

“生民斯必有夫婦、父子、君臣六位也”：

“生民”，猶言人類誕生。“厥初生民，時維姜嫄。”

“位”，所在的位置。《周禮．夏官．太僕》：“掌正王之服位。”鄭玄注：“位，立處也。”“六位”，指生民以來，人所立處的六種關係位置。《莊子．盜跖》：“子張曰：‘子不為行，即將疏戚（親）無倫，貴賤無義，長幼無序。五紀六位，將何以為別乎？’”成玄英疏：“六位，君臣父子夫婦也，亦言父母兄弟夫妻。”成氏疏將“夫婦”與“君臣”換了位置，如果“六位”指生民以來的六種關係位置，應先有夫婦，次有父子，次有君臣。這裡所說的六位，應是子張所云“六位”的正確注解。

“有率人者，有從人者；有使人者，有事人者；有教者，有孝者；此六職也”：

“職”，職任。《周禮．考工記．輪人》：“輪敝，三材不失職，謂之完。”賈公彥疏：“謂之為職者，轂、輻、牙各自職任，自相支援，雖盡不動，是不失職也。”“六職”，相對於“六位”而言的六種職任。

“率”與“從”乃“夫”、“婦”之職任，“使”與“事”乃“君”、“臣”之職任，“教”與“孝”乃“父”、“子”之職任。簡文殘去“教”、“孝”二字，有學者認為“孝”應為“學”或“受”，如果從“父”與“子”的關係位置來看“父”與“子”之職任，恐怕以“孝”為是。"教"是"父"對"子"的職任，"孝"是"子"對"父"的職任。而"學"或"受"無法表達"子"對"父"這種職任關係。

"既有夫六位也，以任此六職也。六職既分，以美六德"：

"既"，已經。《書·堯典》："克明俊德，以親九族，九族既睦，平章百姓。"孔傳："既，已也。"

"任"，《廣韻·侵韻》："任，當也。"

"分"，分明。《呂氏春秋·察傳》："是非之經，不可不分。"高誘注："分，明也。"

"美"，讚美。《詩·召南·甘棠序》："美召伯也。"孔穎達疏："善者言美，惡者言刺。"

"六德"，六位所當六職所表現出來的六種德行。《孟子·公孫丑上》："宰我、子貢善爲說辭，冉牛、閔子、顏淵善言德行。"朱熹集註："德行，得於心而見於行事者也。"

二

何謂六德？聖、智也，仁、義也，忠、信也。聖與智就①矣，仁與義就矣，忠與信就矣②。作禮樂，制刑法，教此民爾使之有向也，非聖智者莫之能也；親父子，和大臣，寢③四鄰之淵④滸⑤，非仁義者莫之能也；聚人民，任土地⑥，足此民爾生死之用，非忠信者莫之能也。君子不變⑦如道。道，人之……

【注】

① 此字簡文釋文讀“戚”，現依裘按讀爲“就”，下二句同。

② 釋文注釋認爲此處脫“矣”字，今從。

③ 依裘按作“寢”。

④ 疑此字爲“𣶒”之異構，同“淵”。

⑤ 此字簡文從口虎聲，疑借爲“滸”。“虎”、“滸”古音同爲曉紐魚部，可通假。

⑥ 依裘按讀爲“土地”。

⑦ 依釋文注釋讀爲“變”。

【釋】

此章言聖、智、仁、義、忠、信爲六德。

“何謂六德？聖、智也；仁、義也；忠、信也”：

“聖”，無所不通。《說文》：“聖，通也。”《左傳·文公十八年》：“齊、聖、廣、淵、明、允、篤、誠，天下之民謂之八愷。”孔穎達疏：“聖者，通也。博達眾務，庶事盡通也。”《論語·子罕》：“大宰問於子貢曰：‘夫子聖者與？何其多能也？’子貢曰：‘固天縱之將聖，又多能也。’”朱熹集注：‘縱，猶肆也。將，殆也。謙若不敢知之辭。聖無不通，多能乃其餘事，故言又以兼之。”《孟子·萬章下》：“伯夷，聖之清者也；伊尹，聖之任者也；柳下惠，聖之和者也；孔子，聖之時者也。孔子之謂集大成。”朱熹集註引張子曰：“所謂聖者，不勉不思而至焉者也。”

“智”，無所不知。《釋名·釋言語》：“智，知也，無所不知也。”《禮記·中庸》：“知、仁、勇三者，天下之達德也。”朱熹集註：“知（智），去聲。”《論語·子罕》：“子曰：‘知者不惑，仁者不憂，勇者不懼。’”朱熹集註：“明足以燭理，故不惑；理足以勝私，故不憂；氣足以配道，故不懼。”知，同“智”，讀去聲。《孟子·公孫丑上》：“是非之心，智之端也。”智，無所不知；無所不知，才能明是非；故曰“是非之心，智之端也。”

無所不通，無所不知，乃聖、智也。這是早期儒家所讚美的兩種德行。這兩種德行與“仁”、“義”、“忠”、“信”，合稱之爲“六德”。

“聖與智就矣，仁與義就矣，忠與信就矣。作禮樂，制刑法，教此民樂使之有向也，非聖智莫之能也；親父子，和大臣，寢四鄰之淵漭，非仁義者莫之能也；聚人民，任土地，足此民爾生死之用，非忠信者莫之能也”：

“就”，《爾雅·釋詁下》：“就，成也。”

“向”，趨向。《國語·周語上》：“明利害之向。”“有向”，懷有利害之趨向，知道什麼該做，什麼不該做。

“四鄰”，四方鄰國。《書·蔡仲之命》：“懋乃攸績，睦乃四鄰，以蕃王室，以和兄弟，康濟小民。”

“淵漭”，深潭之厓（岸）。“四鄰之淵漭”，猶言四方鄰國的險要之地。

“寢”，《字彙·宀部》：“寢，息也。”《管子·立政》：“寢兵之說勝，則險阻不守。”“寢四鄰之淵漭”，猶言寢兵於四方鄰國的險要之地，意爲與四方鄰國和睦相處。

“聚”，集合。《說文》：“聚，會也。”《左傳·襄公二十八年》；“吳句餘予之朱方，聚其族焉而居之，富於其舊。”

“任”，同“賃”。《集韻·沁韻》：“賃，《說文》：‘庸也’。或作任。”《左傳·襄公二十七年》：“申鮮虞來奔，仆賃於野。”

句意爲：聖與智使禮樂、刑法得以成；作禮樂，制刑法，教此民爾使之懷有利害的趨向，除了聖智者沒有誰能做得到。仁與義使父子親、大臣和得以成；親父子，和大臣，與四方鄰國和睦相處，除了仁義者沒有誰能做得到。忠與信使人民聚、土地爲所用得以成；聚人民，任土地，足此民爾生死之用，除了忠信者沒有誰能做得到。

“君子不變如道”：

“如”，《說文》：“如，從隨也。”

“道”，《易·說卦》：“昔者，聖人之作《易》也，將以順性命之理。是以立天之道曰陰與陽，立地之道曰柔與剛，立人之道曰仁與義。”“如道”，從隨聖人以順性命之理所立之道。“君子不變如道”，意思是：君子從隨聖人以順性命之理所立之道而不加改變。

三

君子如欲求人道，……人民少者，以修其身。爲道者必由此。親戚遠近，唯其人所在，得其人則舉焉，不得其人則止也。……賞慶焉，知其以有所歸也，材雖在山嶽之中，苟賢能用之也①。……生。故曰：民之父母親民易，使民相親也難②。

【注】

①“能用之也”，簡文殘去，根據文義補出。

② 裘按："此簡不知當屬何篇，姑附於此。"愚以爲"父母親民"、"民相親"，與君子"求人道"有關。

【釋】

此章言君子求人道以修其身。

"君子如欲求人道"：

"如"，應當。王引之《經傳釋詞》卷七："如，又爲'當如是'之'當'。"《墨子·貴義》："今天下莫爲義，則子如勸我者也，何故止我？""如勸我"，猶"當勸我"。

"欲"，要。《文子·微明》："心欲小，志欲大。"

"求"，選取。《周禮·地官·牛人》："凡祭祀共其享牛，求牛以授職人而芻之。"孫詒讓正義："惠士奇云：凡祭祀，前三日擇牲，君召牛納而視之，擇其毛而卜之，是爲求牛。求，猶擇也。卜吉而後養之，是爲享牛。"

句意爲：聖人所立之道，有天道、地道、人道，君子治理天下應當要選取人道。

"人民少者，以修其身。爲道者必由此"：

"少"，數量不多。《說文》："少，不多也。""人民少"，指所治理的地方老百姓不多。

"修其身"，猶修身，陶冶身心，涵養德性。

"爲道"，指矯性而爲高遠難行之事。《禮記·中庸》："子曰：'道不遠人，人之爲道而遠人，不可以爲道。'"

句意爲：如果自己治理的地方老百姓不多，要考慮是否是自己的德性不夠，因此要加強自身的德性修養。爲道者必須遵從這一點。

"親戚遠近，唯其人所在，得其人則舉焉，不得其人則止也"：

"親戚"，與自己有血緣或婚姻關係的人。《左傳・僖公二十四年》："昔周公弔二叔之不咸，故封建親戚，以屏藩周。"

"唯"，只有。《廣雅・釋詁三》："唯，獨也。"

"所在"，謂居其位。《國語・晉語一》："成聞之：'民生於三，事之如一。'父生之，師教之，君食之。非父不生，非食不長，非教不知生之族也，故壹事之。唯其所在，則致死焉。"韋昭注："在君父爲君父，在師爲師。"

"得其人"，猶得人心，得到眾人的感戴或擁護。

"舉"，任用。《國語・周語下》："唯能厘舉嘉義，以有胤在下，守祀不替其典。"韋昭注："舉，用也。"《呂氏春秋・分職》："夫春也，魯國之匹夫，而我舉之。"高誘注："舉，用也。"

"止"，停止，不再任用。

句意爲：親戚分處在各地，只有這個人居其位，得人心就任用，不得人心就停止任用。

"民之父母親民易，使民相親也難"：

"親"，愛，親近。《國語・晉語二》："夫固國者，在親眾而善鄰。"韋昭注："親眾，愛士民也。"民之父母與民感情深厚，父母與子女之間相親相愛是一種十分容易的事，要使老百姓互相之間相親相愛卻是十分困難的事。

四

……故曰①：父兄任者子弟，大才藝者大官，小才藝者小官，因而施祿焉，使之足以生，足以死，謂之君，以義使人多。義者，君德也。非我血氣之親，畜我如其子弟。故曰：苟淒夫人之善匹②，勞其寵③悅④之力弗敢憚也，危其死弗敢愛也，謂之臣⑤，以忠事人多。忠者，臣德也。

【注】

① 13號簡“父”字上殘留有“曰”字的大部分，下文有“故曰”，此處疑殘去“故曰”。

② 從簡文字形看，疑此字似應讀爲“匹”。

③ 簡文此字與帛書老子甲一一三“寵”形體相近，疑讀爲“寵”。

④ 簡文此字似從心從儿，儿亦聲，疑讀爲“悅”。

⑤ 裘按：依上下文文例，此句“謂之”下本應有“臣”字，當爲書手所抄脫。今從。

【釋】

此章言義者，君德也，忠者，臣德也。

“故曰：父兄任者子弟，大才藝者大官，小才藝者小官，因而施祿焉，使之足以生，足以死，謂之君，以義使人多。義者，君德也”：

“父兄”，猶父老。《國語．晉語五》：“大夫非不能也，讓父兄也。”韋昭注：“父兄，長老也。”

“任”，保舉。《說文》：“任，符也。”徐鍇繫傳作“保也”。段玉裁注：“如今言保舉是也。”《周禮．秋官．大司寇》：“使州里任之，則宥而舍之。”

“子弟”，泛指年輕後輩。《荀子．非十二子》：“遇長則修子弟之義。”

“才藝”，才智藝能。

“官”，職位。《字彙．宀部》：“官，職也。”《書．皋陶謨》：“九德咸事，俊乂在官。”《論衡．命祿》：“智慮深而無財，才能高而無官。”

“祿”，官吏的俸祿。《廣韻．屋韻》：“祿，俸也。”《周禮．天官．大宰》：“四月祿位，以馭其士。”鄭玄注：“祿，若今月俸也。”

“足”，富裕，富足。

句意爲：故曰：父老保舉的年輕後輩，才智藝能大的居大職位，才智藝能小的居小職位，根據貢獻給予俸祿，使之終身富足，能這樣做的人稱之爲君，君以義得到百姓的擁戴，他所治理的地方，百姓越來越多。所謂義者，是爲君的德行。

“非我血氣之親，畜我如其子弟，故曰：苟淒夫人之善匹，勞其寵悅之力弗敢憚也，危其死弗敢愛也，謂之臣，以忠事人多。忠者，臣德也”：

“血氣之親”，指血緣親情。

“畜”，喜歡，喜愛。《孟子．梁惠王下》：“其詩曰：‘畜君何尤？’畜君者，好君也。”《呂氏春秋．適威》：“民善之則畜也，不善則仇也。”高誘注：“畜，好。”

“苟”，語氣副詞，表祈求、期望。

“淒”同“萋”，盛貌。《詩·小雅·大田》：“有渰萋萋，興雨祁祁。”朱熹注：“渰渰，雲興貌。萋萋，盛貌。祁祁，徐也。”萋萋，亦作淒淒。《漢書·食貨志上》引《小雅·大田》作“有渰淒淒。”淒、萋，古音同爲清紐脂部，可通。

“匹”，類。《詩·大雅·假樂》：“無怨無惡，率由群匹。”朱熹注：“匹，類也。”“善匹”猶“善類”，善良的人。

“愢”，音妙。依恃。《五音集韻·笑韻》：“愢，惆也。”《正字通·心部》：“惆，同怙。”《說文》：“怙，恃也。”“寵愢之力”，指身居寵位所恃之力。

“憚”，畏難。《說文》：“憚，忌難也。”《論語·學而》：“過，則勿憚改。”

“危其死”，猶“危死”。《楚辭·離騷》：“阽余身其危死兮，覽余初其猶未悔。”朱熹注：“危死，言幾死也。”《爾雅·釋詁下》：“幾，危也。”

句意爲：與我並沒有血緣親情，喜愛我如同他的子弟，故曰：希望人之善類繁盛，即使耗盡寵位所恃之力也不敢畏難，危其死也不敢吝惜，能這樣做的人稱之爲臣，臣以忠事上而得眾人之心。所謂忠者，是爲臣的德行。

五

知可爲者，知不可爲者，知行者，知不行者，謂之夫，以智率人多。智也者，夫德也。能與之齊，終身弗改之矣。是故夫死有主，終身不變，謂之婦，以信從人多也。信也者，婦德也。

【釋】

此章言智也者，夫德也；信也者，婦德也。

“知可爲者，知不可爲者，知行者，知不行者，謂之夫，以智率人多。智也者，夫德也”：

“爲”，做，幹。《書·益稷》：“予欲宣力四方，汝爲。”鄭玄注：“布力立治之功，汝群臣當爲之。”

“行”，從事。《書·湯誓》：“非台小子，敢行稱亂，有夏多罪，天命殛之。”《左傳·隱公元年》：“多行不義，必自斃。”

句意爲：知道什麼可以做，也知道什麼不可以做；知道應該從事什麼，也知道不應該從事什麼，這樣的人稱之爲夫，以無所不知率領眾人而受到讚揚。所爲智者，是爲夫的德行。

“能與之齊，終身弗改之矣。是故夫死有主，終身不變，謂之婦，以信從人多也。信也者，婦德也”：

“齊”，一致。《荀子·議兵》：“民齊者強，民不齊者弱。”楊倞注：“齊，謂同力。”

“主”，守。《廣雅·釋詁三》：“主，守也。”《文選·宋玉〈招魂〉》：“主此盛德兮，牽於俗而蕪穢。”劉良注：“主，守也。”

句意爲：能與之一致，終身不改其操守。因此夫死有守，終身不變，這樣的人稱之爲婦，以誠信使眾人跟從而受到讚揚。所謂信者，是爲婦的德行。

六

既生畜之，或從而教誨之，謂之聖。聖也者，父德也。子也者，會享①長材以事上，謂之義；上共下之義，以掬②野野③，謂之孝。故人則爲內者必以 仁。仁者，子德也。

【注】

① 此字簡文從土，亯聲。亯，古享字。此字疑讀爲“享”。

② 此字簡文釋文寫作“𢍃”，《說文》：“𢍃，兩手盛也。”桂馥義證：“𢍃，或通作掬。”

③ 此字簡文形體與“野”字近似，疑爲“野”字之異構。

④ “內者必以”四字，簡文殘缺，據上下文補出。

【釋】

此章言聖也者，父德也；仁者，子德也。

“既生畜之，或從而教誨之，謂之聖。聖也者，父德也”：

“畜”，養育。《詩·邶風·日月》：“父兮母兮，畜我不卒。”朱熹注：“畜，養。”“生畜”，猶養育。

句意爲：既已養育了子女，又從而對他們進行教誨，這樣的行爲稱之爲聖。所謂聖者，是爲父的德行。

“子也者，會享長材以事上，謂之義；上共下之義，以掬野野，謂之孝。故人則爲內者必以仁。仁者，子德也”：

“會”，盟會。《禮記·檀弓下》：“周人作會而民始疑。”鄭玄箋：“會，謂盟也。”

“享”，祭祀。《廣雅·釋言》：“亯，祀也。”王念孫疏證：“亯與享同。”《字彙·二部》：“享，祭也。”《書·泰誓下》：“郊社不修，宗廟不享。”孔穎達疏：“不享，謂不祭祀也。”

“長材”，高大的優質材木，喻指才能出眾的人。

“共”，同。

“掬”，雙手捧物。《禮記·曲禮上》：“受珠玉者以掬。”鄭玄注：“掬，手中。”陸德明釋文：“兩手曰掬。”

“野”，郊外。《詩·鄭風·野有蔓草》：“野有蔓草，零露漙兮。”毛傳：“野，四郊之外。”又：“野”同“墅”。《集韻·語韻》：“墅，田廬也。或省。”《篇海類編·地理類·里部》：“野，古墅字。以其借爲郊野，字複加上土字。”“野野”，即“野墅”，村舍。“掬野野”，掬奉於村舍。在村舍雙手捧物以敬奉父母。

句意爲：爲人子，對外會盟才能出眾的人祭祀以事上，稱之爲義；即使在上者也同下事上之義，在村舍雙手捧物以敬奉父母，如此稱之爲孝。人對內必以親親爲上。所謂仁者，是爲人子的德行。

七

故夫夫，婦婦，父父，子子，君君，臣臣，六者各行其職而訕①誇②亡由作也。觀諸詩、書則亦在矣，觀諸禮、樂則亦在矣，觀諸易、春秋則亦在矣，新此多也，餘③此多也④，翫⑤此多也。道世⑥止！

【注】

① 此字簡文從犬，山聲，疑爲“訕”之異構。山、訕，古音同爲山紐元部，狦、訕音同。

② 此字簡文從大從言，《玉篇·言部》：“誇，逞也。夸，古文。”

③ 此字簡文從曰，余聲，余、餘古音同爲餘紐魚部，借爲“餘”。

④ 裘按：此句“多”下脫“也”字，今從。

⑤ 此字簡文疑爲“頑”字。《說文染指·釋頑》：“頑即翫字。”

⑥ 此字簡文從木，世聲，應隸定爲“枼”。“枼”通“世”。《睡虎地秦墓竹簡·爲吏之道》有“三枼之後”一句，“枼”即“世”。枼，古音餘紐葉部，世，古音書紐月部。餘、書同爲舌音，葉、月主要母音相同。枼、世古音可通。

【釋】

此章言六位各行其職而訕誇亡由作也。

“故夫夫，婦婦，父父，子子，君君，臣臣，六者各行其職而訕誇亡由作也”：

“夫夫”，言夫應行夫之職。“婦婦”，言婦應行婦之職。“父父”，言父應行父之職。“子子”，言子應行子之職。“君君”，言君應行君之職。

“臣臣”，言臣應行臣之職。《論語・顏淵》：“齊景公問政於孔子。孔子對曰：‘君君，臣臣，父父，子子。’”劉寶楠正義：“君君臣臣父父子子，言君當思所以爲君，臣當思所以爲臣，父當思所以爲父，子當思所以爲子。”朱熹集註引楊氏曰：“君之所以君，臣之所以臣，父之所以父，子之所以子，是必有道矣。”《禮記・中庸》：“曰君臣也，父子也，夫婦也，昆弟也，朋友之交也，五者天下之達道也。”《荀子・王制》：“君君臣臣父父子子兄兄弟弟，一也。農農士士工工商商，一也。”

“訕”，音善。誹謗。《論語・陽貨》：“惡居下流而訕上者。”何晏集解：“訕，譭謗。”《禮記・少儀》：“爲人臣下者有諫而無訕。”

“誇”，誇大，誇耀。《一切經音義》卷十一引《通俗文》：“自矜曰誇。”《廣韻・麻韻》：“誇，大言也。”

句意爲：夫行夫之職，婦行婦之職，父行父之職，子行子之職，君行君之職，臣行臣之職。六者各行其職，下譭謗上以及在上者大言自矜的現象便不可能產生了。

“觀諸詩、書則亦在矣，觀諸禮、樂則亦在矣，觀主易，春秋則亦在矣，新此多也，餘此多也，翫此多也。道世止”：

“在”，存在，與失去相對。《論語・顏淵》：“齊景公問政於孔子。孔子對曰：‘君君，臣臣，父父，子子。’”朱熹集註：“此人道之大經，政事之根本也。是時景公失政，而大夫陳氏厚施於國。景公又多內嬖，而不立太子。其君臣父子之間皆失其道，故夫子告之以此。”

“觀諸……”三句是承接“六者各行其職”說的。所謂“觀諸詩、書”、“禮、樂”、“易、春秋”，即從“詩、書”、“禮、樂”、“易、春秋”三方面考察，其道並未失去，所以說“亦在矣”。

“新”，剛出現的。

“餘”，豐足。“翫”，音萬。《說文》：“翫，習猒也。”段玉裁注：

“猒，飽也。”王筠句讀：“謂習之而至於猒足也。”

“此”，指君臣、父子、夫婦之間所存之道。

“世”，通“大”。《易·乾·文言》：“善世而不伐，德博而化。”俞樾《群經平議·周易二》：“世，當作大……古者‘世’之與‘大’義通也。善世而不伐者，善大而不伐也。”《公羊傳·文公十三年》”“世室屋壞。”陸德明釋文：“世室，二《傳》作太室。”王國維《明堂廟寢通考》：“太室之太，對四室而言，又謂之世室，世亦大也。古者太、大同字，世、太爲通用字。”

“止”，助詞。楊樹達《詞詮》卷五：“止，語末助詞。”《詩·齊風·南山》：“既曰歸止，曷又懷止？”高亨注：“止”，語氣詞。

句意爲：（夫、婦、父、子、君、臣、六者各行其職）從《詩》、《書》，《禮》、《樂》，《易》、《春秋》三方面考察，君臣、父子、夫婦之間所存之道都存在，由於能各行其職，還出現許多新的、豐足的使人習之而至於猒足的內容。道的確博大！

八

仁，內也。義，外也。禮樂，共也。內立父、子、夫也，外立君、臣、婦也。疏斬布絰，杖①，爲父也，爲君亦然。疏衰齊牡麻絰②，爲昆③弟也，爲妻亦然。袒免④爲宗族也，爲朋友亦然。爲父絕君，不爲君絕父。爲昆弟絕妻，不爲妻絕昆弟。爲宗族殺⑤朋友，不爲朋友殺宗族。

【注】

① 裘按："布實丈"，當讀爲"布絰，杖"。今從。

② 依裘按讀爲"牡麻絰"。

③ 依裘按讀爲"昆"，下同。

④ 簡文釋文作"字"，依裘按作"免"。

⑤ 依裘按讀爲"殺"，下同。

【釋】

此章言仁，內也；義，外也；禮樂，共也。

"仁，內也。義，外也。禮樂，共也"：

"內"，裡面，表方位，與"外"相對。《廣雅·釋言》："內，裡也。""外"，外面，表方位，與"內"相對。《說文》："外，遠也。"指某種界限或一定範圍的外邊。《禮記·昏義》："昏禮者，將合二姓之好，上以事宗廟，而下以繼後世也，故君子重之，是以昏禮納采、問名、納吉、納徵、請期，皆主人筵幾於廟，而拜迎於門外。入，揖讓而升，聽命於廟。所以敬慎重正昏禮也。"

又："男女有別，而後夫婦有義。夫婦有義，而後父子有親。父子有親，而後君臣有正。"據此，這裡的"內"、"外"是以"事宗廟"、"繼後世"爲界限的。父子有親，爲內。"男先於女，子承命以迎。主人筵幾於廟，而拜迎於門外。"因此"婦"自外入爲"外"，與"婦"相對"夫"爲內。內以父子爲核心，父子有親，仁爲子之德行。仁，親也，故"仁，內也。"義爲君之德行，外也。《禮記·祭統》："夫義者以濟志也，諸德之發也。"《淮南子·齊俗訓》："義者，所以合君臣、父子、兄弟、夫妻、朋友之際也。"故"義，外也。"

“禮樂”，禮節和音樂。《禮記·樂記》：“樂也者，情之不可變者也；禮也者，理之不可易者也。樂統同，禮辨異。禮樂之說，管乎人情矣。”孔穎達疏：“樂主和同，則遠皆合；禮主恭敬，則貴賤有序。”內需要禮樂，外也需要禮樂，故“禮樂，共也。”

“內立父、子、夫也，外立君、臣、婦也。疏斬布絰，杖，爲父也，爲君亦然。疏衰齊牡麻絰，爲昆弟也，爲妻亦然。袒免爲宗族也，爲朋友亦然”：

“疏”，粗。《天工開物·乃粒·麻》：“火麻子粒壓油……，皮爲疏惡布。”“疏斬”，即“斬衰”。古代喪服制度，以親疏爲差等，有斬衰，齊衰，大功、小功、緦麻五種名稱。

“斬”，剪裁，特指喪服不緝下邊。《釋名·釋喪制》：“三年之衰四斬，不緝其末，直剪斬而已。”

“布”，《小爾雅·廣服》：“麻、苧、葛，曰布。布，通名也。”《說文·巾部》段玉裁注：“古者無今之木綿布，但有麻布及葛布而已。”

“絰”，古代服喪期間結在頭上或腰間的葛麻布帶。《玉篇·糸部》：“絰，麻帶也。”《六書故·糸部》：“絰，喪服也。在首爲首絰，以象頍。在要爲要絰，以象大帶。以麻葛爲之。”

“疏衰”，即“齊衰”。用粗麻布製成，以其緝邊縫齊，故稱“齊衰”。“齊”，將喪服下部的邊折轉縫起來爲之齊。《儀禮·喪服》：“若齊，裳內衰外。”鄭玄注：“齊，緝也。凡五服之衰，一斬四緝，緝裳者內展之，緝衰者外展之。”胡培翬正義：“五服之衰與裳，有齊者，有不齊者，故云‘若齊’也。齊，謂緝其邊也。不齊者，謂斬也……緝裳者則先轉其邊於內，緝衰者則先轉其邊於外，而後施針功也。”

“牡”，指植物中不開花的。《禮記·檀弓上》：“司寇惠子之喪，子遊爲之麻衰牡麻絰。”陳澔集說：“麻衰，以吉服之布爲衰也。牡麻絰，以雄麻爲絰也。麻衰……輕於弔服。弔服之絰一股而環之，今用牡麻絞絰，與齊衰絰同矣。"

"昆",兄。《詩·王風·葛藟》:"終遠兄弟,謂他人昆。"毛傳:"昆,兄也。"昆弟,同父親的兄弟。

"袒",露。"免",音問,同"絻",去冠,用布條紮發。"袒免",袒衣免冠。古代喪禮,凡五服以外的遠親,無喪服之制,唯脫上衣露左臂,去冠紮髮,用寬一寸的布條從頸下前部交於額上,又向後繞於髻,以示哀思。

句意爲:父、子、夫確定爲內,君、臣、婦確定爲外。以喪禮而論,父與君爲一個等次,昆弟與妻爲一個等次,宗族與朋友爲一個等次。

"爲父絕君,不爲君絕父。爲昆弟絕妻,不爲妻絕昆弟。爲宗族殺朋友,不爲朋友殺宗族":

"絕",拋棄。"殺",減殺。《廣雅·釋詁二》:"殺,減也。"此處引伸爲"疏遠",彼此之間減少來往。

句意爲:父、子、夫與君、臣、婦分內外,以內爲本,可以爲父而拋棄君,不能爲君而拋棄父;可以爲兄弟而拋棄妻,不能爲妻而拋棄兄弟;可以爲宗族而疏遠朋友,不能爲朋友而疏遠宗族。

九

人有六德,三親不斷①。門內之治仁②弇義,門外之治義斬仁。仁類急③而速,義類攏④而絕,仁急而哽⑤,義強而柬。哽之爲言也,猶哽哽也,少而㕕多也。靖⑥其志,求養親之志⑦,害亡不以也,是以哽也。

【注】

① 簡文此字從皀從刀，疑爲“𠛁”之異構，《玉篇·刀部》：“𠛁，古斷字。”

② 依裘按讀爲“治”、“仁”，下同。

③ 簡文此字從艸，罽聲，《正字通·網部》：“罽，同罽。”蘮，疑借爲“急”。蘮以罽得聲，罽，古音見紐月部；急，古音見紐緝部。同爲見紐，月、緝可旁轉，故可通假。

④ 簡文此字似應隸定爲“廾”，同“弄”，借爲“攏”。“攏”、“弄”古音同爲來紐東部，可通假。

⑤ 簡文此字從口，更聲，“更”字簡文形體與睡虎地簡一0·一二“更”字形體相同，應隸定爲“哽”。

⑥ 簡文此字從𡗜，青聲。𡗜，同“立”，《字彙外·大部》：“𡗜，立本字。”此字似應隸定爲“靖”。

⑦ 此句簡文作“求養親志”。裘按：“志”，從“之”聲。其下有表示重文或合文之符號，故可讀爲“之志”。今從。

【釋】

此章言門內之治仁弇義，門外之治義斬仁。

人有六德，三親不斷。門內之治仁弇義，門外之治義斬仁”：

“三親”，顏之推《顏氏家訓·兄弟》：“夫有人民而後有夫婦，有夫婦而後有父子，有父子而後有兄弟，一家之親，此三而已矣！自茲以往，至於九族，皆本於三親焉。”本篇論及夫婦、父子、昆弟，雖以婦爲外，但娶婦入於內，婦生子而爲母。當然屬於門內之三親。

“門內”，指家庭。

“弇”，掩蓋。《廣韻．琰韻》：“弇 ，蓋也。”《管子．八觀》：“塞其途，弇其跡。”

“斬”，斷絕。《詩．小雅．節南山》：“國既卒斬，何用不監。”毛傳：“斬，斷。”朱熹注：“斬，絕。”

句意爲：人有聖、智、仁、義、忠、信、六德，家有夫婦、父子、昆弟親情不斷。治理家庭仁掩蓋義，治理社會義斷絕仁。

“仁類急而速，義類攏而絕，仁急而哽，義強而柬”：

“急”，迫切。《楚辭．離騷》：“忽馳騖以追逐兮，非餘心之所急。”

“速”，迅疾。《爾雅．釋詁下》：“速，疾也。”

“弄”，“攏”，聚集，集中。

“絕”，絕對，不容有兩可。

“哽”，阻塞，不通暢。

“強”，有力，強大。

“柬”，簡略。

句意爲：仁類之親情迫切而迅疾，義類之事理集中而不容有兩可，親情迫切而有可能不暢達，事理有力而有可能失之簡略。

“哽之爲言也，猶哽哽也，少而尞多也。靖其志，求養親之志，害亡不以也，是以哽也”：

“哽”，哽咽。“哽哽”，悲痛而聲氣堵塞貌。

“尞”，同燎。《說文》：“燎，放火也。”徐灝注箋：“尞、燎實一字。”《詩．大雅．旱麓》：“瑟彼柞棫，民所燎矣。鄭玄箋：“柞棫之所以茂盛者，乃人熜燎，除去旁草，養治之使無害也。”

“靖”，安。《國語·周語下》“自后稷之始基靖民。”韋昭注：“靖，安也。”“靖其志”，安其神志。

“求”，求取。“養親之志”，養親的情意。

“害”，音何。代詞，表示疑問，相當於“爲什麼”。

“以”，通“已”，完結，停止。《正字通·人部》：“以，與已同，畢也，止也。”“亡不以”，沒有不停止。意即“停止”，雙重否定，意爲肯定。

句意爲：哽咽著說話，像悲痛而聲氣堵塞一樣，本來只需幾句卻說了更多（話像除去旁草的禾苗一樣）。安其神志，求取養親的情意，爲什麼停止？這是因爲親情不暢達的緣故。

十

男女辨①生言，父子親生言，君臣義生言。父聖，子仁，夫智，婦信，君義，臣忠。聖生仁，智率信，義使忠。故夫夫，婦婦，父父，子子，君君，臣臣，此六者各行其職而訕誇②蔑由乍也。君子言信言爾，言煬言爾，故③外內皆得也。其反，夫不夫，婦不婦，父不父，子不子，君不君，臣不臣，昏所由作也。

【注】

① 此字簡文釋文作“卞”，從裘按讀“辨”，見《六德》釋文注釋五。

③見前注。

② 簡文此字，從攴，音聲，應隸定爲“敨”。

【釋】

此章言男女辨生言，父子親生言，君臣義生言。

“男女辨生言，父子親生言，君臣義生言”：

“辨”，《廣韻·獮韻》：辨，別也。”《左傳·成公十八年》：“周子有兄而無慧，不能辨菽麥。”

“言”，讀爲“焉”。言，古音疑紐元部；焉，古音影紐元部。疑、影同爲喉音，韻部相同，可通假。《詩·豳風·七月》：“二之日其同，載纘武功，言私其豵，獻豜於公。”高亨今注：“言，讀爲焉。”

句意爲：男女生焉有別，父子生焉有親，君臣生焉有義。

“父聖，子仁，夫智，婦信，君義，臣忠。聖生仁，智率信，義使忠。故夫夫，婦婦，父父，子子，君君，臣臣，此六者各行其職而訕誇蔑由乍也”：

“訕”，誹謗。下謗上爲訕。

“誇”，誇耀。自矜曰誇。

“蔑”，無，沒有。跟“有”相對。《詩·大雅·板》：“喪亂蔑資，曾莫惠我師。”毛傳：“蔑，無。”

“乍”，同“作”。《集韻·鐸韻》：“作，《說文》：‘起也。’亦省。”《墨子·兼愛下》：“文王若日若月，乍照光於四方，於西土。”孫詒讓閑詁引孫星衍云：“乍，古與作通。”

句意爲：聖爲父之德行，仁爲子之德行，智爲夫之德行，信爲婦之德行，義爲君之德行，忠爲臣之德行。父生子，故聖生仁；夫率婦，故智率信；君使臣，故義使忠。夫知所以爲夫，婦知所以爲婦，父知所以爲父，子知所以爲子，君知所以爲君，臣知所以爲臣，此六者各行其職，下譭謗上以及在上者大言自矜的現象便不可能產生了。

“君子言信言爾，言煬言爾，敓外內皆得也。其反，夫不夫，婦不婦，父不父，子不子，君不君，臣不臣，昏所由作也”：

“信”，誠實不欺。《論語·學而》：“爲人謀而不忠乎？與朋友交而不信乎？”

“煬”，溫和。《莊子·徐無鬼》：“故無所甚親，無所甚疏，抱德煬和，以順天下。”成玄英疏：“煬，溫也。”《淮南子·俶真訓》：“抱德煬和，而萬物雜累也。抱其志德，而炙於和氣，故萬物雜累，言成熟也。”

“爾”，《六書故·數》：“如是之合音爲爾。”《經傳釋詞》卷七：“爾，猶‘如此’也。”

“言……言”，語氣助詞，用在句首或句中，起補足音節的作用，沒有實在意義“。

“敓”，展開。《集韻》：“敓，展也。”

“昏”，昏憒，迷亂。《書·多方》：“乃大淫昏，不克終日勸於帝之迪。”蔡沈集傳：“……乃大肆淫昏，終日之間不能少勉，於是天理或幾乎息矣。”

句意爲：君子誠實不欺如此，抱德煬和如此，展開於外和內皆得也。與此相反，夫不像夫，婦不像婦，父不像父，子不像子，君不像君，臣不像臣，一切昏憒、迷亂之事便都由此而產生。

十一

君子不啻明乎民微而已，或以知其一矣。男女不辨，父子不親；父子不親，君臣亡義。是故先王之教民也，始於孝弟。君子於此一冊①者亡所法。是故先王之教民也，不使此民也憂其身，失其冊。孝，本也。下修其本，可以斷②訕。生民斯必有夫婦、父子、君臣。君子明乎此六者，然後可以斷訕。道不可冒③也，能守一曲焉，可以緯④其惡，是以其斷訕速。

【注】

① 簡文此字從攴從冒，冒亦聲，疑讀為"冊"。《說文》："冒，告也。"王筠句讀："經典皆用冊。冊祝，告神之詞也；冊書，告臣之詞也。"

② 此字依裘按讀為"斷"，下同。

③ 簡文此字從彳從冒，冒亦聲，疑讀為"冒"。

④ 簡文此字從系，韋省聲，疑讀為"緯"。

【釋】

此章言先王之教民也，始於孝弟；孝，本也。

"君子不啻明乎民微而已，或以知其一矣。男女不辨，父子不親；父子不親。君臣亡義"：

"不啻"，不僅，不只。《書・多士》："爾不克敬，爾不啻不有爾土，予亦致天罰於汝身。""明"，明白，清楚。《論語・顏淵》："子張問明。子曰：'浸潤之譖，膚受之愬，不行焉。可謂明也矣。'"

"微"，隱蔽，藏匿。"民微"，猶"民隱"。指老百姓的痛苦。

"或"，《廣雅・釋詁一》："或，有也。"

"以"，副詞，表示範圍，相當於"只"。

句意爲：君子不能以清楚老百姓的痛苦爲滿足，有這一點只不過懂得其中之一。君子還要懂得人倫。如果男女不辨，便會父子不親；如果父子不親，便會君臣無義。

"是故先王之教民也，始於孝弟。君子於此一冊者亡所法。是故先王之教民也，不使此民也憂其身，失其冊"：

"孝弟"，亦作"孝悌"。《論語・學而》："其爲人也孝弟，而好犯上者，鮮矣。"朱熹集註："善事父母爲孝，善事兄長爲弟。"

"冊"，冊書。《文選・班彪〈王命論〉》："全宗祀於無窮，垂冊書於春秋。"李善注引張晏曰："冊書，史記也。"

"亡"，通"無"。沒有。《論語・雍也》："有顏回者好學……不幸短命死矣。今也則亡，未聞好學者也。"邢昺疏："亡，無也。"

"法"，通"廢"。廢棄。《管子・侈靡》："利不可法，故民流；事不可法，故事之。"郭沫若集校："金文以'法'爲'廢'字，此兩'法'字均當讀爲廢。"

句意爲：先王教化民眾，是從孝悌開始的。君子對這一爲冊書所記載的沒有廢棄。先王教化民眾，不使這些人因憂患而失去冊書所記載的孝悌。

孝，本也。下修其本，可以斷訕。生民斯必有夫婦、父子、君臣。君子明乎此六者，然後可以斷訕”：

“孝”，善事父母。《書．君陳》：“惟孝友於兄弟，克施有政。”孔傳：“言善父母者，必友於兄弟，能施有政令。”《論語．學而》：“君子務本，本立而道生。孝弟也者，其爲仁之本與！”朱熹集註：“本，猶根也。仁者，愛之理，心之德也。爲仁，猶曰行仁。”

句意爲：孝是人道的根本。下治其本，可以斷絕下對上的譭謗。有人類社會以來就有夫婦、父子、君臣。君子清楚此六者，然後可以斷絕下對上的譭謗。

“道不可㽘也，能守一曲焉，可以緯其惡，是以其斷訕速”：

“㽘”，音冊。《說文》：“㽘，告也。”

“一曲”，曲，局部，片面。一曲，猶一隅。

“緯”，音偉。整飭，治理。

句意爲：道不可告，而要自己修習，若能持守一隅，不僅可以明道，而且可以整飭邪惡，匡正世俗，因此明道斷絕譭謗最爲迅速。

十二

凡君子所以立身大法三，其繹之也六①，其見②十又二。三者通③，言行皆通。三者不通，非言行也。三者皆通，然後是也。三者，君子所生與之立，死與之敝也。

【注】

① 簡文釋文讀爲“其擇之也。六”，裘按：疑“其睪之也六”當作一句讀，“睪”當作讀爲“繹”或“釋”。今從。

② 簡文此字從竹從二見，見亦聲，疑讀爲“見”。

③ 依裘按讀爲“通”，下同。

【釋】

此章言君子所以立身大法三，其繹之也六，其見十又二。

“凡君子所以立身大法三，其繹之也六，其見十又二”：

“立身”，處世，爲人。《孝經・開宗明義》：“立身行道，揚名於後世，以顯父母，孝之終也。”“立身大法三”，指前述（本篇第10章）“男女辨生言，父子親生言，君臣義生言”。

“繹”，陳列。《書・君陳》：“庶言同則繹。”孔傳：“眾言同則陳而布之。”“繹之也六”，指前述（本篇第2章）“聖、智也，仁、義也，忠、信也”。

“見”，顯露。《廣韻・霰韻》：“見，露也。”《集韻・霰韻》：“見，顯也。”“其見十又二”，指前述（本篇第1章）：夫六位也，以任此六職”。

句意爲：男女辨生言，父子親生言，君臣義生言是君子所以爲人的三大法，將這三大法陳而布之就是聖、智、仁、義、忠、信六德，其具體顯露就是夫率、婦從、父教、子孝、君使、臣事之六位任六職。

“三者通，言行皆通。三者不通，非言行也。三者皆通，然後是也。三者，君子所生與之立，死與之敝也”：

“通”，平正，順暢。《爾雅・釋天》：“四時和爲通正。”郭璞注：“通，平暢也。”邢昺疏：“言上四時之功和，是爲通暢平正也。”

“非”，錯誤，邪惡。《書·說命中》：“無啓寵納侮，無恥過作非。”孔傳：“恥過誤而聞之，遂成大非。”

“敝”，盡。也作“弊”。《銀雀山漢墓竹簡·孫臏兵法·奇正》：“形勝之變，與天地相敝而不窮。”《淮南子·原道》：“兵強則滅，木強則折，革固則裂，齒堅於舌而先之敝。”高誘注：“敝，盡。”

句意爲：男女辨生言、父子親生言、君臣義生言，若能通暢平正，言行也都通暢平正，如果不能通暢平正，其言行必然有錯誤，甚至成爲邪惡。三者都通暢平正，然後言行正確而沒有錯誤。這三者，隨著君子生而立死而盡，貫徹君子一生的始終。

天生百物

按：本篇爲《郭店楚墓竹簡·語叢一、三》上篇，存簡88枚，其中《語叢一》57枚，《語叢三》31枚，557字，補10字，凡567字。全篇分爲8章，第1章（《語叢三》第67簡下；《語叢一》第18—23簡），言天生百物，人爲貴。第2章（《語叢三》第68簡上、第70簡上、第71、72簡；《語叢一》第2—11簡、第96簡），言天生倫，人生卯。第3章（《語叢三》第68簡下、第69簡下、第70簡下、第17、26、27、58簡；《語叢一》第12—17簡、第62—64簡），言知禮然後知型。第4章（《語叢三》第64—66簡、第67簡上、第42、43簡；《語叢一》第71、72簡），言亡物不物皆至焉。第5章（《語叢三》第18、19簡、第44—53簡、第57簡；《語叢一》第75簡），言志於道、據於德、依於仁、遊於藝。第6章（《語叢一》第53、83、95、97簡、第109—111簡），言人（仁）、義亡能爲也。第7章（《語叢三》第33、34、41、59簡，《語叢一》第73、74簡、第89—91簡、第99簡，第107—108簡），言缺生乎未得也。第8章（《語叢一》第45—52簡、第104—106簡），言物各止於其所，我行皆有之。

本篇原無標題，現根據“天生百物，人爲貴”一句，摘取“天生百物”四字作爲篇題。

一

生爲貴。3·67下

天生百物，人爲貴。人1·18之道也，或由中出，或1·19由外入。①1·20由中出者，仁、忠、信；由1·21外入者，智、義、聖。②

仁生於人，義生於道。1·22或出於內，或生於外。1·23

【注】

① 龐樸先生引述清人畢沅整理《墨經》的故事說："現在《語叢三》的那些雙欄簡，有無可能也是某種'經'？現在語叢一、二、三裡被連續著的許多簡，是否混有本該分欄旁讀的簡？"同時指出："經文'生爲貴'的'說'文，也許便是《語叢一》第18—21簡的'天生百物，人爲貴……'等等。"（見《〈語叢〉臆說》，中國哲學第二十輯）釋文中下標的"3·67下"、"1·18"等，其中圓點前的"3"、"1"分別表示《語叢三》、《語叢一》，圓點後的"67"、"18"，表示《郭店楚墓竹簡》一書中竹簡序號。"下"以及後面出現的"上"，表示雙欄簡的上簡或下簡。

② "外入者，智、義、聖"，簡文殘佚，廖名春先生補出，今從。

【釋】

此章言天生百物，人爲貴。

"生爲貴"：

"生"，生存，與死亡相對。《詩·邶風·擊鼓》："死生契闊，與子成說，執子之手，與子偕老。""死生契闊"，言死生不相忘棄。《荀子·禮倫》："生，人之始也；死，人之終也。"《孔子家語·五帝德》："（黃帝）治民以順天地之紀，知幽明之故，達生死存亡之說。""生爲貴"，人以生存爲貴。

"天生百物，人爲貴"：

"百物"，猶萬物。"天生百物"，天生萬物。"人爲貴"，以人爲貴。《書·泰誓上》："惟天地萬物父母，惟人萬物之靈。"蔡沈集傳："大哉乾元，萬物資始。至哉坤元，萬物資生。天地者，萬物之父母也。萬物之生，惟人得其秀而靈。"《孝經》："子曰：'天地之性，人爲貴。'"《大戴禮記·曾子大孝》："曾子聞諸夫子曰：'天之所生，地之所養，人爲大矣。'"《孔子家語·六本》："天生萬物，唯人爲貴。"

"人之道也，或由中出，或由外入。由中出者，仁、忠、信；由外入者，智、義、聖"：

"人之道"，爲人之道。《易·說卦》："昔者，聖人之作《易》也，將以順性命之理。是以立天之道曰陰與陽，立地之道曰柔與剛，立人之道曰仁與義。"

"中"，《說文》："中，內也。""中出"，自內而外。"外入"，由外到內。

句意爲：爲人之道，有的自內而外，有的由外到內。仁、忠、信自內而外，智、義、聖由外到內。

"仁生於人，義生於道。或生於內，或生於外"：

"仁"，愛人，與人相親。《論語·陽貨》："子張問仁於孔子。孔子曰：'能行五者於天下，爲仁矣。'請問之。曰：'恭、寬、信、敏、惠。'"

朱熹集註："行是五者，則心存而理得矣。"

"義"，宜也，與人爲善。《淮南子·繆稱訓》："義者比于人心，而合於眾適者也。"又《齊俗訓》："義者，所以合君臣、父子、兄弟、夫妻、朋友之際也。"《孟子·告子上》："仁，內也，非外也；義，外也，非內也。"朱熹集註："仁愛之心生於內，而事物之宜由乎外。"

"道"，自然之理。《禮記·中庸》："道也者，不可須臾離也。"朱熹集註："道者，日用事物當行之理。"

句意爲：與人相親之仁生於人心，與人爲善之義生於自然之理。仁生於內，義生於外。

二

有天有命有3·68上 生3·70上

有天有命，有物有名。1·2 天生倫①，人生卯。1·3

命與度②與3·71上 乎物。3·72上。

凡物由亡③生1.1

有命有度有名，而後1.4 有倫④。1.5

有迠⑤有形有隶，而後1.6 有厚1.7。

有性有生3·71下 者，3·72下 有生乎名。1·96

有生有知而後好惡1·8 生。1·9

有物有繇⑥有綠⑦，而後1·10 教⑧生。1·11

【注】

① 依裘按讀爲“倫”。

② 與1·4簡同，從裘按讀爲“度”。

③ 依裘按讀爲“亡（無）”。

④ 與1.3簡同，依裘按讀爲“倫”。

⑤ 此字簡文從辵從它，它亦聲，應隸定爲“迱”。

⑥“繇”，讀“繇”。《字彙·言部》：“繇，俗作繇”

⑦ 簡文此字疑爲“綠”之異構。

⑧ 此字依裘按釋爲“教”。

【釋】

此章言天生倫，人生卯。

“有天有命有生”：

“天”，自然。《易·繫辭上》：“樂天知命，故不憂。”韓康伯注：“順天之化，故曰樂也。”《荀子·天論》：“皆知其所以成，莫知其無形，夫是之謂天。”這種自然的天，實際上是不以人的意志轉移的客觀必然性。

“命”，時運。客觀必然性和不確定性在人類社會生活中的反映。或稱之曰“天命”、“命運”。《詩·周頌·維天之命》：“維天之命，于穆不已。”孔穎達疏：“言天道轉運，無極止時也。”《論語·堯曰》：“不知命，無以爲君子也。”何晏注引孔安國曰：“命，謂窮達之分也。”朱熹集註引程子曰：“人不知命，則見害必避，見利必趨，何以爲君子？”

“生”，生存。生與死相對。生，是生命的開始；死，是生命的終結。有生必有死，這是自然的客觀規律，亦即“天命”。

這句話的意思是：人活在世界上，要承認有天有時運有生死，然後順天之化，而珍惜有限的生命。

“有天有命，有物有名。天生倫，人生卯”：

“物”，《說文》：“物，萬物也。”《易·繫辭上》：“方以類聚，物以群分。”《列子·黃帝》：“凡有貌像聲色者，皆物也。”

“名”，事物的名稱。《論語·陽貨》：“多識於鳥獸草木之名。”《荀子·正名》：“名定而實辨。”

“倫”，猶類也。《說文》：“倫，輩也。”段玉裁注：“軍發車百兩爲輩，引伸之同類之次曰輩。”《禮記·曲禮下》：“儗人必於其倫。”鄭玄注：“倫，猶類也。”

“卯”，借爲“媢”。卯、媢，古音同爲明紐幽部，可通假。《禮記·大學》：“人之有技，媢疾以惡之。”鄭玄注：“媢，妒也。”朱熹註：“媢，忌也。”媢，妒媢，妒忌。《詩·召南·小星序》：“夫人無妒忌之行。”鄭玄注：“以色曰妒，以行曰忌。”《漢書·禮樂志》：“人性有男女之情，媢忌之別。”

句意爲：宇宙間大自然有自身的客觀規律性，萬物有自己的名稱。大自然產生了物類，人產生了情妒。

“命與度與乎物”：

“度”，限度。《國語·周語下》：“用物過度妨於財。”《荀子·禮論》：“人生而有欲。欲而不得，則不能無求；求而無度量分界，則不能不爭。”

“物”，與“我”相對的他物。《禮記・樂記》：“其本在人心之感於物也。”孔穎達疏：“物，外境也。”劉勰《文心雕龍・物色》：“情以物遷，辭以情發。”《荀子・正名》：“故嚮萬物之美而盛憂，兼萬物之利而盛害。如此者，其求物也，養生也，粥壽也。故欲養其欲而縱其情，欲養其性而危其形，欲養其樂而攻其心，欲養其名而亂其行……夫是之謂以己爲物役矣。”楊倞注：“己爲物之役使。”

句意爲：人要認識“命”與“度”與“物”的關係，把握“時”“遇”，注意“度”，不使自己爲物所役使。

“凡物由亡生”：

“亡”，通“無”。《玉篇・亡部》：“無，不有也。”無，指物質的隱微狀態。世間萬物都由隱而顯、由微而著，即由無到有、由小到大。故曰“凡物由亡生”。

“有命有度有名，而後有倫”：

“名”，《釋名・釋言語》：“名，明也，名實事使分明也。”物的產生雖然由無到有、由小到大，然而卻是以自然的客觀規律性爲依據的，而且有一定的度，然後名實事使分明，如是物類才出觀。所以說“有命有度有名，而後有倫。”

有迠有形有聿，而後有厚”：

“迠”，音頭。逶迠，行貌。《玉篇・辵部》：“迠，逶迠也。“《集韻・戈韻》：“迠，逶迠，行貌。或作迤。”

“形”，容顏。《廣雅・釋詁四》：“形，容也。“《穀梁傳・桓公十四年》：望遠者，察其貌，而不察其形。”範甯注：“貌，姿體；形，容色。”

“聿”，音今。《玉篇・聿部》：“聿，飾也。“厚”，敦厚。《書・君陳》：“惟民生厚，因物有遷。”孔傳：“言人自然之性敦厚。”《論語・

學而》："慎終追遠，民德歸厚矣。"

句意爲：有行、有容、有服飾，而後知民德歸厚。

"有性有生者，有生乎名"：

"性"，性情。"生"，生命。《荀子·王制》："水火有氣而無生，草木有生而無知。"

"有"，表示存在，指"有性、有生"。"有生乎名"，指"有性有生"的存現在事實中得以分明。

"有生有知而後好惡生"：

"好惡"，喜好與嫌惡。《禮記·王制》："命市納賈，以觀民之所好惡。""草木有生而無知"，人非草木，但也必須在"有生有知"以後，才有好惡之心。

"有物有繇有綠，而後教生"：

"物"，《玉篇·牛部》："物，事也。"《周禮·地官·大司徒》："以鄉三物教萬民，而賓興之。"鄭玄注："物，猶事也。"

"繇"，音皺，借爲"籀"。朱駿聲《說文通訓定聲》："繇，假借爲籀。"《左傳·閔公二年》："成風聞成季之繇。"杜預注："繇，卦兆之占辭。"

"綠"，音路。帝王受命的符錄。《墨子·非攻下》："河出綠圖，地出乘黃。"孫詒讓閑詁："綠、籙通。"

"教"，教化。

句意爲：有事、有卦兆之占辭、有綠圖而後才有教化的產生。

三

有性，又生乎3·68下 名，3·69下 爲其型。3·07下

天型成，人與物斯理。3·17

其生也亡爲乎其型。1·62

知禮然後知型。1·63

型非胑①也。1·64

有性又生乎，生有德②。3·58

德至區者，治③者至亡3·26 間。3·27

有天有命，有迮④有形，1·12 有物有容，有家有名。1·13

有物有容，有聿有厚，1·14 有美有善。1·15

有仁有智，有義有禮，1·16 有聖有善。1·17

【注】

① 簡文此字從口，尼聲。尼同“卮（巵）”。《正字通·廠部》：“尼，卮（巵）字之訛。”疑借爲“胑”。巵、胑，古音同爲章紐支部，音同可通假。

② 簡文此字疑爲“德”之異構。

③ 依裘按讀爲“治”。

④ 此字簡文從辵從它，它亦聲，應隸定爲“迱”。

【釋】

此章言知禮然後知型（天型）。

“有性，又生乎名，爲其型”：

“性”，人之本性。“生”，產生。《正字通·生部》“生，凡事所從來曰生”。《左傳·成公二年》：“義以生利，利以平民。”

“名”，名目。《銀雀山漢墓竹簡·孫臏兵法·五名五恭》：“兵有五名：一曰威強，二曰軒驕，三曰剛至，四曰助忌，五曰重柔。”此處指以情爲內容的道德名目。

“爲”，成爲。

“型”，法式、典範。

句意爲：人之有性，性發而爲情，又產生以情爲內容道德名目，並使之成爲讓人們遵循的道德法式。

“天型成，人與物斯理”：

“天型”，猶天則。自然的法則。

“成”，就也。

天型是客觀存在，但要人去歸納、總結，或者說要人去發現。《易·乾·文言》：“‘乾元’，‘用九’，乃見天則。”又《繫辭上》：“《易》與天地准，故能彌綸天地之道。仰以觀於天文，俯以察於地理，是故知幽明之故。原始反終，知死生之說。”又《說卦》：“昔者，聖人之作《易》

也，將以順性命之理。是以立天之道曰陰與陽，立地之道曰柔與剛，立人之道曰仁與義。”

“斯”，《爾雅·釋詁下》：“斯，此也。”

句意爲：自然法則被認識，知人與物均同此理。

“其生也亡爲乎其型”：

“亡爲”，同“無爲”。無所施也。

句意爲：人之生無所施爲於天型，只能順應。

“知禮然後知型”：

“禮”，《禮記·曲禮》：“夫禮者，所以定親疏，決嫌疑，別同異，明是非。”《左傳·隱公元年》：“禮，經國家，定社稷，序民人，利後嗣者也。”《論語·子罕》：“顏淵喟然歎曰：‘……夫子循循然善誘人，博我以文，約我以禮。’”禮，合人倫，達天常，故曰“知禮然後知型（天型）”。

“型非胑也”：

“胑”，音之，同“肢”。《說文》：“胑，體四胑也。”《荀子·君道》：“塊然獨坐而天下從之如一體，如四胑之從心。”

“型（天型）”是一個整體，是整個自然的法則，而不是局部的、某一方面的。故曰：“型非胑也”。

“有性又生乎，生有德”：

“有德”，謂道德品行高尚，能身體力行。《周禮·春官·大司樂》：“凡有道者有德者，使教焉。”鄭玄注：“德，能躬行者。”《論語·憲問》：“子曰：‘有德者必有言，有言者不必有德。”朱熹集註：“有德者，和順積中，英華髮外。"

句意爲：人之有性，和順積中，英華髮註外而成爲有德。

"德至區者，治者至亡間"：

"區"，《廣雅·釋訓》："區區，小也。"王念孫疏證："區，小也，重言之則曰區區。"又《說文》："區，踦區，藏匿也。"

"德至區"，德化達到最小最隱蔽之地。

"亡間"，同"無間"，沒有空隙，指極微小處。《老子》："天下之至柔，馳騁天下之至堅。無有入無間。"

句意爲：德化達到最小最隱蔽之地的人，治理便能達到極微小處。

"有天有命，有迡有形，有物有容，有家有名"：

"迡"，行貌。

"形"，《字彙·彡部》"形，狀也。"《孫子·虛實》："故兵無常勢，水無常形。"

"物"，事。

"容"，《廣雅·釋詁一》："容，法也。"《韓非子·喻老》："夫物有常容，因乘以導之，因隨物之容。"

"家"，《字彙·宀部》："家，大夫之邑曰家。"《周禮·秋官·方士》："方士，掌都家。"鄭玄注："家，大夫之埰地。"《左傳·昭公五年》："羊舌四族，皆強家也。"

"名"，名分。《論語·子路》："子路曰：'衛君待子而爲政，子將奚先？'子曰：'必也，正名乎。'"何晏注引馬融曰："正百事之名。"

句意爲：天有天命，行有常形，事有常法，家有常名，這是自然和人事的規律。

有物有容，有𦘔有厚，有美有善”：

有事物的變化就知其有變化規律，有樸素的服飾就知其有敦厚的美德，有美的心靈，就知其有善言善行。

“有仁有智，有義有禮，有聖有善”，有仁還要有智，有義還要有禮，有聖還要有善，二者必須統一。

四

亡物不物3・64下 皆至焉。3・65下

亡物不物，皆至焉，而1.71 亡非己取之者。1・72

名二，物參①。3・67上

亡亡由也者，3・66上 或由其避，或由其不3・42 進，或由其可。3・43

亡非樂者。3・66下

毋②意，毋固，3・64上 毋我，毋必。3・65上

【注】

① 此字簡文作“參”，簡文釋文讀“三”，應以簡文讀爲“參”。

② 此字及以下三個，簡文均作“毋”，簡文釋文讀“亡”，均應以簡文讀爲“毋”。

【釋】

此章言亡物不物皆至焉。

“亡物不物皆至焉”：

“物”，客觀事物。《說文》：“物，萬物也。”“亡物”，同“無物”。考慮問題或認識問題，心中沒有客觀事物。“不物”，謂不分物我。《莊子．庚桑楚》：“至禮有不人，至義不物，至知不謀，至仁無親，至信辟金。”郭象注：（至義不物）“各得其宜，則物皆我也。”宋蘇軾《赤壁賦》：“蓋將自其變者而觀之，則天地曾不能以一瞬；自其不變者而觀之，則物與我皆無盡也。”

“至”，堵塞。“窒”的古字。《易．井》：“往來井，井汔至。”

汔，《說文》：“水涸也。”至，同“窒”，淤塞。

句意爲：心中沒有客觀事物，或者物我不分，都會堵塞認識的思路。

“亡物不物，皆至焉，而亡非己取之者”：

“己”，《玉篇．己部》：“己，己身也。”《書．大禹謨》：“稽於衆，舍己從人。”“取”，選取。

句意爲：心中沒有客觀事物，或者物我不分，都會堵塞認識思路，而這樣沒有不是自己選取的。

“名二，物參”：

“名”，事物的名稱。《荀子．正名》：“名定而實辨。”

"二"，同"貳"。副，次。《禮記·坊記》："唯卜之日稱二君。"鄭玄注："二當爲貳。"

"參"，配合。《國語·越語下》："夫人事必將與天地相參，然後乃可以成功。"

句意爲：事物有實有名，實爲一，名爲貳，名定而實辨。人所行之事，必將與天時、地利相參乃可成。

"亡亡由也者，或由其避，或由其不進，或由其可"：

"亡由"，同"無由"。沒有門徑，沒有辦法。《儀禮·士相見禮》："某也願見，無由達。"鄭玄注："無由達，言久無因緣以自達也。"

"避"，回避，躲避。《玉篇·辵部》："避，回避也。"《孫子·虛實》："兵之形，避實而擊虛。"

"不進"，猶不送會禮之財。《漢書·高帝紀》："主進。"顏師古注："進者，會禮之財也。"

"可"，不可之省。《書·堯典》："嶽曰：'異哉！試可乃已'"孫星衍疏："可，讀爲叵，如'不可'急讀。"

句意爲：連沒有門徑的門徑也沒有，或者因其有意回避，或者因其不願送會禮之財，或者因其不可。（不然，總該是有辦法的。）

"亡非樂者"：

沒有不樂於順應天命的。《禮記·哀公問》："不能安土，不能樂天；不能樂天，不能成其身。"鄭玄注："不能樂天，不知己過而怨天也。"《孟子·梁惠王下》："惟仁者爲能以大事小……以大事小者，樂天者也。"趙岐注："聖人樂行天道，如天無不覆也。"故"無非樂者"。

毋意，毋固，毋我，毋必"：

“毋”，副詞，表示禁止。《論語·子罕》：“子絕四：毋意，毋必，毋固，毋我。”朱熹集註：“絕，無之盡者。毋，《史記》作‘無’是也。意，私意也。必，期必也。固，執滯也。我，私己也。”

句意爲：君子應禁絕私意，不要執滯，不要私己，不要期必。

五

強之尌也，強取之也，3·46 卯則難①犯也。3·45

人之性非與止乎，其3·57 序②依物以情行之者，3·44 莫得善其所。3·47

志於道，據於德，依於3·50 仁，遊於藝。③3·51

思亡彊，思亡其，思亡幻④，思3·48 亡不由我者。3·49

善曰過義，義曰過善⑤，賢3·52 者唯其止也以異。3·53

有⑥物以曰物有理，而3·18 地能均之生之者，才畢⑦。3·19

叟⑧沿⑨舜⑩不逮，從一道。1·75

【注】

① 依裘按讀爲“難”。

② 依裘按讀爲“序”。

③ 從廖名春《荊門郭店楚簡與先秦儒學》一文所引。

④ 此字簡文左邊是一個“幺”，不是“糸”，右邊爲“丁”，其餘爲羨劃，疑當讀爲“幻”。

⑤ 從上下文看，此處“我”似當讀爲“義”。

⑥“有物以曰”之“有”，簡文殘去，現根據上下文補出。

⑦ 此字簡文釋文讀爲“早”，上從“田”，疑爲“畢”字。

⑧ 此字簡文釋文讀爲“者”，下部從“又”，疑爲“叟”字。

⑨ 查簡文此字形體，疑爲“迨”。

⑩ 此字簡文的寫法疑爲“舜”字的又一種異體。

【釋】

此章言志於道，據於德，依於仁，遊於藝。

“強之尌也，強取之也，卯則難犯也”：

“尌”，同“樹”，《說文》：“尌，立也。”段玉裁注：“今字通用樹爲之，樹行而尌廢矣。《周禮》注多用尌字。”“強之尌”猶“強之立”。《禮記·學記》：“九年知類通達，強立而不反，謂之大成。”鄭玄注：“強立，臨事不惑也。”孔穎達疏：“強立謂專強獨立，不有疑滯。”。

“強取”，以強力奪取。

“卯”，《說文》：“卯，冒也。”通”懋”，勉力。卯、冒、懋，古音同爲明紐幽部，音同可通假。《書·康誥》：“我西土惟時怙冒，聞於上帝。”“冒”，謂勉力不怠。

“犯”，侵犯。《國語·晉語八》：“忠不可暴，信不可犯。”韋昭注：

“犯，陵也。”

句意爲：專強獨立，與強力奪取並無多大差別，只有勉力不怠，才無人敢侵犯。

“人之性非與止乎，其序依物以情行之者，莫得善其所”：

“止”，《廣韻·止韻》：“止，停也。”《韓詩外傳》卷九：“樹欲靜而風不止。”

“序”，端緒。《漢書·韋賢傳》：“楚王夢亦有其序。”顏師古注“序，緒也，謂端緒也。”

“依”，依照，遵循。

句意爲：人之性沒有停止活動的時候，其端緒遵循事物的變化規律，不斷地外發而爲情，並以情的形式表現出來，沒有可以結束的時候。

志於道，據於德，依於仁，游於藝”：

《論語·述而》：“子曰‘志於道，據於德，依於仁，游於藝。’”朱熹集註：“志者，心之所之之謂。道，則人倫日用之間所當行者是也。知此而心必之焉，則所適者正，無他歧之惑矣。據者，執守之意。德者，得也，得其道於心而不失之謂也。得之於心而守之不失，則終始惟一，而有日新之功矣。依者，不違之謂。仁，則私欲盡去而心德之全也。功夫至此而終食之違，則存養之熟，無適而非天理之流行矣。遊者，玩物適情之謂。藝，則禮樂之文，射、御、書、數之法，皆至理所寓，而日用之不可闕者也。朝夕遊焉，以博其義理之趣，則應務有餘，而心亦無所放矣。”

“思亡彊，思亡其，思亡幻，思亡不由我者”：

“思”，道德完備。《書·堯典》：“欽明文思安安。”陸德明釋文引馬融曰：“道德純備謂之思。”

“彊”，同“疆”。《集韻·陽韻》：“畺，《說文》：‘界也。’或作疆、彊。”《樂府詩集·郊廟歌辭·康王歌》：“嚴恭敬禮，永錫無彊。”

“其”，同“期”。《呂氏春秋·慎行》：“君子計行慮義，小人計行其利，乃不利。”陳奇猷校釋引陶鴻慶曰：“其借爲期。”

“幻”，惑亂。《說文》：“幻，相詐惑也。”《書·無逸》：“民無或胥譸張爲幻。”孔傳：“下民無有相欺誑幻惑也。”

句意爲：道德純備而無疆，道德純備而無期，道德純備而無幻，道德純備無不由己身的修養所決定。

“善曰過義，義曰過善，賢者唯其止也以異”：

“善”，友好，親善。《左傳·隱公六年》：“親仁善鄰，國之寶也。”又，“善”，善言，善行。《左傳·襄公三十一年》：“其所善者，吾則行之；其所惡者，吾則改之。”

“義”，社會倫理的基本原則。《禮記·祭統》：“夫義者所以濟志也，諸德之發也。”又，“義”，義舉，爲義而佈施。《左傳·昭公三十一年》：是故君動則思禮，行則思義，不爲利回，不爲義疚。”洪亮吉詁：“按，義亦利也，古訓義利通。”

“過”，超過。“曰”，語助詞，沒有實在意義。

“止”，通“之”，指示代詞。

“異”，《說文》：“異，分也。”

句意爲：善、義，有時候善超過義，有時候義超過善。賢者就“善”、“義”所表現的不同情況，而將它們分開。當“善”表示“親仁善鄰”的社會倫理原則時，“善超過義”；當義“所義濟志也”而作爲社會倫理“諸德之發也”時，“義超過善”。這便是“善”、“義”之異。

“有物以曰物有理，而地能均之生之者，才畢”：

“以”，用，使用。《書・梓材》：“以厥庶民。”孔傳：“言當用其眾人之賢者與其小臣之良者。”孔穎達疏。“以，用也。”《論語・微子》：“君子不施其親，不使大臣怨乎不以。”何晏集解：“孔曰：‘以，用也。’”朱熹集註：“大臣非其人則去之，在其位則不可不用。”“物有理”，事物有客觀規律性。

“理”，道理、規律性。

“均”，《說文》：“均，平也。”“地能均之”，地能使其所陳列之物都具有各自的客觀規律性。《易・乾・文言》：“子曰：‘……聖人作而萬物睹。本乎天者親上，本乎地者親下。則各從其類也。’”

“才”，通“裁”。裁決。

“畢”，終了。

句意爲：“物能爲其所用，是因爲物有其理；地能使所陳列之物均之生之，並對其能否發揮作用作最後的裁決。

“叟迠舜不逮，從一道”：

“迠”，音眼。行。《玉篇・辵部》：“迠，行也。”

“舜”，一種蔓生植物。

“逮”，及，及至。《書・費誓》：“峙乃糗糧，無敢不逮。”孔傳：“皆當儲峙汝糗糒之糧，使足食無敢不相逮及。”

“一道”，同一道理。《漢書・董仲舒傳》：“道之大原出於一天，天不變，道亦不變，是以禹繼舜，舜繼堯，三聖相受而守一道。”

句意爲：長老行周遍而不逮及，然矢志不渝，從一道也。

六

人亡能爲，1.83 義亡能爲也。1.53

節，度者也。①1.97

食與色與疾，1.10 止之。1.111

唬與容與夫其行者。1.109

埅②由敬作。1.95

【注】

① 依裘按讀爲“節”、“度”。

②疑簡文此字從土，此聲。《字彙補．土部》：“坒，與垄同。”《龍龕手鑒．土部》：“垄”，俗字作“坒”。《說文》：“埅，古文垄。”

【釋】

此章言人（仁），義亡能爲也。

“人亡能爲，義亡能爲也”：

“人”，通“仁”。仁愛，憐憫。《呂氏春秋．舉難》：“故君子責人則以人，責己則以義。”俞樾平議：“下人字當讀爲仁。責人則以人，與下文自責則以義正相對。”“人”、“仁”，古音同爲日紐真部，音同可通假。

“能爲”，意爲“有所爲”。語出《左傳．隱公四年》：“老夫耄矣，無能爲也。”後用作能“有所爲”或“有所作爲”之意。《史記．平原君虞卿列傳》：“則是王失之於齊而取償於秦也，而齊趙之深讎可以報矣，而示天下有能爲也。”

“亡”，通“毋”，表示禁止。

句意爲：仁者愛人，不能有所作爲而爲之；義者親友，亦不能有所爲而爲之。有所爲而爲，既非仁，亦非義。

“節，度者也”：

“節”，節操。《論語．泰伯》：“曾子曰：‘可以託六尺之孤，可以寄百里之命，臨大節而不可奪也。君子人與？君子人也。”

“度”，《字彙．廣部》：“度，法也，則也。”《墨子．節葬》：“仁者之爲天下度也，辟之，無以異乎孝子之爲親度也。”

句意爲：君子之節操，能爲天下之度也。

“食與色與疾，止之”：

“食”，飯菜、肴饌。《周禮．天官．膳夫》：“掌王之食飲膳羞。”鄭玄注：“食，飯也。”

“色”，女色。指美貌的女性。《書．五子之歌》：“內作色荒，外作禽荒。”孔傳：“色，女色。”《孟子．告子上》：“告子曰：‘食、色，性也。’”朱熹集註：“告子以人之知覺運動者爲性，故言人之甘食悅色者即其性。”

“疾”，嫉妒。《篇海類編．人事類．疒部》：“疾”，嫉，古音同爲從紐質部，可通假。

“止”，禁止。《左傳．桓公六年》：“少師歸，請追楚師，隨侯將許之，季梁止之。”

句意爲：甘其食，悅其色，嫉其美，雖是人性之使然，但過之則有害，故應“止之”。

“唬與容與，夫其行者”：

“唬”，同“虎”，借爲“謼”，亦作“呼”，大聲叫號。虎、謼、乎，古音同爲曉紐、魚部，音同可通假。《詩・大雅・蕩》：“式號式呼，俾晝作夜。”《漢書・賈山傳》：“一夫大謼，天下回應者，陳勝是也。”

“容與”，猶從容。《楚辭・九歌・湘夫人》：“時不可兮驟得，聊逍遙兮容與。”朱熹集注：“逍遙、容與，皆遊戲閒暇之意。”《後漢書・馮衍傳下》：“意斟愖而不澹兮，俟回風而容與。”李賢注：“容與，猶從容也。”

“夫”，大丈夫。對男子的美稱。《左傳・宣公十二年》：“且成師以出，聞敵彊而退，非夫也。”杜預注：“非丈夫。”

“其”，結構助詞。“行”，行爲。《周禮・地官・師氏》：“敏德以爲行本。”

句意爲：敢於大聲叫號，又能從容不迫，是大丈夫的行爲。

“堲由敬作”：

“堲”，音及。借爲“疾”。憎惡。《說文》：“堲，古文垐，從土即。《虞書》曰：‘龍，朕堲讒說殄行。’堲，疾惡也。”《書・舜典》：“朕堲讒說殄行。”孔傳：“言我疾讒說絕君子之行。”《舊唐書・文苑傳下・唐次》：“昔虞舜有堲讒之命，我皇修辨謗之書，千古一心，同垂至理。”

“敬”，慎重。《書・康誥》：“敬明乃罰。”孔傳：“凡行刑罰，汝必敬明之，欲其重慎。”《論語・子路》：“居處恭，執事敬，與人忠。”邢昺疏：“居處恭謹，執事敬慎，忠以與人也。”

句意爲：憎惡之行由敬慎而作。

七

決與信，器也；各以譮①，1·107 詞毀也。1·108

缺生乎未得也。1·91

悚者，亡有自來也。1·99

兼行則治②者中。3·33

交行則治者外③。3·34

多好④者，亡好者也。1·89

得者樂，失者哀。3·59

數，不盡也。⑤1·90

慟，哀也。三慟，度也⑥。3·41

悲乍⑦其所也，亡非是1.73 之弗也。1·74

【注】

① 以裘按讀爲"譮"。

② 此字與《語叢三》26簡同，依裘按讀爲"治"。

③“治者外”三字，簡文殘去，依上下文補出。

④ 依裘按讀爲“好”，下同。

⑤ 依裘按讀爲“數，不盡也。”

⑥ 依裘按讀爲“慟，哀也。三慟，度也。”

⑦ 此字疑當讀爲“乍”。

【釋】

此章言缺生乎未得也。

“決與信，器也；各以詹，詞毀也”：

“決”，借爲“玦”，有缺口的佩玉。決、訣、玦，古音同爲見紐月部，可通假。玦，常用來象徵裁決、決斷權；因爲有“缺”，也用作與人斷絕關係的象徵物品。《廣韻·屑韻》：“玦，佩如環而有缺。逐臣賜玦，義取與之訣別也。”《荀子·大略》：“絕人以玦，反絕以環。”

“信”，符契，憑證。《正字通·人部》：“符契曰信。”《墨子·號令》：“大將使人行，守操信符。信不合及號不相應者，伯長以上輒止之。”《後漢書·烏桓鮮卑傳》：“大人有所召呼，則刻木爲信，雖無文字，而部眾不敢違也。”

“器”，器物，古代用以標誌名位、爵號的器物稱之爲器。《左傳·成公二年》：“唯器與名，不可以假人。”

“各”，《說文》“各，異辭也。……有行而止之，不相聽也。”《書·盤庚上》：“自今至於後日，各恭爾事。”蔡沈集傳：“自今以往，各做汝事。”

“詹”，《說文》：“詹，多言也。”《莊子·齊物論》：“大言炎炎，小言詹詹。”成玄英疏：“詹詹，詞費也。”

“毀”，廢棄。

句意爲：決與信是有象徵意義的器物，雖無文字卻使人不敢違。異辭不相聽而多言費詞，無人聽從，猶如詞毀也。

“缺生乎未得也”：

“缺”，缺陷，過失。《篇海類編·器用類·缶部》：“缺，玷也。”《書·君牙》：“啓佑我後人，咸以正，罔缺。”孔傳：“開助我後嗣，皆以正道，無邪缺。”

“得”，得到，獲得。《說文》：“得，行有所得也。”《易·乾·文言》：“知得而不知喪。”得，得到，猶取得勝利；喪，失去，猶失敗。得，可指獲得具體的物，也可指思想收穫，或指認識水平的提高。“未得”，尙未獲得。

句意爲：人之邪缺產生於尙未獲得對某種事物的認識的過程中。

“怵，亡有自來也”：

“怵”，音求。同“惥”，怨恨。《集韻·尤韻》：“惥，或作惥。”《說文》：“惥，怨惥也。”

“自來”，所以來，由來。《左傳·昭公元年》：“叔出季處，有自來矣，吾又誰怨？”杜預注：“季孫守國，叔孫出使，所從來久，今遇此戮，無所怨也。”

句意爲：人之怨恨的產生，往往是沒有什麼由來的，或者說不出什麼由來的。

“兼行則治者中，交行則治者外”：

"兼"同時具有或涉及幾種事物或一種事物的若干方面。《易·繫辭下》："《易》之爲書也，廣大悉備。……兼三材而兩之，故六。"《孟子·公孫丑上》："宰我，子貢善爲說辭，冉牛，閔子、顏淵善言德行。孔子兼之。"

"交"，交替、更替。《京氏易傳·震》："震分陰陽，交互用事。"

"行"，行爲，德行。《周禮·地官·師氏》："敏德以爲行本。"鄭玄注："德行，內外之稱，在心爲德，施之爲行。""兼行"，德行完備。"交行"，德行交互。

句意爲：德行完備而治者，使人心悅誠服，德行交互而治者，只能使人表面服從。

"多好者，亡好者也"：

句意爲：一個人愛好廣泛（多），實際上是沒有什麼愛好（亡好者）。

得者樂，失者哀"：

"得"，得到。與"失"相對。《易·乾》："上九：亢龍有悔。"《易·乾·文言》："'亢'之爲言也，知進而不知退，知存而不知亡，知得而不知喪。其唯聖人乎！知進退存亡而不失其正者，其唯人乎！"

句意爲：一般人不知道有得必有失的相互關係，"知得而不知喪（失）"，所以"得者樂，失者哀"。

"數，不盡也"：

"數"，自然之數。《荀子·天論》："所志於四時者，已其見數之可以事者矣。"楊倞注："數謂春作、夏長、秋斂、冬藏必然之數也。"《後漢書·李固傳》："夫窮高則危，大滿則溢，月盈則缺，日中則移，凡此四者，自然之數也。"

句意爲：反映大自然規律的自然之數，是沒有窮盡的。

慟，哀也。三慟，度也”：

“慟”，大哭。《說文新附·心部》：“慟，大哭也。”《玉篇·心部》：“慟，哀也。”《論語·先進》：“顏淵死，子哭之慟。”何晏注引馬融曰：“慟，哀過也。”“三慟”，三次大哭。意同“三號”。《禮記·喪大記》：“北面三號，捲衣投於前。”孔穎達疏：“三號，號呼之聲三遍也。”陳澔集說：“三號者，一號於上，冀魂自天而來；一號於下，冀魂自地而來；一號於中，冀魂自天地四方之間而來。”

“度”，法度。《書·太甲中》：“欲敗度，縱敗禮。”孔穎達疏：“准法爲之度。”蔡沈集傳：“多欲則興作而亂法度，縱肆則放蕩而隳禮儀。”

句意爲：大哭是悲哀，三次大哭是喪禮所規定之度，不能不遵守。

“悲乍其所也，亡非是之弗也”：

“悲”，哀憐，憐憫。《史記·扁鵲倉公列傳》：“書聞，上悲其意，此歲中亦除肉刑法。”

“乍”，同“作”。《集韻·鐸韻》：“作，《說文》：‘起也。’亦省。”《墨子·兼愛下》：“文王若日若月，乍照於四方，於西土。”孫詒讓閑詁引孫星衍云：“乍，古與作通。”“非是”，以非爲是。《荀子·修身》：“非是是非謂之愚。”楊倞注：“以非爲是，以是爲非，則謂之愚。”

“弗”，矯正。段玉裁《說文解字注》：“弗，矯也。”徐灝箋：“凡馳弓則以兩弓相背而縛之，以正枉戾，所謂矯也，矯謂之弗。”

句意爲：對人之哀憐，要起得其所，只有起得其所，才沒有以非爲是的事情需要矯正。

八

凡物由望生。1·104 物各止於其所，我行1·105 皆有之。1·106

凡有血氣者，皆有喜1·45 有怒，有慎有莊①；其禮1·46 有容有色，有聲有嗅1·47 有味，有氣有志。凡物1·48 有笨② 有卯，有終有始。1·44

容色，目司③也。聲，耳司1·50 也。嗅，鼻④司也。味，口司1·51 也。氣，容司也。志，心之司。1·52

【注】

① 簡文此字從心，爿羊聲，疑爲“莊重”之“莊”。

② 簡文此字上部是“本”字，表聲；下部似“竹”，又似二“蟲”，表形。疑此字應讀爲“笨”。

③ 依裘按讀爲“司”，下同。

④ 依裘按讀爲“鼻”。

【釋】

此章言物各止於其所，我行皆有之。

“凡物由望生。物各止於其所，我行皆有之”：

“望”，通“妄”，意爲“無”。望、妄、亡，古音同爲明紐陽部，音同，可通假。《集韻·陽部》：“妄，無也。”《禮記·儒行》：“今眾人命儒也妄常，以儒相詬病。”鄭玄注：“妄之言無也，言今世名儒無有常。”

“止”，居處。《詩·商頌·玄鳥》：“邦畿千里，維民所止。”鄭玄箋：“止，猶居也。”

“所”，位置。《左傳·襄公二十三年》：“爲人子者，患不孝，不患無所。”杜預注：“所，位處。”

“我”，通“俄”，俄頃。我、俄、古音同爲疑紐歌部，音同，可通假。《說文》：“我，頃頓也。”段玉裁注：“古文以我爲俄也。”

“之”，往。《爾雅·釋詁上》：“之，往也。”《詩·鄘風·載馳》：“百爾所思，不如我所之。”

句意爲：凡物之生，由隱而顯，由微而著。物都有各自的居處位置，俄頃而行都有各自去的方向。

“凡有血氣者，皆有喜怒，有慎有莊”：

“血氣”，氣質、感情。《荀子·非相》：“今世俗之亂君，鄉曲之儇子，莫不美麗姚冶，奇衣婦飾，血氣態度，擬於女子。”

“慎”，憂懼。《廣雅·釋詁一》：“慎，憂也。”又《釋詁四》：“慎，恐也。”

“莊”，恭敬。《集韻·陽韻》：“莊，恭也。”《玉篇·艸部》：“莊，敬也。”

句意爲：人只要有感情，都有喜有怒，有憂懼有恭敬。

“其禮有容有色，有聲有嗅有味，有氣有志”：

“禮”，禮遇，以禮相待。《禮記·月令》：“（季春之月）聘名士，禮賢者。”《孟子・滕文公上》：“是故賢君必恭儉禮下。”

“有容”，待人從容。《荀子・不苟》：“柔從而不流，恭敬謹慎而容。”王念孫雜志：“容之言裕也，言君子敬慎而不局促，綽綽有裕也。”

“有色”，待人和顏悅色。《說文》：“色，顏色也。”段玉裁注：“顏者，而眉之間也。心達於氣，氣達於眉間，是之謂色。”“有聲”，說話不出惡聲。《鬼谷子・反應》：“以無形求有聲。”陶宏景注：“聲，即言也。”《史記・樂毅傳》：“臣聞古之君子，交絕不出惡聲。”

“有嗅”，以香花娛客。嗅，用鼻子辨別氣味。嗅，同“齅”，《說文》：“齅，以就臭也。”《莊子・人間世》：“嗅之，則使人狂醒，三日而不已。”蘇軾《次韻子由所居六詠》：“何以娛醉客，時嗅砌下花。”

“有味”，以異味待客。味，菜肴。異味，異常的美味。《左傳・宣公四年》：“子公之食指動，以示子家曰：‘他日我如此，必嘗異味。’”

“有氣”，神氣飽滿。《呂氏春秋・決勝》：“有氣則實，實則勇；無氣則虛，虛則怯。”陳奇猷校釋：“所謂氣者，殆爲神氣飽滿之意。”

“有志”，有志氣。《禮記・禮運》：“孔子曰：‘大道之行也，與三代之英，丘未之逮也，而有志焉。”

句意爲：人之對人應以禮遇，從容，和顏悅色，說話不出惡聲，以香花娛客，以異味待客，要神氣飽滿，有志氣。

“凡物有笨有卯，有終有始”：

“笨”，《說文》：“笨，竹裡也。”朱駿聲說文通訓定聲：“笨，謂中之白質者也。”此處借“笨”表示事物的內容和實質。

“卯”，《說文》：“卯，冒也。二月萬物冒地而出，象開門之形。”此處借“卯”表示事的出現和表現形式。

句意爲：所有事物都有自己的實質內容和呈現在人們面前的表現形式，都有各自的終結和開始。

“容色，目司也。聲，耳司也。嗅，鼻司也。味，口司也，氣，容司也。志，心之司”：

“容色”，容顏神色。《論語·鄉黨》：“享禮，有容色。”朱熹集註：“有容色，和也。”劉寶楠正義：“謂顏色舒解。”“容司也”之“容”，代指心胸。《說文》：“容，盛也。”《書·泰誓》：“其心休休焉其如有容。”孫星衍疏：“其心休美寬大，如有所容納也。”容納是休美寬大的心胸的功能，此處以其功能代指本體。

“氣”，氣息。呼吸出入之氣。

“志”，意念，心情。《說文》：“志，意也。”《禮記·曲禮上》：“志不可滿，樂不可極。”孔穎達疏：“六情遍睹，在心未見爲志。”

“司”，主管。《廣雅·釋詁三》：“司，主也。”《詩·鄭風·羔裘》：“彼其之子，邦之司直。”毛傳：“司，主也。”《孟子·告子上》：“耳目之官不思，而蔽於物。”朱熹集註：“官之爲言司也。耳司聽，目司視，各有所職而不能思，是以蔽於外物。”

句意爲：容顏神色（察顏觀色），由目所司。聲音（聽聲音），由耳所司。辨別氣味，由鼻所司。美味（品嘗美味），由口所司。氣息出入，由心胸所司。意念，由心（思維器官）所司。

父子兄弟

按：本篇爲《郭店楚墓竹簡‧語叢一、三》下篇，存簡96枚（《語叢一》56枚，《語叢三》40枚），590字，補24字，凡614字。分爲八章。第1章（《語叢一》第55—58簡、第69—70簡、第80—81簡、第87—88簡，《語叢三》第6—8簡、第40簡、第61—62簡）言父孝子愛非有爲也。第2章（《語叢三》第1—5簡、第9—16簡）言父亡惡君猶父也。第3章（《語叢一》第76—79簡、第82簡、第92—94簡、第98簡，《語叢三》第22—25簡、第35—37簡、第39簡）言孝其父有孝有尊。第4章（《語叢一》第36—41簡、第44簡）言《詩》、《書》、《易》、《春秋》之義。第5章（《語叢一》第21簡、第24—27簡、第30簡、第33—35簡，《語叢三》第20—21簡）言知禮而後知行。第6章（《語叢一》第31簡、第42—43簡、第102—103簡，《語叢三》第54簡）言凡同者通。第7章（《語叢一》第28簡、第32簡、第54簡、第65—66簡、第68簡、第84—86簡、第100簡，《語叢三》第38簡、第55簡、第60簡、第63簡）言察天道以化民氣。第8章（《語叢一》第59簡、第60—61簡、第67簡、第101簡、第112簡，《語叢三》第28—32簡、第56簡）言權可去可徙。

本篇原無篇題，現據“父子至上下也，兄弟至先後也”兩句，摘取“父子”“兄弟”四字，以“父子兄弟”爲篇題。

一

父子，至上下也。1·69 兄弟，至①先後也。1·70

父孝子愛，非有爲也；3·8 爲孝，此非孝也；爲弟，1·55 此非弟也。不可爲也，1·56 而不可不爲也；爲之 1·57 此非也；弗爲，此非也。1·58

友，君臣之道也。長弟，孝 3·6 之方也。3·7

長弟，親道也。友君臣，1·80 毋②親也。1·81

愛親則其方愛人。3·40

君臣、朋友，其擇者也。1·87

賓客，清廟之序③也。1·88

行盡④此友矣，3·62 孝。3·60

【注】

① 釋文是《郭店楚墓竹簡·語叢一、語叢三》的第二次拼接，下標的“1·69”、“3·8”等分別爲《語叢一》、《語叢三》的竹簡序號。“至”，竹簡殘去，由《郭店楚墓竹簡》整理者補出。

② 此字當以簡文讀“毋”。

③ 此字疑讀爲“序”。

④ 簡文此字疑讀爲“盡”。

【釋】

此章言父孝子愛非有爲也。

“父子，至上下也。兄弟，至先後也”：

“至”，及，達到。劉淇《助字辨略》：“至，猶及也。”《玉篇·至部》：“至，達也。”

“父子”，父親和兒子。有父然後有子，父親居上位，兒子居下位。《詩·小雅·蓼莪》：“父兮生我，母兮鞠我。拊我畜我，長我育我。顧我復我，出我腹我。欲報之德，昊天罔極。”

“兄弟”，哥哥和弟弟。先有兄後有弟，兄與弟同爲父之子，只有出生先後、年齡長幼之別。《爾雅·釋親》：“男子先生爲兄，後生爲弟。”《詩·小雅·常棣》：“凡今之人，莫如兄弟。”鄭玄箋：“人之恩親，無如兄弟之最厚。”

“父孝子愛，非有爲也；爲孝，此非孝也；爲弟，此非弟也。不可爲也，而不可不爲也；爲之，此非也；弗爲，此非也”：

“父孝”，像善事父母一樣善事所有長輩。“孝”，《爾雅·釋訓》：“善父母爲孝。”

“子愛”，像珍愛兒子一樣珍愛所有晚輩。“愛”，對人或事物懷有很深的感情。《論語·學而》：“節用而愛人，使民以時。”《孟子·離婁下》“仁者愛人。”

“有爲”，有所爲。爲，取，謀求。《孟子·盡心上》：“雞鳴而起，孳孳爲利者，蹠之徒也。”《荀子·王霸》：“將以爲樂，乃得憂焉；將以爲安，乃得危焉；將以爲福，乃得死亡焉，豈不哀哉！”

“弟”，同“悌”，敬順兄長。《論語·學而》：“其爲人也孝弟。”邢昺疏：“孝于父母，順于兄長。”《荀子·修身》：“端愨順弟，則可謂善少者矣。”楊倞注：“弟與悌同”。

"不可爲"，不應該做。"不可不爲"，非做不可。"而"，連詞，表並列，猶"又"。"不可爲也，而不可不爲也"，意思是"（君子有）不可爲也，又（有）不可不爲也"。

句意爲：像善事父母一樣善事長輩，像珍愛兒子一樣珍愛所有晚輩，不能有所爲（有謀求達到某種目的的私心）；有所爲而善事長輩，這不是真正的"孝"，有所爲而敬順兄長，這不是真正的"悌"。君子有不可爲也，又有不可不爲也；不應該做而硬要去做，這是錯誤的；非做不可而又不去做，這也是錯誤的。

"友，君臣之道也。長弟，孝之方也"：

"友"，志趣相同，彼此交好的人。《周禮·地官·大司徒》："聯朋友。"鄭玄注："同師曰朋，同志曰友。"《詩·大雅·雲漢》："旱既大甚，散無友紀。"鄭玄箋："人君以群臣爲友，散無綱紀者，凶年祿餼不足，人無賞賜也。"

"長弟"，亦作"長悌"。尊長愛幼。《國語·吳語》："將不長弟，以力征一二兄弟之國。"又《齊語》："於子之鄉，有不慈孝于父母，不長悌於鄉里，驕躁淫暴，不用上令者，有則以告。"

"方"，《廣雅·釋詁三》："方，類也。"《禮記·緇衣》："故君子之朋友有鄉，其惡有方。"鄭玄注："鄉、方，喻輩類也。"

句意爲：友群臣爲君臣之道。尊長愛幼爲孝的重要內容。

"長弟，親道也。友君臣，毋親也"：

"親"，猶"親親"、"愛親"。敬父母、尊長、愛幼。

"毋"，《說文》："毋，止之也。""毋親"，不要親親而棄賢。《詩·小雅·伐木序》："親親以睦友，友賢不棄，不遺故舊，則民德歸厚矣。"孔穎達疏："既能內親其親以使和睦，又能外友其賢而不棄，不遺忘久故之恩舊而燕樂之。"

句意爲：尊長愛幼是親親之道。友君臣就是不要親親而棄賢。

"愛親則其方愛人"：

"愛人"，愛護百姓，友愛他人。《孝經・天子》："愛親者不敢惡於人，敬親者不敢慢於人。"不敬父母，不尊長愛幼，豈能愛人？故曰"愛親則其方愛人"。

"君臣、朋友，其擇者也"：

"擇"，選擇，挑選。《荀子・君道》："必謹志之而慎自爲擇取焉。"爲君者，政不可不慎，第一要務是擇人；爲臣者，任重而道遠，必擇善而從；朋友之間在於志同道合，必慎重擇交。只有通過慎重選擇之後，才可以爲君臣、爲朋友，故曰"君臣、朋友，其擇者也"。

"賓客，清廟之序也"：

"賓客"，春秋戰國時稱各諸侯國的使者爲賓客。段玉裁《說文解字注・宀部》："諸侯謂之大賓，其孤卿謂之大客。《司儀》曰：諸公諸侯諸伯諸子諸男相爲賓，諸公之臣、侯伯子男之臣相爲客是也。"《周禮・秋官・大行人》："大行人掌大賓之禮及大客之儀，以親諸侯。"鄭玄注："大賓要服以內諸侯，大客謂其孤卿。"《周禮・秋官・司儀》："凡諸伯子男之臣，以其國之爵相爲客而相禮。"

"清廟"，即"太廟"，帝王的宗廟。《詩・周頌・清廟》："於穆清廟，肅雍顯相。"

"序"，依次序排列。《詩・大雅・行葦》："序賓以賢。"毛傳："言賓客次第皆賢。"

句意爲：各諸侯國的使者都是兄弟，在太廟以賓客排列序其賢。"

"行盡此友矣，孝"：

"行"，做，從事某種活動。《書．湯誓》："非台小子，敢行稱亂，有夏多罪，天命殛之。"《國語．周語上》："口之宣言也，善敗於是乎興，行善而備敗，其所以阜財用、衣食者也。"

"盡"，達到極限或使之達到極限。《論語．八佾》："子謂《韶》'盡美矣，又盡善也。'謂《武》'盡美矣，未盡善也。'"

"友"，親善，友愛。《廣雅．釋詁三》："友，親也。"

"孝"，對尊親敬老等善德的通稱。《孝經．天子》："愛親者不敢惡於人，敬親者不敢慢於人，愛親盡於事親，而德教加於百姓，形於四海，蓋天子之孝也。"

句意爲：君子之行若能盡此親善便能愛親盡於事親，而德加於百姓，形於四海。

二

父亡惡，君猶父也；其弗惡3．1也，猶三軍之旃①也，正也。所3．2以異於父，君臣不相在也，3．3則可已；不悅，可去也；不3．4義而加諸己，弗愛也。3．5

與爲義者遊，益。與莊3．9者處，益。起②習序③章，益。3．10與亂④者處，損。與不好3．11學⑤者遊，損。處而亡躐⑥3．12習也，損。自示其所能，損。3．13自示其所不足⑦，益。遊3．14覓⑧，益。縱志，益。在心，益。3．15所不

行，益。必⑨行，損。3·16

【注】

① 簡文此字從於省，井聲，井與丹形近，疑讀爲“旃”。

②簡文從辵，已聲（口爲羨劃），疑讀爲“起”。

③ 此字疑讀爲“序”。

④ 此字疑讀爲“亂”。

⑤ 此字簡文作“教”，從裘按讀爲“學”。

⑥ 此字劉釗認爲疑讀爲“躐”，今從。

⑦ 此字簡文作“族”，從劉釗考，讀爲“足”。

⑧ 此字簡文從心，冞聲（艸爲羨劃），疑借爲“覓”。冞，音密，從米得聲。米，古音明紐脂部；覓，古音明紐錫部。米、覓古音同爲明紐，脂、錫主要母音相同，可通轉，音近可通假。今音冞、覓音同。

⑨ 此字簡文從才從匕，匕亦聲，疑讀爲“必”字。匕、必古音同爲幫紐，匕在脂部，必在質部，可對轉。

【釋】

此章言父亡惡，君猶父也。

“父亡惡，君猶父也；其弗惡也，猶三軍之旃也，正也”：

“亡惡”，同“無惡”，不憎恨。《詩·周頌·振鷺》：“在彼無惡，在此無斁。”朱熹集傳引陳氏曰：“在彼不以我革其命而有惡於我，知天命無常，惟德是與，其心服也。在我不以彼墜其命而有厭於彼，崇德象賢，統承先王，忠厚之至也。”

“弗”，不。“弗惡”，同“不惡”。不惡，不爲惡聲厲色。《易·遁·象》：“君子以遠小人，不惡而嚴。”程頤傳：“遠小人之道，若以惡聲厲色，適足以致其怨忿，唯在乎矜莊威嚴，使知敬畏。”

“三軍”，軍隊的通稱。《論語·子罕》：“三軍可奪帥也，匹夫不可奪志也。”

“旃”，古代赤色、無飾、曲柄的旗子。《說文》：“旃，旗曲柄也。《周禮》曰：‘通帛爲旃。’”段玉裁注：“《司常職》文，注云：‘通帛謂大赤’從周正色，無飾。”

“正”，使端正。《論語·堯曰》：“君子正其衣冠，尊其瞻視，儼然人望而畏之。”《禮記·曲禮上》：“正爾容，聽必恭。”孔穎達疏：“正，謂矜莊也。”

句意爲：父親對子女，從來就是任勞任怨、毫無憎恨，爲君者應該象父親一樣；君不爲惡聲厲色，如同軍隊的紅旗一般，可以正其軍威。

“所以異于父，君臣不相在也，則可已；不悅，可去也；不義而加諸己，弗受也”：

“在”，存，存在。《論語·學而》：“父在，觀其志；父沒，觀其行。”“相在”，猶相互依存。

“已”，廢棄。《孟子·盡心上》：“於不可已而已者，無所不已。”趙岐注：“已，棄也。”

“悅”，《爾雅·釋詁上》：“悅，樂也。”此處用爲“取悅”、“使人悅”，有討好、逢迎之意。《孟子·盡心上》：“有事君人者，事是君則爲容悅者也。”朱熹集註：“阿殉以爲容，逢迎以爲悅，此鄙夫之事、妾婦之道也。”

"不義"，指不該做的事。《孟子·公孫丑上》："行一不義，殺一不辜而得天下，皆不爲也。"朱熹集註："行一不義，殺一不辜而得天下有所不爲，心之正也。聖人之所以爲聖人，其本根節目之大者，惟在於此。"

句意爲：爲君者其所以不同於父親，是因爲君臣並不相互依存。爲君者不滿意臣子，可以隨意廢棄臣子；臣之事君，若不願討好、逢迎，可以辭官離去；爲君者以不義之事強加給臣子，臣子可以不接受。

"與爲義者遊，益。與莊者處，益。起習序章，益"：

"義"，善。《詩·大雅·文王》："宣昭義問。"朱熹集註："義，善也。""爲義"，猶爲善，行善。

"遊"，交遊，交往。《左傳·隱公三年》："其子厚與州籲遊，禁之，不可。"

"益"，有益。《論語·季氏》："友直，友諒，友多聞，益矣。"朱熹集註："友直，則聞其過。友諒，則進於誠。友多聞，則進於明。"

"莊"，恭敬。《呂氏春秋·孝行》："居處不莊，非孝也。"高誘注："莊，敬也。""莊者"，爲人恭敬誠實的人。

"習"，學習。《禮記·學記》："五年視博習親師，七年視論學取友。"孔穎達疏："博習，謂廣博學習也。"

"起"，起發，發明。《論語·八佾》："子曰：'起予者，商也，始可與言《詩》已矣。'"朱熹集註："起，猶發也。起序，言能起我之志意。""起習"，起發他人學習。

"序"，順。《墨子·非攻下》："還至乎商紂之時，天不序其德。"王念孫《讀書雜志·墨子二》："序，順也。言天不順紂之德。"

"章"，法規，章程。《詩·大雅·抑》："夙興夜寐，灑埽庭內，維民之章。"鄭玄箋："章，文章法度也。"《國語·周語中》："余何敢以私勞變前之大章，以忝天下。”俞樾平議：“大章，猶大法也。”“序章”，猶順法度。

句意爲：與行爲善良的人交往是有益的。與恭敬誠實的人相處是有益的。起發他人學習順法度是有益的。

“與亂者處，損。與不好學者遊，損。處而亡躐習也，損。自示其所能，損”：

“亂”，昏亂，糊塗。《易·萃·象》：“乃亂乃萃，其志亂也。”高亨注：“亂者，神志昏亂也。”

“損”，傷，害。《論語·季氏》：“友便辟，友善柔，友便佞，損矣。”朱熹集註：“便，習熟也。便辟，謂習於威儀而不直。善柔，謂工於媚悅而不諒。便佞，謂習於口語，而無聞見之實。”

“躐”，音列，逾越，超前。《禮記·學記》：“幼者聽而弗問，學不躐等也。”孔穎達疏：“逾越等差。”“躐習”，猶超前學習。“亡躐習”，學習不主動，缺乏自覺性。

句意爲：與神志昏亂的人相處是有害的。與不愛學習的人相處是有害的。獨處而缺乏學習自覺性是有害的。喜歡自誇是有害的。

“自示其所不足，益。遊覓，益。縱志，益。在心，益”：

“示”，《玉篇·示部》：“示者，語也，以事告人曰示也。”“不足”，不充足，不夠。《荀子·禮論》：“斷長續短，損有餘，益不足，達愛敬之文，而滋成行義之美者也。”

“遊”，優游。《禮記·學記》：“未卜禘，不視學，遊其志也。”孔穎達疏：“謂優游縱暇學者之志，不欲急切之故。”

“覓”，尋找，求索。《玉篇·見部》：“覓，索也。”《廣韻·錫部》：“覓，求也。”“游覓”，優游尋覓，有求索之志，無急切之意。

“志”，胸意，心中的意念。《說文》：“志，意也。”《書·舜典》：“詩言志。”《禮記·曲禮上》：“志不可滿，樂不可極。”孔穎達疏：“六情遍睹，在心未見爲志。”“縱志”，松緩胸意。《淮南子·原道訓》：“縱志舒節，以驅大區。”高誘注：“區，宅也。宅謂天也。”

“在”，存，存在。《說文》：“在，存也。”“在心”，存心，用心著意。

句意爲：自己公開承認自己的缺點和不足是有益的。有求索之志而無急切之意是有益的。松緩胸意，注意自我調整，是有益的。用心著意對待一切事情是有益的。

“所不行，益。必行，損”：

“所”，《經傳釋詞》卷九：“所，猶若也，或也。”《詩·鄘風·牆有茨》：“中冓之言，不可道也。所可道也，言之醜也。”朱熹集註：“言其閨中之事，皆忍惡而可言。理或然也。”“所不行”，謂可行或者不行。“所”，表示或然。“必”，一定，必然。《字彙·心部》：“必，定辭。”《詩·齊風·南山》：“取妻如之何？必告父母。”

句意爲：遇事不肯定說行或不行，是有益的。遇事不加考慮就肯定說行是有害的。

三

孝其①父，有親有尊。1·78

厚於仁，薄②於義，親而1·77不尊；薄③於仁，1·82尊而不親。1·79

喪，仁也。義，宜也。愛，仁3·35也。義處之也，禮行之3·36也。3·37

物不備，不成仁。3·39

惡人④者義，然不然。1·76

備之謂聖。1·94

愛善之謂仁。1·92

仁義爲之暱⑤。1·93

仁，厚之端也⑥。3·22

喪，仁之端也。1·98

義，友⑦之端也。3·23 義，德之盡⑧也。3·24 義，善之方也。3·25

【注】

①“孝其”二字簡文殘去，根據上下文補出。

②“厚于仁、薄”四字簡文殘去，參考廖名春先生的意見補出。

③此字簡文釋文讀爲“博”，從上下文看，當讀爲“薄”。

④“惡人”二字簡文殘去，根據上下文補出。

⑤此字簡文從星得聲，疑讀爲“涅”，借爲“暱”。

⑥“端也”二字簡文殘去，根據上下文補出。

⑦“義友”二字簡文殘去，根據上下文補出。

⑧ 此字依裘按讀爲“盡”。

【釋】

此章言孝其父，有親有尊。

“孝其父，有親有尊”：

“孝”，《爾雅·釋訓》：“善父母爲孝。”

“親”，和睦。《書·堯典》：“克明俊德，以親九族。”孔穎達疏：“睦即親也。”

“尊”，尊重。《論語·子張》：“君子尊賢而容眾，嘉善而矜不能。”邢昺疏：“言君子之人見彼賢則尊重之。”

“有”，通“又”。更加。

句意爲：君子能善事其父，便能更加親其親、尊其賢。

厚于仁，薄於義，親而不尊；薄於仁，尊而不親”：

“厚”，看重。“薄”，輕視，看不起。“仁義”，《禮記·曲禮上》：“道德仁義，非禮不成。”孔穎達疏：“仁是施恩及物，義是裁斷合宜。”《孟子·梁惠王上》：“王何必曰利？亦有仁義而已矣。”朱熹集註：“仁者，心之德、愛之理。義者，心之制、事之宜也。”《呂氏春秋·適威》：“古之君民者，仁義以治之，愛利以安之，忠信以導之，務除其災，思致其福。”

句意爲：善治天下者，既不能厚仁薄義，也不能薄仁厚義。厚於仁，薄於義，能親其親而不能尊其賢；薄於仁，能尊其賢而不能親其親。

"喪，仁也。義，宜也。愛，仁也。義處之也，禮行之也"：

"喪"，《說文》："喪，……從哭，從亡，會意。"哀悼失去親人是喪字的本義，哀悼失去親人是"愛親"的特殊表現形式。段玉裁《說文解字注·亡部》："公子重耳自稱身喪，魯昭公自稱喪人，此喪字之本義也。"晉公子重耳出亡，是因爲失去親人，失去社稷，爲此哀悼不已，故自稱身喪；魯昭公自稱喪人，不僅僅是因爲"失守魯國之社稷"，更因爲其"宗廟之在魯也"。《禮記·檀弓下》："喪人無寶，仁親以爲寶。"哀悼失去親人，就是愛親，哀悼他人失去親人，就是愛人，故曰："喪，仁也。"

"義"，《書·康誥》："用其義刑義殺。"孔傳："用舊法典刑宜於時世者以刑殺。"《淮南子·繆稱訓》："義者比於人心，而合於眾適者也。"故曰："義，宜也。"

"愛"，待人或物的深厚真摯感情。《左傳·隱公三年》："父慈子孝，兄愛弟敬。"《論語·學而》："節用而愛人，使民以時。"《孟子·離婁下》："仁者，愛人。"韓愈《原道》："博愛之謂仁。"故曰："愛，仁也。"

"處"，對待。

"行"，做，從事。

"義處之也，禮行之也"，謂待人以義，行事以禮，義和禮是待人、行事的準則。

"物不備，不成仁"：

"物"，《周禮·春官·司常》："雜帛爲物。"王國維《釋物》："古者謂雜帛爲物，蓋由物本雜色牛之名，後推之以名雜帛。"此處以"物"指百物器用。《國語·晉語一》："周旋不動，以違心目，其反爲物用也，何事能治？"韋昭注："爲物用，與百物器用無異也。"所謂"物不備"，指百物器用不充足、不完備，不能滿足民之所需。

“成仁”，成就仁德。《論語·衛靈公》：“志士仁人，無求生以害仁，有殺身以成仁。”

句意爲：君子治民，若不能使民之百物器用完足、完備，就不能成就其仁德。

“惡人者義，然不然”：

“惡人”，憎惡不仁者。《論語·里仁》：“子曰：‘唯仁者能好人，能惡人。’”朱熹集註引游氏曰：“惟仁者無私心，所以能好惡也。”又：“子曰：‘我未見好仁者，惡不仁者。好仁者，無以尙之；惡不仁者，其爲仁矣，不使不仁者加乎其身。’”朱熹集註：“夫子自言未見好仁者、惡不仁者。蓋好仁者真知仁之可好，故天下之物無以加之。惡不仁者真知不仁之可惡，故其所以爲仁者，必能絕去不仁之事，而不使少有及於其身。”朱熹所說的“絕去不仁之事”，就是“義”。把孔夫子的兩段話連起來理解，能好人，就是真知仁之可好，就是仁；能惡人，就是真知不仁之可惡，就是義。

“然”，對，表示肯定。《廣韻·先韻》：“然，是也。”“不然”，不如此。《論語·八佾》：“……子曰：‘不然，獲罪於天，無所禱也。’”邢昺疏：“然，如此也。言我則不如世俗之言也。”“然不然”，意爲肯定對不仁者的否定。

句意爲：能憎惡不仁者就是義，就是對不仁者的否定。

“備之謂聖”：

“備”，齊備。《廣韻·至韻》：“備，具也。”《易·繫辭下》：“《易》之爲書也，廣大悉備，有天道焉，有人道焉，有地道焉。”

“聖”，《書·洪範》：“恭作肅，從作乂，明作哲，聰作謀，睿作聖。”孔傳：“於事無不通謂之聖。”事無不通，必須具備淵博的學識，故曰“備之謂聖。”

"愛善之謂仁"：

"愛"，愛護，關心。《荀子・王制》："故君人者，欲安則莫若平政愛民矣。"《論語・學而》："節用而愛人。"

"善"，友好，親善。《左傳・隱公六年》："親仁善鄰，國之寶也。"

句意爲：愛護百姓、關心他人、友好、親善之謂仁。

"仁義爲之暱"：

"暱"，相親愛之亟。《爾雅・釋詁下》："暱，近也。"郭璞注："暱，親近也。"《爾雅・釋言》："暱，亟也。"王引之述聞："暱，爲相親愛之亟。"

"仁"，仁愛、相親。"義"，友善，正直。《禮記・中庸》："仁者人也，親親爲大；義者宜也，尊賢爲大。"

句意爲：何謂暱？親親尊賢爲之暱。（既親親又尊賢是真正的相親愛之亟。）

"仁，厚之端也"：

"厚"，敦厚，厚道。《書・君陳》："惟民生厚，因物有遷。"孔傳："言人自然之性敦厚。"《論語・學而》："曾子曰：'慎終追遠，民德歸厚矣。"朱熹集註："民德歸厚，謂下民化之，其德亦歸於厚。"

"端"，首，開頭。《禮記・禮運》："故人者，天地之心也，五行之端也。"孔穎達疏："端，猶首也。"

句意爲：仁是民德敦厚的開端。

"喪，仁之端也"：

哀悼失去親人是仁愛的端緒。

"義，友之端也。義，德之盡也。義，善之方也"：

"友"，友愛，親善。"盡"，達到極限或使之達到極限。

句意爲：重信義是友愛親善的開端。尊賢是德行所要求達到的極至。正直是善行之所屬。

四

《詩》所以會古今之志①1·38 也者。1·39

《書》所以會古今之識者也②。1·44

《易》所以會天道人道1·36 也。1·37

《春秋》所以會古今之1·40 事也。1·41

【注】

① 簡文作"恃"，依裘按讀爲"志"。

② 裘按：此條可能是關於《書》的殘簡。考查《語叢一》圖版，第44簡與第39、41簡同，殘去的部分無字，當是第44簡前散佚一簡，現根據上下文補出"書所以會古今之識"八字。

【釋】

此章言《詩》、《書》、《易》、《春秋》之義。

"《詩》所以會古今之志也者"：

"會"，會集。《廣雅·釋詁三》："會，聚也。"《爾雅·釋詁上》："會，合也。"《書·洪範》："會其有極，歸其有極。"孔穎達疏："集會其有中之道而行之。"

"志"，情志。《書·舜典》："詩言志，歌永言。"

句意爲：《詩》是用來會集古今的情志的。

"《書》所以會古今之識者也"：

"識"，記識。《玉篇·言部》："識，記也。"《易·大畜·象》："天在山中，大畜。君子以多識前言往行，以畜其德。"孔穎達疏："多記識前代之言，往賢之行。"

句意爲：《書》是用來彙集古今所記識的前代之言的。

"《易》所以會天道人道也"：

"天道"，指自然變化規律。《莊子·庚桑楚》："夫春氣發而百草生，正得秋而萬寶成。夫春與秋，豈無得而然哉？天道已行矣。"郭象注："皆得自然之道，故不爲也。""人道"，一定社會中要求人們遵循的道德規範。《易·繫辭下》："有天道焉，有人道焉。"

句意爲：《易》是用來彙集關於天道人道的論述的。

"《春秋》所以會古今之事也"：

"事"，事故，事件的變化。《禮記·大學》："物有本末，事有始終。"《新書·過秦論中》："天下多事，吏不能記。"

句意爲：《春秋》是用來彙集關於古今事故變化的記載的。

五

知己而後知人，知人而後1・26知禮，知禮而後知行。1・27

知天所爲，知人所爲，1・29然後知道；知道然後知命。1・30

春秋亡不以，其生也亡3・20耳。3・21

仁①生德，德生禮，禮生樂，由樂1・24知形。1・25

禮生於莊②，樂生於度③，1・33禮齊樂靈則戚，樂繁④1・34禮靈則慢⑤。1・35

【注】

① 《語叢一》第24簡前有簡散佚，“生德”缺主語，句意不完整。現根據《禮記・中庸》“仁者人也”補一“仁”字以足句。

② 劉釗認爲此字疑讀“莊”，今從。

③ 根據劉釗所考，此字當讀爲“度”，今從。

④ 根據劉釗所考，此字應讀爲“繁”，今從。

⑤ 此字依劉釗考讀爲“慢”。

【釋】

此章言知禮然後知行。

"知己而後知人，知人而後知禮，知禮而後知行"：

"知己"，謂瞭解自己。"知人"，謂能鑒察人的品行、才能。《書·皋陶謨》："知人則哲，能官人。"

"禮"，做人的行爲準則和道德規範。《漢書·公孫弘傳》："進退有度，尊卑有分，謂之禮。"

"行"，做，從事。《墨子·經上》："行，爲也。"《禮記·曲禮》："夫禮者，所以定親疏，決嫌疑，別同異，明是非也。"故曰"知禮而後知行"。

句意爲：瞭解自己之後才能鑒察人的品行、才能。鑒察人的品行、才能之後才能知禮儀。知禮儀之後才能知道該做什麼、不該做什麼。

"知天所爲，知人所爲，然後知道；知道然後知命"：

"天"，自然，泛指不以人意志爲轉移的客觀必然性。《易·繫辭上》："樂天知命，故不憂。"韓康伯注："順天之化，故曰樂也。"

"道"，天地之道，人世之理。《禮記·中庸》："君子之道費而隱。夫婦之愚，可以與知焉，及其至也，雖聖人亦有所不知焉；夫婦之不肖，可以能行焉，及其至也，雖聖人亦所不能焉。"朱熹集註："費，用之廣也。隱，體之微也。"

"知道"，謂通曉天地之道，深明人世之理。《管子·戒》："聞一言以貫萬物，謂之知道。"

"知命"，謂懂得事物的生滅變化都不能違背大自然的客觀規律性，懂得人的生活與社會給你的時和遇密切相關。

句意爲：瞭解大自然變化的規律性，瞭解社會上人的所作所爲，然後才能通曉天地之道，深明人世之理。通曉天之道，深明人之理，然後才能懂得自然的客觀規律不可違背，社會給你的時和遇與你的生活密切相關。

“春秋亡不以，其生也亡耳”：

“春秋”，年紀，年歲。《戰國策．楚策》曰：“今楚王之春秋高矣，而君之封地，不可不早定也。”

“以”，同“已”。《正字通．人部》：“以，與已同，畢也，止也。”《禮記．檀弓下》：“則豈不得以？”孔穎達疏：“豈不得休已者哉。”“生”，生命。

“亡”，“亡不以”之“亡”，通“無”，沒有。“亡耳”之“亡”，如字，死亡。

句意爲：人的年歲一天天大，沒有不停止的，生命也有結束的時候。

“仁生德，德生禮，禮生樂，由樂知形”：

“仁”，《禮記．中庸》：“仁者人也，親親爲大。”朱熹集註：“人，指人身而言。具此生理，自然便有惻怛慈愛之意，深體味之可見。”

“德”，品德，德行。《周禮．地官．師氏》：“敏德以爲行本。”鄭玄注：“德行，內外之稱，在心爲德，施之爲行。”

“樂”，音樂。《易．豫．象》：“先王以作樂崇德。”《禮記．樂記》：“是故審聲以知音，審音以知樂，審樂以知政，而治道備矣。是故不知聲者，不可與言音；不知音者，不可與言樂；知樂則幾於禮矣，禮樂皆得，謂之有德。德者得也。”

“形”，指聲音動靜。《禮記．樂記》：“故人不耐無樂，樂不耐無形。”鄭玄注：“形，聲音動靜也；耐，古書能字也。”孔穎達疏：“樂不耐無形者，內既歡樂，不能無形見於外，謂聲音動靜而見於外也。”

句意爲：仁愛之心產生德行，德行產生禮儀，禮儀產生音樂，由音樂知人之歡樂而聲音動靜見於外。

“禮生於莊，樂生於度。禮齊樂靈則戚，樂繁禮靈則慢”：

“莊”，莊重。《論語．爲政》：“臨之以莊則敬。”朱熹集註：“莊，謂容貌端嚴也。臨民以莊，則民敬於己。”《禮記．樂記》：“致禮以治躬則莊敬，莊敬則嚴威。”孔穎達疏：“若能莊嚴而恭敬，則嚴肅威重也。”

“度”，限度，限量。《國語．周語下》：“用物過度，妨於財。”《荀子．禮論》：“人生而有欲。欲而不得，則不能無求；求而無度量分界，則不能不爭。”《禮記．樂記》：“樂由中出，禮自外作。”“樂者，德之華也。”“樂者樂也。君子樂得其道，小人樂得其欲，以道制欲，則樂而不亂。”樂由中出，是德之華。人生的欲望是無止境的，因而對由中出之“樂”，必須加以節制，使之有度，才能“樂而不亂”。

“齊”，通“濟”，止息。《管子．霸言》：“精於權，則天下之兵可齊，諸侯之君可朝也。”俞樾平議：“齊讀爲濟。《詩．載馳》：‘不能旋濟。’毛傳曰：‘濟，止也。’”

“靈”，通“零”，零落。《詩．鄭風．野有蔓草》：“靈露漙兮。”孔穎達疏：“靈作零字，故爲落也。”阮元校勘記：“此則經本作‘靈露’，《箋》作‘靈落也’。假靈爲零字。”

“戚”，悲哀。《易．離》“六五：出涕沱若，戚嗟若。”孔穎達疏：“憂傷之深，所以出涕滂沱，憂戚而咨嗟也。”

“繁”，繁雜，複雜。《韓非子．心度》：“刑勝而民靜，賞繁而姦生。”

“慢”，輕慢，慢易。《玉篇．心部》：“慢，輕侮也。”《廣韻．諫韻》：“慢，易也。”《左傳．襄公三十一年》：“我遠而慢之。”杜預注：“慢，易也。”《禮記．樂記》：“禮樂之極乎天而蟠乎地，行乎陰陽而通乎鬼神，窮高極遠而測深厚。”陳澔集說引應氏曰：“言樂出於自然之和，禮出於自然之序。二者之用，充塞流行，無顯不至，無幽不格，無高不屆，無深不入。”又：“禮樂不可斯須去身，致樂以治心，則易直子諒之心油然生矣。……致禮以治躬則莊敬，莊敬則嚴威。心中斯須不和不樂而鄙詐之心入矣。外貌斯須不莊不敬，而易慢之心入之矣。”

句意爲：君子容貌端嚴必知禮，樂由中出必有度，故曰禮生於莊，樂生於度。禮樂不可斯須去身，禮止息樂零落就會憂戚，樂繁雜禮零落就會慢易。

六

凡同者通。1 · 102

禮不同，不害，不妨。1 · 103

禮因人之情而爲之。1 · 31

樂或生或教者也。1 · 43

禮交之行述也。1 · 42

樂服德者之所樂也。3 · 54

【釋】

此章言凡同者通。

“凡同者通”：

“同”，相同，一樣。《易 · 乾 · 文言》：“子曰：‘同聲相應，同氣相求。’”聲音相同就互相應和，氣味相同就互相求助。“通”，貫通。《易 · 繫辭上》：“是故闔戶謂之坤，辟戶謂之乾。一闔一辟謂之變。往來不窮謂之通。”

句意爲：凡是相同的，必然能互相貫通。

"禮不同，不害，不妨"：

"禮不同"，謂對不同的人有不同的關於禮的要求。《禮記·曲禮上》："禮不下庶人。"游桂注："庶人不廟祭，則宗廟之禮所不及也；庶人徒行，則車乘之禮所不及也；庶人見君子不爲容，則朝廷之禮所不及也。不下者，謂不下及也。"

"害"，傷害，損害。《說文》："害，傷也。"《詩·大雅·蕩》："枝葉未有害。"鄭玄箋："枝葉未有折傷。"

"不"，無，沒有。《詩·王風·君子於役》："君子於役，不日不夜。"鄭玄箋："行役反無日月。""不害"，沒有傷害。謂禮不同，對不同的人不會互相傷害。

"妨"，妨礙。"不妨"，沒有妨礙。

句意爲：對各種不同的人，雖然關於禮的要求不同，但並不會互相傷害，互相妨礙。

"禮因人之情而爲之"：

"禮"，行爲規範。

"情"，人感於物而發於外的思想、行爲。《禮記·樂記》："人生而靜，天之性也；感物而動，性之欲也；物至知知，然後好惡形焉。"陳澔集說引劉氏曰："人生而靜者，喜怒哀樂未發之中，天命之性也。感物而動，則性發而爲情也。人心虛靈知覺事至物來，則必知之而好惡形焉。"又："是故先王愼所以感之者，故禮以道其志，樂以和其聲。"陳澔集說引劉氏曰："愼其政之所以感人心者，故以禮而道其志之所行，使必中節；以樂而和其聲之所言，使無乖戾。"

句意爲：禮是爲了規範人的思想、行爲而制定的。

"樂或生或教者也"：

"樂"，音樂。"生"，產生。《正字通·生部》："生，凡事所從來曰生。"

"教"，傳授。《左傳·襄公三十一年》："教其不知，而恤其不足。"《禮記·樂記》："凡音之起，由人心生也。……感於物而動，故形於聲。聲相應故生變，變成方謂之音。比音而樂之及干戚羽旄謂之樂。"陳澔集說："成方，猶言成曲調也。比合其音而播之樂器，及舞之干戚羽旄謂之樂焉。干戚，武舞也；羽旄，文舞也。"又："昔者舜作五弦之琴以歌南風，夔始制樂以賞諸侯。故天子之爲樂也，以賞諸侯之有德者也。"

句意爲：音樂或由民間產生，或來自上對下的傳授。

"禮交之行述也"：

"禮交"，謂以禮相交接。《史記·魏公子列傳》："公子爲人仁而下士，士無賢不肖，皆謙而禮交之。"

"述"，遵循，繼承。《書·五子之歌》："五子咸怨，述大禹之戒以作歌。"孔傳："述，循也。"《禮記·中庸》："仲尼祖述堯舜，憲章文武。"朱熹集註："祖述者，遠宗其道。憲章者，近守其法。"

句意爲：禮交這種行爲，是一種繼承。

"樂服德者之所樂也"：

"服"，服從，順從。《論語·爲政》："哀公問曰：'何爲則民服？'孔子對曰：'舉直錯諸枉，則民服；舉枉錯諸直，則民不服。'"邢昺疏："時哀公失德，民不服從，哀公患之，故有此問。"《禮記·樂記》："德盛而教尊，五穀時熟，然後賞之以樂。故其治民勞者，其舞行綴遠，其民逸者，其舞行綴短。故觀其舞，知其德，聞其謚，知其行也。"陳澔集說引應氏曰："勤於治民，則德盛而樂隆，故舞列遠而長。怠於治民，則德薄而樂殺，故舞列近而短。”

句意爲：音樂必須順從有德者之所樂，德盛而賞之以樂。

七

察①天道以化民氣。1·68

察②所知，察所不知。1·85 其知博，然後知命。1·28

勢③與聖爲可察也。1·86

澄④聖之謂聖。1·100

不善擇不爲智。3·38

又察善，亡爲善。1·84

賢者能理之。1·54 善理而後樂生。1·32

賓客之用幣也，非正，3·55 內⑤賂也，禮必⑥兼。3·60

上下皆得其所之謂信。1·65 信非至齊也。1·66 忠則會。3·63

【注】

① 此字從裘按讀爲“察”。

② 裘按：從心從祭之字，疑當讀爲“察”，今從。

③ 此字依裘按讀爲“勢”。

④ 簡文此字同“澄”，古文澄字，見《字彙補・水部》。

⑤ 此字從裘按讀爲“內”。

⑥ 此字簡文從才從匕，疑讀爲“必”。

【釋】

此章言察天道以化民氣。

“察天道以化民氣”：

“察”，詳審，細究。《左傳・莊公十年》：“小大之獄，雖不能察，必以情。”杜預注：“察，審也。”“天道”，給人帶來福善禍淫的大自然。《史記・伯夷列傳》：“天道無親，常與善人。”《書・湯誥》：“天道福善禍淫，降災於夏。”

“化”，感化，轉化。《禮記・學記》：“就賢體遠，足以動眾，未足以化民。”

“民氣”，指民眾的精神面貌和思想感情。《管子・內業》：“是故民氣杲乎如登於天，杳乎如入於淵，淖乎如在於海，卒乎如在於己。”古人認爲天道福善禍淫與民氣是政權能否鞏固的兩個重要方面，因此主張一方面詳審天道的福善禍淫，一方面致力於轉化民氣。

“以”，連詞，表示並列關係，相當於“和”、“而”。《經傳釋詞》卷一：“以，猶而也。”

“察所知，察所不知。其知博，然後知命”：

“所知”，猶已知。“所不知”，猶未知。

“博”，廣泛，普遍。《論語·雍也》：“子曰：‘君子博學於文，約之以禮，亦可以弗畔矣夫！’”朱熹集註：“君子學欲其博，故於文無不考；守欲其要，故其動必以禮。如此，則可以不背於道矣。”

“知命”，知天命。即懂得事物的發展變化不能違背客觀規律性，個人的前途命運與時與遇有密切關係，個人的發展不能違背時代與社會的要求。句意爲：既要詳審已知，又不能放棄對未知的仔細研究。所知廣博，然後才能樂天知命。

“勢與聖爲可察也”：

“勢”，勢位，指人、物所處的地位、位置。《韓非子·孤憤》：“處勢卑賤，無黨孤特。”《荀子·正論》：“天子者，勢位至尊，無敵於天下，夫有誰與讓矣！”

“聖”，聰明睿智。《禮記·經解》：“其在朝廷則道仁聖禮義之序。”俞樾《群經平議·禮記四》：“凡以聖與仁義禮並言者，聖即知也。”

“可察”，能夠詳審。古時候，爲君者要做到詳審民情，並非一件容易的事。

句意爲：（詳審民情雖然困難）有一定的勢位加上聰明睿智是能夠詳審的。

“澄聖之謂聖”：

“澄”，靜，寧靜。《管子·輕重乙》：“桓公曰：‘然則衡數不可調耶？’管子對曰：‘不可調，調則澄，澄則常，常則高下不貳。’”郭沫若等集校：“澄者，靜止也。”

句意爲：靜而聰明睿智稱爲聖（德行高尚的人）。

“不善擇不爲智”：

“擇”，選擇。《廣韻·陌韻》：“擇，選擇。”《左傳·昭公七年》：

“故政不可不慎也，務三而已：一曰擇人，二曰因民，三曰從時。”《荀子・君道》：“必謹志之而慎自爲擇取焉。”《孔子家語・六本》：“夫君子居必擇處，遊必擇方，仕必擇君。”《論語・述而》：“三人行，必有我師焉，擇其善者而從之。”

句意爲：不善於選擇不能稱爲智（聰明有智慧的人）。

“又察善，亡爲善”：

“察”，通“際”，達到。《廣雅・釋詁一》：“察，至也。”王念孫疏證：“際與察古亦同聲，故《原道訓》‘施四海，際天地’，《文子・道原篇》作‘施於四海，察於天地’。”“察善”，即際善或際於善。

“爲善”之“爲”，有爲，有所爲。“亡”，通“無”，不。所謂“又際善，不爲善”，言君子之行，又達到善，（又）不帶著某種個人目的而行善。

“賢者能理之。善理而後樂生”：

“理”，謂治理得好，秩序安定。“理之”，使之理。理用爲使動。“善理”，善於治理。

“樂生”，謂以生爲樂。《列子・楊朱》：“可在樂生，可在逸生，故善樂生者不窶。”

句意爲：有德行的人，能把自己管理的地方治理好，秩序安定。善於治理而後以生爲樂。

“賓客之用幣也，非正，內賂也，禮必兼”：

“賓客”，指諸侯派來的使者。《論語・公冶長》：“赤也，束帶立於朝，可使與賓客言也。”

“幣”，車馬玉帛等聘享之物的通稱。《說文》：“幣，帛也。”段玉裁

注：“帛者，繒也。”徐灝箋：“幣，本繒帛之名，因車馬玉帛同爲聘享之禮，故渾言之皆稱幣。”“用幣”，用於聘享的禮物。《禮記·禮器》：“備服器，仁之至也。賓客之用幣，義之至也。”陳澔集說：“斂之衣服，葬之器具，皆全備無缺，莫非愛親之誠心，故亦曰仁之至。朝聘燕享，幣有常用，故幣帛筐筐將其厚意，義之至也。”

“正”，通“征”，稅賦。《周禮·夏官·司勳》：“惟加田無國正。”鄭玄注引鄭司農曰：“正謂稅也。”陸德明釋文：“正，本亦作征。”

“賜”，音歸。財貨。《說文》：“賜，資也。”《詩·大雅·板》：“喪亂蔑資，曾莫惠我師。”毛傳：“資，財也。”

“內賜”，朝聘燕享常用的財貨。“內”，朝廷。《禮記·王制》：“諸侯之於天子也，，比年一小聘，三年一大聘，五年一朝。”諸侯朝聘時稱之爲賓客，朝聘之禮曰“用幣”，“幣帛筐筐將其厚意”，以供燕享之用，故曰“內賜”。

“兼”，通“謙”，謙和。《管子·五行》：“通天下，遇有兼。”於省吾新證：“兼，應讀作謙。言通之於天下，有所遇者，均接之以謙和之道也。”

句意爲：朝聘時各諸侯的使者所獻的用於聘享的禮物，並不是稅賦，而是燕享常用的財貨。在進獻這些禮物時，其禮一定要謙和，不然，心就不誠。

“上下皆得其所之謂信。信非至齊也。忠則會”：

“上”，指尊長或在上位的人。《禮記·王制》：“尊君親上。”孔穎達疏：“親上，謂在下親愛長上。”《論語·學而》：“其爲人也孝悌，而好犯上者鮮矣。”何晏注：“上，謂凡在己上者。”

“下”，指地位低的人。《 易·繫辭下 》：“君子上交不諂，下交不瀆。”侯果注：“上謂王侯，下謂凡庶。”

“得其所”，謂得到合適的位置。《孟子·萬章上》：“昔者有饋生魚於鄭子產，子產使校人畜之池。校人烹之，反命曰：‘始舍之圉圉焉，少則洋洋焉，攸然而逝。’子産曰：‘得其所哉！得其所哉。’校人出，曰：‘孰謂子產智？予既烹而食之，曰：得其所哉？得其所哉。’故君子可欺以其方，難罔以非其道。彼以愛兄之道來，故誠信而喜之，奚僞焉？”子產並不知校人之所爲，只知生魚“洋洋焉，攸然而逝”，子產“得其所哉”乃誠信而喜之。若校人亦能誠實不欺，做到“上下皆得其所”，乃誠信之至也。故曰“上下皆得其所之謂信”。

“齊”，相等，等同。《論語・里仁》：“見賢思齊焉。”鄭玄注：“齊，等也。”“至齊”，完全相等。

“忠”，忠厚。《楚辭・九歌・湘君》：“交不忠兮怨長。”王逸注：“忠，厚也。言朋友相與不厚則長相怨恨。”

“會”，符合，投合。《管子・法禁》：“上明陳其制，則下皆會其度矣。”

句意爲：上不疑下，下不惑上，都有鄭子產“得其所哉”之喜，稱爲信。人的思想德行各異，人之信沒有完全相等的。人與人相交，只有忠厚才能相投合而不產生怨恨。

八

權①，可去可徙②。1・101

政其然而行怠安。1・67

政其然而行，治③安爾也。1・59 政不達，且④生乎不達
1・60 其然也。1・61

未有其至，則仁治⑤者 3・28 至亡間，則成名。3・29

愛治者親。3·30

智治者寡悔⑥。3·31

治者卯。3·32

進食之道，此食乍安，3·56 樂疏⑦。1·112

【注】

① 此字劉釗認爲疑讀作“權”，今從。

② 此字據劉釗考，應釋作“徙”，今從。

③ 此字簡文殘去，依裘按補一“治”字。

④ 此字依裘按讀爲“且”。

⑤ 此字依裘按讀爲“治”，下同。

⑥ 此字依裘按讀爲“悔”。

⑦ 此字疑讀爲“疏”。《說文》：“疏，……從㐬，從疋，疋亦聲。”簡文此字從殳，從疋，疋亦聲。二字均“從疋，疋亦聲”，古音此二字同音。若此二字不爲異構，亦可通假。

【釋】

此章言權可去可徙。

“權，可去可徙”：

“權”，權柄，權力。《穀梁傳·襄公三年》：“故雞澤之會，諸侯始失正矣，大夫執國權。”

“去”，失掉，失去。《史記・李斯列傳》：“（李斯）說秦王曰：‘胥人者，去其幾也。’”司馬貞索隱：“去，猶失也。”

“徙”，轉移。《廣雅・釋言》：“徙，移也。”《論語・述而》：“聞義不能徙。”邢昺疏：“聞義事當徙意從之。”

句意爲：權力可以失去也可以轉移。

“政其然而行怠安”：

“政”，治理（國事）。《荀子・王制》：“王者之等賦、政事，財萬物，所以養萬民也。”政事，即治理國事。“其然”，猶言如此。《論語・憲問》：“子曰：‘其然？豈其然乎？’”

“怠”，鬆懈，怠惰。《書・大禹謨》：“無怠無荒，四夷來王。”孔傳：“無怠惰荒廢，則四夷歸往之。”

“安”，助詞，尾碼，相當於“然”。《經傳釋詞》卷二：“安，然也。”

句意爲：治理（國事）如此，行爲必然怠惰。

“政其然而行，治安爾也。政不達，且生乎不達其然也”：

“政”，政策，政令。《周禮・天官・小宰》：“小宰之職，掌建邦之宮刑，以治王宮之政令。”孫詒讓正義：“凡施行爲政，布告爲令。”

“治”，政治。《書・周官》：“塚宰掌邦治，統百官，均四海。”孔傳：“天官卿稱太宰，主國政治，統理百官，均平四海之內邦國，言任大。”

“安”，安定。《爾雅・釋詁下》“安，定也。”《詩・小雅・常棣》：“喪亂既平，既安且寧。”

“達”，通行。《孟子・公孫丑下》：“天下有達遵三：爵一，齒一，德一。”趙岐注：“三者，天下之所通遵。”

“且”，代詞。此，這。《詩・周頌・載芟》：“匪且有且，匪今斯今。”毛傳：“且，此也。”

“生”，通“眚”，病。《管子・度地》：“大寒大暑，大風大雨，其至不時者，此謂四刑。或遇以死，或遇以生，君子避之，是亦傷人。”郭沫若等集校：“張佩綸云：《呂氏春秋・盡數》：‘大寒、大熱、大燥、大濕、大風、大霖、大霧，七者動精則生害矣。’尹桐陽云：‘生同眚，病也。’沫若按：生當爲眚，尹說是也。”

句意爲：政令如此而行，政治便會安定。政令不通行，此病於不通行如此也。

“未有其至，則仁治者至亡間，則成名”：

“其”，同“基”，謀慮。《字彙・八部》：“其，又與基同，謀也。”《禮記・孔子閒居》：“夙夜其命宥密，無聲之樂也。”鄭玄注：“《詩》讀其爲基，聲之誤也。基，謀也，密，靜也。言君夙夜謀爲政教以安民，則民樂之，此非有鐘鼓之聲也。”“其至”，其之至。《玉篇・至部》：“至，極也。”《易・坤・彖》：“至哉坤元。”孔穎達疏：“至，謂至極也。”《左傳・襄公二十九年》：“至矣哉！直而不倨，曲而不屈。”孔穎達疏：“至矣哉，言其美之至也。”其之志，言謀慮之至極。

“亡間”，同“無間”。沒有空隙。指極微小處。

“成名”，得名於世。《論語・子罕》：“達巷黨人曰：‘大哉孔子，博學而無所成名。’”朱熹集註引尹氏曰：“達巷黨人見孔子之大，意其所學者博，而惜其不以一善得名於世，蓋慕聖人而不知者也。”

句意爲：世間沒有謀慮之至極，倒是以仁治民的人能達到極微小處，而得名於世。

“愛治者親”：

“愛”，仁愛。《廣雅·釋詁四》：“愛，仁也。”《左傳·昭公二十年》：“及子產卒，仲尼聞之，出涕曰：‘古之遺愛也。’”王引之述聞：“家大人曰：愛即仁也。謂子產之仁愛有古人之遺風。”

“親”，親近，與“疏”相對。《國語·晉語二》：“夫固國者，在親眾而善鄰。”韋昭注：“親眾，愛士民也。”

句意為：以仁愛治民者必親近士民。

“智治者寡悔”：

“智”，謀略。“悔”，後悔。《易·繫辭上》：“悔吝者，憂慮之象也。”孔穎達疏：“悔者，其事已過，意有追悔之也。”“寡悔”，少懊悔。《論語·為政》：“子曰：‘多見闕殆，慎行其餘，則寡悔。’”何晏集解引包咸曰：“殆，危也，所見危者，闕而不行，則少悔。”

句意為：以謀略治國者少悔。

“治者卯”：

“治”，天下太平。治與亂相對。《易·繫辭下》：“君子安而不忘危，存不忘亡，治而不忘亂。”

“卯”，同“冒”。《說文》：“卯，冒也。”卯、冒，古音同為明紐幽部，可通假。冒，貪。《書·泰誓上》：“今商王受，弗敬上天，降災下民，沈湎冒色，敢下暴虐。”孔傳：“沈湎嗜酒，冒亂女色。”孔穎達疏：“冒訓貪也。”

句意為：天下太平，掌權者易貪，因此治世應防貪、反貪。

“進食之道，此食乍安，樂疏”：

“進食”，吃飯，吃食物。

“道”，事理。

“此”，副詞，猶“乃”，表時間。相當於“剛剛”、“才”。

“乍”，副詞。猶正也，恰也。

“此食乍安”，言此食正安，一吃下去就安逸舒適。

“疏”，粗糙。《詩·大雅·召旻》：“彼疏斯粺，胡不自替？”鄭玄箋：“疏，粗也。謂糲米也。”糲米，即糙米，只去穀殼的米。《尸子·君治》：“珍羞百種，而堯糲飯菜粥。”

句意爲：依進食之理，人人都希望吃下東西後就感到安逸舒適。因此，君子都樂於吃糲飯菜粥。

禮生於情

按：本篇爲《郭店楚墓竹簡・語叢二》，存簡54枚，345字，補6字，凡351字。分爲六章。第1章（第1—5簡、第10—12簡）言情、欲生於性。第2章（第8—9簡、第28—37簡）言愛、喜、思、懼、強、弱生於性。第3章（第20—22簡、第25—27簡、第23—24簡）言智、惡、慈生於性。第4章（第13—18簡、第6—7簡、第5簡）言念、怨、侵、大、泰生於欲。第5章（第38—44簡）言凡謀已道者也。第6章（第45—54簡）言有德者不移。

本篇原無篇題，現選第1簡"禮生於情"四字爲篇題。

一

情生於性，禮生於情。2·1 嚴生於禮，敬生於嚴。2·2 望生於敬，恥生於望。2·3

悡生於恥，廉①生於悡。2·4

度②生於禮，撫③生於度。2·5

欲生於性，慮生於欲。2·10 生於慮，爭④生於倍。2·11 黨⑤生於爭。2·12

【注】

① 此字裘按認爲是“兼”字的訛體，讀爲“廉”，今從。釋文中下標的數位爲《語叢二》竹簡原序號。

② 此字依裘按讀爲“度”。

③ 此字簡文作“尃”，疑借爲“撫”。尃、撫，古音同爲滂紐魚部，音同可通假。

④ 此字簡文作“靜”，依裘按讀爲“爭”。

⑤ 此字簡文作“尙”，疑讀爲“党”，王引之《經傳釋詞》卷六：“党、當、尙，並與儻同。”

【釋】

此章言情、欲生於性。

“情生於性，禮生於情”：

“情”，感情。《説文》：“人之陰氣有欲者。”徐灝箋：“發於本心謂之情。”《論衡・本性》：“情接於物而然者也，出形於外。形外則謂之陽，不發則謂之陰。”“性”，人之本性。《孟子・告子上》：“告子曰：‘生之謂性。’”朱熹集註：“生，指人物之所以知覺運動者而言。”趙岐注：“凡生同類者皆同性。”韓愈《原性》：“性也者，與生俱生也。”

“禮”，行爲規範。《禮記・曲禮上》：“夫禮者，所以定親疏，決嫌疑，別同異，明是非也。”《大戴禮記・文王官人》：“民有五性，喜怒欲懼憂也。喜氣內畜，雖欲隱之，陽喜必見。怒氣內畜，雖欲隱之，陽怒必見。欲氣內畜，雖欲隱之，陽欲必見。懼氣內畜，雖欲隱之，陽懼必見。憂悲之氣內畜，雖欲隱之，陽憂必見。五氣誠於中，發形於外，民情不隱也。”內畜的喜氣、怒氣、欲氣、懼氣、憂悲之氣就是人之“性”，“與生俱生也”；陽喜、陽怒、陽欲、陽懼、陽憂就是人之“情”，“接於物”而“出形於外”。性“內畜”，情“必見”，故曰“情生於性”。《禮記・樂記》：“是故先王本之情性，稽之度數，制之禮義，合生氣之和，道五常之行，使之陽而不散，陰而不密，剛氣不怒，柔氣不懾，四暢交於中，而發作於外，皆安其位，而不相奪也。”陳澔集説：“本之情性，即民有血氣、心知之性，喜怒哀樂之情也。……此言聖人始因人情而作樂有度數禮義之詳，而以之和天地之氣，平天下之情，及天氣人情感而太和焉。”禮爲“平天下之情”而作，故曰“禮生於情”。

“嚴生於禮，敬生於嚴”：

“嚴”，嚴肅，端莊。《禮記・祭義》：“嚴威儼恪，非所以事親也。”孔穎達疏：“嚴謂嚴肅。”《禮記・冠義》：“凡人之所以爲人者，禮義也。禮義之始，在於正容體，齊顔色，順辭令。容體正，顔色齊，辭令順，而後禮義備。”陳澔集説引方氏曰：“容體欲其可度，故曰正；顔色欲其可觀，故曰齊；辭令欲其可從，故曰順。”“正容體，齊顏色，順辭令”是作爲行爲規範的禮的禮儀要求，“正”、“齊”、“順”，即是嚴肅端莊，故曰“嚴生於禮”。

“敬”，敬服。《管子·形勢解》：“人主者，溫良寬厚則民愛之，整齊嚴莊則民畏之。”《廣雅·釋訓》：“畏，敬也。”整齊嚴莊能使人敬服，故曰“敬生於嚴”。

望生於敬，恥生於望”：

“望”，怨恨，責怪。《字彙·月部》：“望，怨望，責望。”《韓非子·六反》：“人臣挾大利以從事，故其行危至死，其力盡而不望。”王先慎集解：“大臣盡力從事，雖行危至死無怨。”《國語·越語下》：“又使之望而不得食，乃可以致天地之殛。”韋昭注：“怨望於上而天奪之食。”人臣“其力盡而不望”是因爲敬服明主；老百姓“怨望於上”是因爲“天奪之食”。如果老百姓能過上豐衣足食的生活，當然不會“怨望於上”；不僅無怨恨，而且對上會更加敬服。故曰“望生於敬”。

“恥”，羞辱。《說文》：“恥，辱也。”《國語·越語上》：“國之父兄請曰：‘昔者夫差恥吾君於諸侯之國。今越國亦節矣，請報之。’”羞辱是一種心理感受，昔者吳王夫差曾打敗了越國，越國之父老兄弟無不怨恨，由怨恨而產生羞辱，於是在越國一切走上正軌之後，越國的父老兄弟便請求報仇雪恥。故曰“恥生於望”。

“悡生於恥，廉生於悡”：

“悡”，音離。同“黎”，怠慢。《正字通·釆部》：“悡，同黎。俗省。”《集韻·脂韻》：“黎，或省。”《說文》：“黎，怠也。”

“廉”，清廉，不苟取。《玉篇·廣部》：“廉，清也。”《左傳·襄公二十一年》：“怠禮，失政；失政，不立，是以亂也。”《孟子·離婁下》：“孟子曰：可以取，可以無取，取傷廉；可以與，可以無與，與傷惠；可以死，可以無死，死傷勇。”

“愳”、“廉”與“恥”一樣，也是兩種心態。感到羞辱，就希望報仇雪恥，這是積極的；如果不能雪恥，羞辱之心就可能向消極方面轉化，於是“愳”由“恥”生。“愳”在行爲上的表現，便是“怠禮”。爲人君者，由於“怠禮”可能失政，導致社會不安定。如果爲社稷、爲百姓考慮，爲人君者，便可能振作起來，清廉自守。於是“廉”由“愳”生。

早期儒家認爲“性”與“情”與生俱來，“性”爲之氣，內畜而欲隱，“情”爲“性”之陽見，接於物而出形於外。“禮”是人之所以爲人者，是人的行爲規範，是故先王本之情性而制。禮的重要內容是禮儀，禮儀要求容體正、顏色齊、辭令順。早期儒家清醒地認識到人的思想感情變化是複雜的，爲君者的莊敬可以使人敬服；人們在敬服中，也可能由於失望而產生怨恨，由怨恨而產生羞辱，由羞辱而怠慢，而又由怠慢而振作。特別是當權者，在他們深刻反省之後，能清廉自守。當然，這只不過是早期儒家對統治者的期望而已。

“度生於禮，撫生於度”：

“度”，胸襟，器度。《左傳·昭公十二年》：“思我王度，式如玉，式如金。”孔穎達疏：“思使我王之德度用如玉然，用如金然。”《漢書·高帝紀上》：“常有大度。”

“撫”，安撫。《說文》：“撫。安也。”《廣雅·釋詁四》：“撫，定也。”《左傳·定公四年》：“若以君靈，撫之，世以事君。”杜預注：“撫，存恤也。”

禮是人們的行爲規範，人知禮，不僅守禮謙讓，而且有器度。君上者有器度，才能愛民撫民。故曰“度生於禮，撫生於度。”

“欲生於性，慮生於欲”：

“欲”，貪欲。《說文》：“欲，貪欲也。”《易·損·象》：“君子以懲忿窒欲。"《禮記·曲禮上》："敖不可長，欲不可從。"

"慮"，憂慮。《增韻·徹韻》："慮，憂也。"銀雀山漢墓竹簡《孫臏兵法·十問》："兵強人眾自固，三軍之士皆勇而無慮。"

"欲"是七情之一。《禮記·禮運》："何謂人情？喜、怒、哀、懼、愛、惡、欲，七者弗學而能。"故曰"欲生於性"。人雖然不可能無"欲"，但要有節制，"欲不可從"，縱欲無度，必然有憂，故曰"慮生於欲"。

"倍生於慮，爭生於倍，黨生於爭"：

"倍"，音叱。同"愷"。小怒。《集韻·有韻》："愷，小怒也。或從倍。"

"爭"，爭鬥，奪取。《說文》："爭，引也。"段玉裁注："凡言爭者，皆謂引之使歸於己。"《荀子·大略》："爭利如蚤甲而喪其掌。"王先謙集解："蚤與爪同。言仕亂世驕君，縱得小利，終喪其身。"

"黨"，偏私，偏袒。《廣雅·釋詁三》："黨，比也。"《書·洪範》："無偏無党，王道蕩蕩。"孔穎達疏："無偏私，無阿黨。"《論語·衛靈公》："子曰：'君子矜而不爭，群而不黨。"朱熹集註："莊以持己曰矜。然無乖戾之心，故不爭。和以處眾曰群，然無阿比之意，故不黨。"孔夫子及其洙泗學派的早期儒家都主張不爭不黨，這裡對由私欲所產生的慮、倍、爭、黨，進行了批評，揭示了其產生的因果關係，指出"慮生於欲，倍生於慮，爭生於倍，黨生於爭"，認爲這些都非君子所爲。

二

愛生於性，親生於愛，2·8 忠生於親。2·9

喜生於性，樂生於喜，2·28 悲生於樂。2·29

思①生於性，憂生於思，2·30 哀生於憂。2·31
懼②生於性，慊③生於懼，2·32 望生於慊。2·33
強④生於性，立生於強，2·34 斷⑤生於立。2·35
弱⑥生於性，疑生於弱，2·36 背⑦生於疑。2·37

【注】

① 此字簡文爲“思”之異體，見《敦煌俗字譜》、《集韻》。

② 此字簡文作“瞿”，同“懼”。

③ 此字簡文作“監”，疑借爲“慊”。監，古音見紐談部；慊，古音溪紐談部。監、慊古音韻部相同，同爲喉音，音近可通假。

④ 此字簡文從心強聲，疑讀爲“倔強”之“強”。

⑤ 此字依裘按讀爲“斷”。

⑥ 此字簡文爲“溺”，從裘按讀爲“弱”。

⑦ 此字從裘按讀爲“背”。

【釋】

此章言愛、喜、思、懼、強、弱生於性。

“愛生於性，親生於愛，忠生於親”：

“愛”，仁愛。泛指對人的關心和愛護，這是人類最高尙的感情，是人之善性的外現。《論語·學而》：“子曰：‘道千乘之國，敬事而信，節用而愛人，使民以時。’”

“親”，感情深厚。《說文》：“親，至也。”段玉裁注：“情意懇到曰至。”

“忠”，盡心竭力，忠誠無私。《說文》：“忠，敬也，盡心曰忠。”《詩·小雅·伐木序》：“親親以睦友，友賢不棄，不遺故舊，則民德歸厚矣。”孔穎達疏：“既能內親其親以使和睦，又能外友其賢不棄，不遺忘久故之恩舊而燕樂之。”《國語·周語下》：“言忠必及意，言信必及身。”韋昭注：“出自心意爲忠。”《論語·里仁》：“夫子之道，忠恕而已矣。”朱熹集註：“盡己之謂忠，推己之謂恕。”

愛、親、忠均爲人之美情。愛，泛愛眾；親，情意懇到；忠，盡心竭力。愛，愛人；親，愛親；忠，無私。從範圍來講，愛，涉及所有的人；親，親其親；忠，敬也，有敬才有忠。從三者關係來講，愛才有親，親親而有敬，有敬才有忠。故曰“愛生於性，親生於愛，忠生於親”。

“喜生於性，樂生於喜，悲生於樂”：

“喜”，喜悅，快樂。《說文》：“喜，樂也。”《玉篇·口部》：“喜，悅也。”喜乃人之七情之首，人有情，首先是喜。人生活幸福美滿，喜！人萬事如意，喜！人事業有成，喜！

“樂”，高興，愉快。《集韻·鐸韻》：“樂，娛也。”《論語·學而》：“有朋自遠方來，不宜樂乎！”朱熹集註引程子曰：“悅在心，樂主發散在外。”

“悲”，哀痛，傷心。《說文》：“悲，痛也。”《正字通·心部》：“悲，戚也。”《詩·豳風·七月》：“女心傷悲，殆及公子同歸。”《禮記·曲禮上》：“志不可滿，樂不可極。”《禮記·樂記》：“是故其哀心感者，其聲噍以殺，其樂心感者，其聲嘽以緩。”又：“君子樂得其道，小人樂得其欲。”《淮南子·道應訓》：“夫物盛而衰，樂極則悲。”又《原道訓》：“樂作而喜，曲終而悲，悲喜轉而相生。”喜與悲是人對立的兩種感情。喜，可隱於內，也可發於外。隱於內爲之“喜意”，也可稱之爲

"悅"；發於外爲"喜悅"，也可稱之爲"快樂"。樂，單指發散在外的"喜"。喜是喜樂的總名，所以"喜"可訓爲"樂"，也可訓爲"悅"。悲，是與喜相對的感情，可訓爲"戚"，也可訓爲"痛"，可隱於內，也可發於外。隱於內稱之爲"戚"，或曰"傷心"；發於外稱之爲"痛"，或曰"哀痛"。悲喜，雖是對立的兩種感情，但卻可以由喜轉而爲悲，此即所謂"樂極則悲"，或者稱之爲"悲喜轉而相生"。從發生關係來說，先有喜，後有樂，喜樂可轉而爲悲。故曰"喜生於性，樂生於喜，悲生於樂"。

"思生於性，憂生於思，哀生於憂"：

"思"，思慕，思念。《廣韻·之韻》："思，思念也。"《詩·周南·關睢》："求之不得，寤寐思服。"《史記·魏世家》："家貧則思良妻，國亂則思良相。"

"憂"，憂慮，擔憂。《說文》："憂，愁也。"《爾雅·釋詁下》："憂，思也。"邢昺疏："憂者，愁思也。"《詩·魏風·園有桃》："心之憂矣，其誰知之。"《論語·衛靈公》："君子憂道不憂貧。"

"哀"，憐憫。《詩·小雅·鴻雁》："爰及矜人，哀此鰥寡。"《禮記·樂記》："是故志微噍殺之音作，而民思憂。"孔穎達疏："而民感之則悲思憂愁也。"《管子·四時》："其時曰秋，其氣曰陰，陰生金與甲，其德憂哀，靜正嚴順。"尹知章注："秋氣悽測，故以憂恤哀憐爲德。"思（思慕、思念）是人對親、對友、對知己仰慕和懷念的深沈感情，往往接物而發。思（思念）、憂（憂慮）、哀（哀憐）是一條情感鏈，有思必有憂，有憂必有哀。思念親人、朋友、知己，有己之憂，也有人之憂。己之憂，內心憂愁；人之憂，爲他人擔憂。爲他人擔憂，由憂而哀，故君子"以憂恤哀憐爲德"。從發生關係來說，便是"思生於性，憂生於思，哀生於憂"。思爲性之所發，憂因思而生，哀因憂而生。

"懼生於性，慊生於懼，望生於慊"：

“懼”，恐懼。《說文》：“懼，恐也。”《廣韻·遇韻》：“懼，怖懼。”《易·繫辭下》：“其出入以度，外內使知懼。”孔穎達疏：“使知畏懼凶咎而不爲也。”《論語·子罕》：“仁者不憂，勇者不懼。”邢昺疏：“勇者果敢，故不恐懼。”

“慊”，埋怨，不滿。《廣韻·忝韻》：“慊，慊恨。”《禮記·坊記》：“貧不至於約，貴不慊於上。”鄭玄注：“慊，恨不滿之貌也。”陳澔集說：“貧者不以不足而窮其身，貴者不以在上而慊於物。”

“望”，怨恨。懼（恐懼）、慊（埋怨）、望（怨恨）也是一條情感鏈，是一條由懼而生恨的情感鏈。對人、對事的恐懼，使之沒有勇氣去面對，然後由怨而恨。其發生序列便是先恐懼，然後敢怒不敢言，最多只能在背後埋怨，說幾句不滿的話；長期鬱結在心中的不滿，最後發而爲恨。故曰：“懼生於性，慊生於懼，望生於慊”。

“強生於性，立生於強，斷生於立”：

“強”，音降。倔強。《字彙·弓部》：“強，拗強不從人也。”《孔子家語·好生》：“君子而強氣，則不得其死；小人而強氣，則刑戮薦蓁。”強氣，指桀驁不馴的氣性，

“立”，固執。《字彙·立部》：“立，堅也。”《荀子·宥坐》：“人有惡者五，而盜竊不與焉。一曰心達而險，二曰行辟而堅，三言言僞而辯，四曰記醜而博，五曰順非而澤。”堅，固執。

“斷”，武斷。《馬王堆漢墓帛書·經法·兵容》：“當斷不斷，反受其亂。”當斷者，必定建立在對客觀事實的調查瞭解的基礎上。如果不以客觀事實爲基礎，隨心所欲而斷，就是“武斷”。

自古以來，桀驁不馴者有之，他們固執偏狹，遇事隨心所欲自以爲是，處理問題妄以權勢裁斷是非曲直。這種人的情感變化序列便是倔強、固執、武斷。倔強（強）是與生俱來的倔強之氣的外見，固執（立）來源於倔強，武斷（斷）來源於固執。“強生於性，立生於強，斷生於立”就是對桀驁

不馴者的情感變化序列的理論概括。

“弱生於性，疑生於弱，背生於疑”：

“弱”，志氣弱。《書·洪範》：“六極：一曰凶短折，二曰疾，三曰憂，四曰貧，五曰惡，六曰弱。”孔傳：“尪劣。”孔穎達疏：“尪劣並爲弱事，爲筋力弱，亦爲志氣弱。鄭玄云愚懦不毅曰弱。”《逸周書·官人》：“移易以言，志不能固，已諾無決，曰弱志者也。”

“疑”，迷惑，不明白。《說文》：“疑，惑也。”《戰國策·秦策二》：“夫以曾參之賢，與母之信也，而三人疑之，則慈母不能信也。”

“背”，背叛。《韓非子·五蠹》：“魯人從君戰，三戰三北。仲尼問其故，對曰：吾有老父，死莫之養也。仲尼以爲孝，舉而上之。以是觀之，夫父之孝子，君之背臣也。”

弱（弱志）、疑（迷惑）、背（背叛）也是一條情感鏈，對志氣弱的人由弱志到迷惑到背叛的情感變化序列進行了理論概括。“移易以言，志不能固，已諾無決”是這種人本性的一種外發。由於志弱，便不明事理，多有迷惑；由於迷惑，不能以大義爲重，行爲多有背叛。故曰“弱生於性，疑生於弱，背生於疑。”

三

智生於性，卯生於智。2·20 敓生於卯，好①生於敓。2·21 從生於好。2·22

惡生於性，怒生於惡。2·25 乘生於怒，惎生於乘。2·26 賊②生於惎。2·27

慈③生於性，易生於慈。2·23 肆④生於易，容生於肆。2·24

【注】

① 此字簡文從醜從子，同“好”，見《敦煌俗字譜》。

② 此字簡文作“惻”，從裘按讀爲“賊”。

③ 此字簡文作“子”，從裘按讀爲“慈”。

④ 此字依裘按讀爲“肆”。

【釋】

此章言智、惡、慈生於性。

“智生於性，卯生於智。敓生於卯，好生於敓。從生於好”：

“智”，機智，謀略。《史記·項羽本紀》：“漢王笑謝曰：‘吾寧鬥智，不能鬥力。’”

“卯”，通“冒”。《說文》：“卯，冒也。”卯、冒，古音同爲明紐幽部，音同可通。冒，干犯、觸犯。《廣韻·德韻》：“冒，干也。”《國語·晉語一》：“有冒上而無忠下。”韋昭注：“冒，抵冒，言貪也。”

“敓”，強取。今作“奪”。《史記·龜策列傳》：“江之源理，不如四海，而人尚奪取其寶，諸侯爭之，兵革爲起。”

“好”，喜好。《管子·侈靡》：“賤寡而好大，此所以危。”《國語·晉語一》：“（國君）好內，適子殆，社稷危。”韋昭注：“好內，多嬖也。”《禮記·郊特牲》：“好田好女者亡其國。”陳澔集說：“好田獵好女色者必亡其國。”

“從”，同“縱”。放縱。《禮記‧曲禮上》：“欲不可從，志不可滿。”鄭玄注：“從，放縱也。”《晏子春秋‧雜下十三》：“田桓子曰：‘何謂從酒？’晏子曰：‘無客而飲，謂之從酒。今若子者，晝夜守尊，謂之從酒也。”從酒，同“縱酒”。恣意飲酒。葛洪《抱朴子‧酒誡》：“目之所好，不可從也。”

好，喜好，從，放縱。智（機智）、卯（冒，干犯）、敓（奪，強取）、好（喜好）、從（縱，放縱）都是人的行爲。一個人的謀略或機變，雖然可以後天習得，然而善謀略或善機變，與人之性不無關係。劉邦之與項羽，項羽不管怎樣學習，恐怕是趕不上劉邦的謀略的；而劉邦不管怎樣學習，恐怕是趕不上項羽的武功的。所以劉邦“寧鬥智，不能鬥力”。項羽之敗於劉邦，不是沒有“力”，而是“智”不如也。早期儒家認爲，善謀略或善機變，對於一個具體的人來說，也是其“性”所使然。故曰“智生於性”。早期儒家面對戰國時期諸侯紛爭的社會現實，以“智”爲起點，總結了善謀略或善機變的人的行爲發生系列，認爲由於善謀略便使之敢於干犯，由於干犯便使之醉心於奪取，由於奪取便使之具有了喜好田獵、美色的條件，由於喜好便使之放縱而無節度。故曰：“卯生於智，敓生於卯，好生於敓，從生於好。”

“惡生於性，怒生於惡。乘生於怒，惎生於乘。賊生於惎：

“惡”，兇惡，兇險。《國語‧周語上》：“商王帝辛大惡於民。”俞樾《群經平議‧國語一》：“大惡於民，猶云大虐於民也。”

“怒”，憤怒，恚怒。《說文》：“怒，恚也。”《字彙‧心部》：“怒，恚也，憤也。”《詩‧邶風‧柏舟》：“薄言往愬，逢彼之怒。”孔穎達疏：“反逢彼君之恚怒。”

“乘”，欺淩，欺壓。《國語‧周語中》：“乘人不義。”韋昭注：“乘，陵也。”《漢書‧禮樂志》：“世衰民散，小人乘君子。”顏師古注：“乘，陵也。”

“惎”，音計，毒。《說文》：“惎，毒也。”《左傳·定公四年》：“管、蔡啓商，惎間王室。”杜預注：“惎，毒也。”

“賊”，殺戮，殺害。《書·舜典》：“寇賊奸宄。”孔傳：“殺人曰賊。”《左傳·襄公十七年》：“宋華閱卒，華臣弱皋比之室，使賊殺其宰華吳，賊六人以鈹殺諸盧門，合左師之後。”

早期儒家認爲大奸大惡之人與其本性有關，其兇惡的行爲乃是其內心狠毒之氣的外見。故曰“惡生於性”。惡（兇惡）、怒（恚怒）、乘（欺淩）、惎（毒害）、賊（殺戮）是對大奸大惡之人的惡行的描述，因爲大奸大惡之人有其兇惡的本性，於是便有恚怒之行，由恚怒而欺淩，由欺淩而毒害，由毒害而殺戮，這便是大奸大惡之人的行爲發生系列。故曰“惡生於性，怒生於惡，乘生於怒，惎生於乘，賊生於惎。”

“慈生於性，易生於慈。肆生於易，容生於肆”：

“慈”，篤愛。《左傳·莊公二十七年》：“夫禮樂慈愛，戰所畜也。”孔穎達疏：“慈謂愛之深也。”《禮記·曲禮上》：“兄弟親戚稱其慈也。”孔穎達疏：“慈者，篤愛之名。”《新書·道術》：“惻隱憐愛人謂之慈，反慈爲忍。”

“易”，和悅。《詩·小雅·何人斯》：“爾還而入，我心易也。”毛傳：“易，說（悅）。”高亨注：“易，和悅。”《禮記·樂記》：“致樂以治心，則易直子諒之心油然生矣。”孔穎達疏：“易謂和易，直謂正直。”

“肆”，肆直，正直。《易·繫辭下》：“其言曲而中，其事肆而隱。”李鼎祚集解引虞翻曰：“肆，直也。”《史記·樂書》：“肆直而慈愛者宜歌《商》。”裴駰集解引鄭玄曰：“肆，正也。”

“容”，寬容。徐灝《說文解字注箋·宀部》：“容，容之引申爲寬容。”《書·君陳》：“必有忍，其乃有濟；有容，德乃大。”孔傳：“爲人君長必有所含忍，其乃有所成；有所包容，德乃爲大。”孔穎達疏：“……有所寬容，其德乃能大。”

善良慈愛乃人之善性，慈（篤愛）、易（和悅）、肆（正直）、容（寬容）是善良慈愛者的四種行爲，這些行爲的發生，也形成一個系列，有人之善性便有慈，有慈便有易，有易便有肆，有肆便有容。故曰“慈生於性，易生於慈，肆生於易，容生於肆。”

四

念生於欲，伓生於念，2·13 忓①生於伓。2·14

怨②生於欲，籲生於怨，2·15 忘生於籲。2·16

侵③生於欲，恧生於侵，2·17 逃生於恧。2·18

大生於欲，憂生於大④，2·6 慍⑤生於憂。2·7

泰⑥生於欲，癡⑦生於泰。2·5

【注】

① 此字簡文從豕，肝聲，疑借爲“忓”。肝、忓，古音同爲見紐元部，音同可通假。

② 此字簡文從木，爰聲，疑借爲“怨”。爰，古音匣紐元部；怨，古音影紐元部。爰、怨，古音韻部相同，同爲喉音，音近可通假。

③ 此字簡文同“浸”，見《康熙字典·水部》。此處疑借爲“侵”。浸，古音精紐侵部，侵，古音淸紐侵部。浸、侵，古音韻部相同，同爲齒頭音，音近可通假。

④ 此簡只存兩個半字，第三個字從殘存的一半來看是“於”字，現根據上

下文補出"欲，憂生於大"五字。

⑤ 此字簡文從心從口土，同"恩"，疑借爲"慍"。恩，古音影紐真部；慍，古音影紐文部。恩、慍，古音同爲影紐，真、文可旁轉，音近可通假。

⑥ 此字簡文與古文"及"形體同，疑讀爲"逮"，借爲"泰"。逮，古音定紐月部；泰，古音透紐月部。逮、泰古音韻部相同，同爲舌頭音，音近可通假。

⑦ 此字簡文右部與睡虎地簡五・二六"步"字形體近似，疑爲"惤"，同"陟"，借爲"癡"。陟，古音端紐職部；癡，古音透紐之部。陟、癡古音韻部可對轉，同爲舌頭音，音近可通假。

【釋】

此章言念、怨、侵、大、泰生於欲。

"念生於欲，伓生於念，忓生於伓：

"念"，思念。《說文》："念，常思也。"《書・洪範》："凡厥庶民，有猷，有爲，有守，汝則念之。"孫星衍疏引馬融曰："凡其眾民有謀有爲，有所執守，當思念其行，有所趣舍也。"

"伓"，通"背"。背離。《馬王堆漢墓帛書・經法・四度》："伓約則窘，達刑則傷。"又《十六經・五正》："反義伓宗，其法死亡以窮。"

"忓"，觸犯。《玉篇・心部》："忓，擾也。"《國語・魯語下》："文伯曰：'以歜之家，而主猶績，懼忓季孫之怒也。'"懼忓，害怕觸犯（季孫氏的怒氣）。

人都是有欲望的，但對欲望必須有節制，不能放縱。應常思其所行。不然就會背離其道，就會觸犯他人，給自己帶來不利。念（思念）、伓（背離）、忓（觸犯），是人的行爲系列，"念"是對"欲"的節制，有欲必須常思其行，不可放縱；“伓”是對“念”的否定，強調不常思其行而放縱自己的欲望，便可能背離其道；“忓”是對“伓”的警示，指出如果背離其道，必然觸犯他人，觸犯社會。從行爲發生而言，便是“念生於欲，伓生於念，忓生於伓”。

“悁生於欲，籲生於悁，忘生於籲”：

“悁”，埋怨，責備。《論語·里仁》：“子曰：‘放於利而行，多怨。’”朱熹集註引程子曰：“欲利於己，必害於人，故多怨。”孔氏曰：“多怨，謂多取怨。”又：“子曰：‘事父母幾諫，見志不從，又敬不違，勞而不怨。’”朱熹集註：“勞而不怨，所謂‘與其得罪於鄉、黨、州、閭，寧熟諫。父母怒不悅，而撻之流血，不敢疾怨，起敬起孝’也。”

“籲”，憂愁。

“忘”，通“妄”。狂亂。《韓非子·解老》：“前識者，無緣而忘意度也。”王先慎集解：“忘與妄通。”

人因欲望得不到滿足而生埋怨，因埋怨而生憂愁，憂愁過度而狂亂，這是把個人得失看得太重的人的行爲發生系列。孔子主張“勞而不怨”，把個人得失看到太重的人這一系列行爲，正是早期儒家所要批評的。由欲（欲望）而生悁（埋怨），由悁（埋怨）而生籲（憂愁），由籲（憂愁）而生忘（狂亂），是對看重個人得失的人的批評，也是一種勸戒，希望這種人不要因個人得失而至於狂亂，甚至胡作非爲。

“慢生於欲，恧生於慢，逃生於恧”：

“慢”，侵犯，侵佔。《左傳·莊公二十九年》：“夏，鄭人侵許。”《韓非子·孤憤》：“大臣挾愚汙之人，上與之欺主，下與之收利侵漁。”

“恧”，自愧。《方言》第六：“恧，慚也。……山之東西，自愧云恧。”

“逃”，躲避。《左傳·襄公三年》：“事君不辟難，有罪不逃刑。”

侵（侵犯）、恧（自愧）、逃（躲避）是看重個人得失的人的又一行爲系列。這種人貪得無厭，個人欲望總得不到滿足，至於到侵犯他人。當他們的侵犯行爲受到譴責時，他們也有自愧的表現，然而卻不能真正認識自己侵犯他人是一種罪過，不敢正視，而是躲避。其所以如此，其行爲的發生便是："侵生於欲，恧生於侵，逃生於恧。"

"大生於欲，憂生於大，慍生於憂"：

"大"，誇大，自誇。《禮記·表記》："是故君子不自大其事，不自尙其功。"孔穎達疏："大，謂誇大。"《史記·高祖本紀》："劉季固多大言，少成事。"

"憂"，困難，憂患。《國語·晉語六》："且唯聖人能無外患，又無內憂。"《呂氏春秋·開春》："君子在憂，不救不祥。"高誘注："憂，阨也。"

"慍"，音運。鬱結。《集韻·迄韻》："慍，心所鬱積也。"《素問·玉機真藏論》："太過則令人逆氣而背病，慍慍然。"張隱菴集注："慍慍，憂鬱不舒之貌。"

大（自誇）、憂（憂患）、慍（鬱結）是看重個人得失的人的又一行爲系列。他們得到某種滿足便沾沾自喜，自誇其事；然而稍有不如意，便產生憂患；憂患無法排解，便慍慍然，心有鬱積而沈淪。從發生關係看，即是"大生於欲，憂生於大，慍生於憂"。

"泰生於欲，癡生於泰"：

"泰"，驕縱，傲慢。《玉篇·水部》："泰，驕也。"《論語·子罕》："拜下，禮也；今拜乎上，泰也。"朱熹集註："臣與君行禮，當拜於堂下。君辭之，乃升成拜。泰，驕慢也。"何晏集解："時臣驕泰，故於上拜。"《禮記·大學》："是故君子有大道，必忠信以得之，驕泰以失之。"

"癡"，癡惑。《說文》："癡，不慧也。"《文子·守法》："任臣者危亡之道也，尚賢者癡惑之原也，法天者治天下之道也。”

俗話說“欲壑難填”，貪欲是難以滿足的。凡是貪得無厭的人，也是驕慢的人；他們不擇手段地去滿足自己的貪欲，貪欲的滿足便是他們驕慢的資本。這種人同時也是愚昧無知、昏惑的人。滿足貪欲是這種人的追求。驕慢、癡惑是這種人的性格特徵。故曰“泰生於欲，癡生於泰”。驕慢來自貪欲，癡惑伴隨著驕慢。

五

凡謀①，已道者也。2·38 凡仆②，有不行者也。2·39 凡過，正一以失其他2·40 者也。2.41 凡敚，作於譽③者也。2·42

華④，自安⑤也。惻，退人也。2·43

名，婁也，由占⑥昆⑦生。2·44

【注】

① 此字依裘按讀爲“謀”。

② 此字簡文從人從卜，應隸定爲“仆”。

③ 此字簡文從心，與聲。疑借爲“譽”。與、譽，古音同爲餘紐魚部，音同可通假。

④ 依裘按讀爲“華”。

⑤ 此字簡文從心，晏聲，疑讀爲“安”。晏、安，古音同爲影紐元部，音

同可通假。

⑥ 此字簡文從田從火，占聲，疑讀爲“占”。

⑦ 此字簡文作“鯀”，疑借爲“昆”，鯀、昆，古音同爲見紐文部，音同可通假。

【釋】

此章言凡謀已道者也。

“凡謀，已道者也”：

“謀”，謀劃，謀慮。《說文》：“慮難曰謀。”《易·訟·象》：“君子以作事謀始。”孔穎達疏：“凡欲興作其事，先須謀慮其事。”

“道”，事理，規律。《禮記·中庸》：“道也者，不可須臾離也。”朱熹集註：“道者，日用事物當行之理。”

“已”，同“以”。憑藉，仗恃。《正字通·已部》：“已，與㠯古共一字。隸作㠯、以。”《荀子·非相》：“人之所以爲人者何已也？”已，與以同。問憑藉什麼稱之爲人而貴於禽獸。《韓非子·五蠹》：“富國以農，距敵恃卒。”《論衡·卜筮》：“欲知天，以人事。”以，憑藉。

句意爲：大凡謀劃作某一件事，必須憑藉對客觀事物當行之理的認識和瞭解。

“凡仆，有不行者也”：

“仆”，跌倒。《史記·項羽本紀》：“樊噲側其盾以撞，衛士仆地。”

“有”，通“佑”。佑助，幫助。《墨子·非命下》：“惡乎君子，天有顯德，其行甚章。”張純一集解：“莊（述祖）云：‘有當爲右，助也。’”

“行”，行走。《說文》：“行，人之不步趨也。”“不行”，指行走不便。

句意為：大凡人有跌倒的教訓，就願意佑助行走不便的人。

“凡過，正一以失其他者也”：

“過”，過失，過錯。《廣雅·釋詁三》：“過，誤也。”《論語·學而》：“過則勿憚改。”朱熹集註：“憚，畏難也。自治不勇，則惡日長，故有過則當速改，不可畏難而苟安也。”又《雍也》：“不遷怒，不貳過。”朱熹集註：“遷，移也。貳，復也，怒於甲者，不移於乙；過於前者，不復於後。”

“正”，糾正，匡正。《論語·學而》：“就有道而正焉。”朱熹集註：“就有道之人，以正其是非。”

“失”，通“佚”，輕忽。《書·盤庚中》：“盤庚乃登進厥民。曰：‘明聽朕言，無荒失朕命。’”孫星衍疏：“失，江氏聲讀為‘佚’。《說文》云：‘佚，一曰忽也。’”

句意為：大凡人有過錯，要勇於改過，不貳過，不要正其一點而輕忽其他。

“凡敚，作於譽者也”：

“敚”，強取。後作“奪”。

“作”，產生，興起。《說文》：“作，起也。”《易·乾·文言》：“聖人作而萬物睹。”聖人興起，而萬物景仰。

“譽”，美名。《玉篇·言部》：“譽，聲美也。”《詩·周頌·振鷺》：“庶幾夙夜，以永終譽。”鄭玄箋：“譽，聲美也。”

人們在奪取他人財物時，總要編造一些美妙的謊言，以混淆視聽，使被奪取者即使內心不滿也無話可說。所以，大凡奪取，多產生於美好的名義之中。故曰“凡敓，作於譽者也”。

“華，自安也。惻，退人也”：

“華”，繁盛，榮華。

“安”，安定。《爾雅·釋詁下》：“安，定也。”《詩·小雅·常棣》：“喪亂既平，既安且寧。”

“惻”，憂傷，悲痛。《說文》：“惻，痛也。”《廣雅·釋詁三》：“惻，悲也。”

“退”，離去，引退。《管子·宙合》：“故退身不舍端，修業不息版，以待清明。”

句意爲：國家繁盛而民自安。社會不安定，爲官者引退，以待清明。

“名，婁也，由占昆生”：

“名”，通“明”，明白。朱駿聲《說文通訓定聲》：“名，假借爲明。”《釋名·釋言語》：“名，明也，名實使分明也。”

“婁”，通“屢”。多次。《集韻·遇韻》：“屢，或作婁。”段玉裁《說文解字注》：“婁之義又爲數也。”《詩·周頌·桓》：“綏萬邦，婁豐年。”孔穎達疏：“武王誅紂之後，安此萬邦，使無兵寇之害；數有豐年，無饑饉之憂。”

“占”，用龜甲、蓍草占卜，預測吉凶。《易·繫辭上》：“以製器者尙其象，以卜筮者尙其占。”

“昆”，後。與“先”相對。《爾雅·釋言》：“昆，後也。”《書·大禹謨》：“禹，官占，惟先蔽志，昆命於元龜。”孔傳：“昆，後也。官占之法，先斷人志，後命於元龜，言志定然後卜。”

句意爲：要明白一件事，需要多次占卜。明，產生在占卜之後。

六

未有善事人而不返者。2·45

未有華而忠者。2·46

知命者亡仆。2·47

有德者不移①。2·48

疑取再。2·49

毋失吾勢②，此勢得矣。2·50

小不忍，敗大勢③。2·51

其所不同，其行者異。2·52 有行而不由，有由而2·53
不行。2·54

【注】

① 此字簡文從辵，多聲。同"移"，見《集韻·支韻》。

② 此字依裘按讀爲"勢"，下文同。

③ 此句簡文爲"少不忍，敗大勢"，現從裘按作"小不忍，敗大勢"。

【釋】

此章言有德者不移。

"有善事人而不返者"：

"事"，侍奉。《玉篇·史部》："事，奉也。""事人"，事奉人。《論語·先進》："季路問事鬼神。子曰：'未能事人，焉能事鬼？'"朱熹集註："問事鬼神，蓋求所以奉祭祀之意。而死者人之所必有，不可不知，皆切問也。然非誠敬足以事人，則必不能事神。"

"返"，同"反"。反省。《孟子·公孫丑上》："自反而不縮，雖褐寬博，吾不惴焉；自反而縮，雖千萬人，吾往矣。"趙岐注："人加惡於己，己內自省。"《淮南子·氾論訓》："紂居於宣室而不反其過。"《易·蹇·象》："君子以反身修德。"

孔夫子及其洙泗門人特別重視反躬自省，認爲這是修養德行的重要途徑。所以，沒有善於侍奉人而不反省自己的。

"未有華而忠者"：

"華"，虛華，浮華。《莊子·列禦寇》："從事華辭，以支爲旨。"葛洪《抱朴子·詰鮑》："其言不華，其行不飾，安得聚斂以奪民財！""忠"，盡心竭力，忠誠無私。

句意爲：沒有以虛華的言辭欺騙他人而能忠誠無私的。

"知命者亡仆"：

"知命"，懂得事物生滅變化都由不以人的意志爲轉移的自然規律決定的道理。《易·繫辭上》："樂天知命，故不憂。""亡"，通"無"。"仆"，頹敗。《新唐書·房玄齡杜如晦傳贊》："興大亂之餘，紀綱彫弛，而能興仆植僵，使號令典刑粲然罔不完。"

句意爲：樂天知命的人是不會頹敗的。

"有德者不移"：

“有德”，有德行。謂道德品行高尚，能身體力行。《周禮·春官·大司樂》：“凡有道者有德者，使教焉。”鄭玄注：“德，能躬行者。”“移”，改變。《玉篇·禾部》：“移，易也。”“不移”，堅定，不改變。

句意爲：有德行的人，意志堅定。

“疑取再”：

“疑”，恐懼，害怕。《廣韻·之韻》：“疑，恐也。”《韓非子·解老》：“不疑之謂勇。”陳奇猷集釋：“疑，亦懼也。”《禮記·雜記下》：“故有疾飲酒食肉，五十不致毀，六十不毀，七十飲酒食肉，皆爲疑死。”鄭玄注：“疑，猶恐也。”

“取”，收受，索取。《玉篇·又部》：“取，收也。”《字彙·又部》：“取，索也。”《孟子·萬章上》：“非其義也，非其道也，一介不以與人，一介不以取諸人。”朱熹集註：“介，與草芥之芥同。言其辭受取與，無大無細，一以道義而不苟也。”

“再”，重復，再現。《禮記·儒行》：“往者不悔，來者不豫，過言不再，流言不極。”孔穎達疏：“再，更也。言儒者有愆過之言，不再爲之。”不管什麼時候，老百姓最怕的是當權者索取無度。

早期儒家主張辭受取與應有道有德，特別重視“愆過”不再，故曰“疑取再”。意思是：最令人害怕的是收受之重復。

“毋失吾勢，此勢得矣”：

“毋”，副詞。表示禁止或勸阻，相當於“別”，“不要”。《詩·小雅·角弓》：“毋教猱升木，如塗塗附。”鄭玄箋：“毋，禁詞。”

“失”，音亦。放縱。後作“泆”。《篇海類編·人物類·失部》：“失，與泆同。”《管子·五輔》：“貧富無度則失。”尹知章注：“失其節制。”

“吾”，我，自己。《說文》：“吾，我自稱也。”《論語·學而》：“吾日三省吾身。”

“勢”，權勢。《字彙·力部》：“勢，權勢。”《書·君陳》：“無依勢作威，無倚法以削。”孔傳：“無乘勢位作威人上，無倚法利以行刻削之政。”

句意爲：不放縱自己而濫用權勢，這權勢才不會失去。

“小不忍，敗大勢”：

“小”，細，微。《說文》：“小，物之微也。”“不忍”，不忍耐，不忍受。《論語·衛靈公》：“巧言亂德。小不忍則亂大謀。”“敗”，危害，敗壞。“大勢”，大局的趨勢。

句意爲：細小的方面不忍耐，就會危害大局的趨勢。

“其所不同，其行者異”：

“所”，地位，位置。《左傳·襄公二十三年》：“爲人子者，患不孝，不患無所。”杜預注：“所，位處。”《論語·爲政》：“譬如北辰，居其所而眾星共之。”皇侃疏：“所，猶地也。”“行”，作，從事。《左傳·隱公元年》：“多行不義，必自斃。”

句意爲：一個人所處的地位不同，他的所作所爲就不一樣。

“有行而不由，有由而不行”：

“行”，作，爲。《墨子·經上》：“行，爲也。”“由”，通“猷”。圖謀。王引之《經傳釋詞》卷一：“由、猷古字通。”《書·康誥》：“乃由裕民，惟文王之敬忌乃裕民。”孫星衍疏：“由，同猷。”曾運乾注：“由，讀爲猷，圖也。”

句意爲：有所爲就不應有什麼圖謀；有所圖謀就不應有所爲。

慎言訣行

按：本篇爲《郭店楚墓竹簡·語叢四》，存簡 27 枚，402 字，殘去三字（已補出），凡 405 字。全文以慎言、善處爲論述中心，兼及“說之道”、“謀爲可貴”。可分爲四章。第 1 章（第 1—7 簡）言言之善，足以終世。第 2 章（第 8—16 簡）言早與賢人，是謂訣行。第 3 章（第 16—21 簡）言利木陰者，不折其枝。第 4 章（第 22—27 簡）言謀爲可貴。

本篇原無篇題，現根據第 4 簡、第 12 簡，取“慎言”、“訣行”；四字，組合爲篇題。

一

言以詞，情以久①。非言不酬②，非德亡復。言而苟，牆有耳。往言傷人，來言傷己。言之善，足以終世。三世之福③，不足以出芒④。

口不慎而戶之閉，惡言復己而死無日。

凡說之道，急⑤者爲首。既得其急，言必有及之。及之而不可，必且⑥以過⑦，毋令知我。彼⑧邦亡將，流澤而行。

【注】

① 此字簡文作“舊”，疑讀爲“久”。舊，古音群紐之部；久，古音見紐之部。舊、久，古音韻部相同，同爲喉音，音近可通假。

② 此字依裘按讀爲“酬”。

③ 此字簡文作“福”，如字。

④ 此字簡文作“芒”，不宜改讀。

⑤ 此字簡文作“級”，裘按認爲疑當讀爲“急”。級、急，古音同爲見紐緝部，音同可通假。下句“級”同。

⑥ 此字簡文從“且”得聲，裘按在此似亦當讀爲“且”，今從。

⑦ 此字簡文作“訛”，疑借爲“過”。訛，古音爲疑紐歌部；過，古音爲見紐歌部。訛、過，古音韻部相同，同爲喉音，音近可通假。

⑧ 此字簡文作“皮”，皮通“彼”。帛書《老子》有“故去皮取此”，今本作“故去彼取此”。

【釋】

此章言言之善，足以終世。

“言以詞，情以久。非言不酬，非德亡復”：

“言”，說話。《說文》：“直言曰言。”《荀子·非相》：“法先王，順德義，黨學者，然而不好言，不樂言，則必非誠士也。”楊倞注：“言，講說也。”

“詞”，文辭。《字彙·言部》：“詞，文也。”曹丕《典論·論文》：“然不能持論理不勝詞。”

“久”，時間長。《廣韻·有韻》：“久，長久也。”《論語·述而》：“久矣吾不復夢見周公。”

“非”，無，沒有。《書·大禹謨》：“後非眾，罔與守邦。”孔穎達疏：“君非眾人無以守國，無人則國亡。”

“酬”，應對，答對。《篇海類篇·食貨類·酉部》：“酬，答也。”《易·繫辭上》：“是故可與酬酢，可與佑神矣。”韓康伯注：“酬酢，猶應對也。”

“德”，恩惠，恩德。《玉篇·彳部》：“德，惠也。”《書·武成》：“大邦畏其力，小邦懷其德。”

“復”，報答。《漢書·匈奴傳》：“以復天子厚恩。”顏師古注：“復亦報。”

句意爲：說話憑藉文辭來表達，感情靠長久的時間來體現。說了話一定有應對（沒有說了話別人不應對的），施與了恩惠一定有報答（沒有施與了恩惠別人不報答的）。

“言而苟，牆有耳。往言傷人，來言傷己”：

“苟”，苟且，隨便。《荀子·不苟》：“行不貴苟難，說不貴苟察。”《禮記·曲禮上》：“臨財毋苟得，臨難毋苟免。”“牆有耳”，猶隔牆有耳。比喻秘密容易外泄。《詩·小雅·小弁》：“君子無易由言，耳屬於垣。”《管子·君臣下》：“古者有二言；牆有耳，伏寇在側。牆有耳者，微謀外泄之謂也。”

“往言”，說出去的話。《國語·晉語二》：“往言不可及也。”“來言”，對方回過來的話。

“傷”，傷害。《孟子·公孫丑上》：“矢人唯恐不傷人，函人唯恐傷人。”

句意爲：說話苟且，要注意隔牆有耳。說出去的話如果傷害別人，對方回來的話就會傷害自己。

“言之善，足以終世。三世之福，不足以出芒”：

“善”，友好，親善。《左傳·隱公六年》：“親仁善鄰，國之寶也。”《戰國策·秦策二》：“齊楚之交善。”高誘注：“善，猶親也。”“終世”，猶終身。終竟此身。《左傳·昭公十三年》：“爲羈終世，可謂無民。”杜預注：“終身羈客在晉，是無民。”

“福”，福佑，保佑。《說文》：“福，佑也。”《左傳·莊公十年》：“小信未孚，神弗福也。”《三國志·魏志·文帝紀》：“使死者有知，將不福汝。”

“出”，除去，離開。《玉篇·出部》：“出，去也；遠也。”《呂氏春秋·忠廉》：“殺身出生以徇其君。”高誘注：“出，去也；去生就死以徇從其君。”

“芒”，滅。《方言》卷十三：“芒，滅也。”戴震疏證：“芒，又同亡。

《廣韻》：‘亡，滅也。’”。

句意爲：說話友善，足以使你終竟一生。如果說話不友善將會帶來禍患，即使有三世之福佑，也不足以使你離開滅亡的命運。

“口不慎而戶之閉，惡言復己而死無日”：

“口不慎”，猶口不擇言。《朱子語類》卷九十五：“修省言辭便是要立得這忠信，若口不擇言，只管逢事便說，則忠信亦被汩沒動蕩立不住了。”

“戶”，單扇的門。《說文》：“戶，護也。半門曰戶。”《玉篇·戶部》：“一扉曰戶，兩扉曰門。”“戶之閉”，猶言門庭冷落，少有人來往。

“惡言”，無禮、中傷的言語。《禮記·祭義》：“是故惡言不出口，忿言不反於身。”《左傳·哀公二十五年》：“惡言多矣，君請盡之。”

“復己”，復反於身。“無日”，不日，爲時不久，《詩·小雅·頍弁》：“死喪無日，無幾相見。”鄭玄箋：“死亡無有日數，能復幾何與王相見也。”

句意爲：口不擇言門庭冷落少有人來往，如果無禮、中傷的言語復反於身便死喪爲時不久了。

“凡說之道，急者爲首”：

“說”，勸說別人，使之聽從自己的意見。《廣韻·祭韻》：“說”，誘。《孟子·萬章上》：“（伊尹）其自任以天下之重如此，故就湯而說之以伐夏救民。”朱熹集註：“是時夏桀無道，暴虐其民，故欲使湯伐夏以救之。”

“急”，危急，緊急。《左傳·宣公十五年》：“宋人使樂嬰齊告急於晉，晉侯欲救之。”

句意爲：遊說之道，情況緊急爲第一。

"既得其急，言必有及之。及之而不可，必且以過，毋令知我"：

"既"，已經。《書·堯典》："克明俊德，以親九族；九族既睦，平章百姓。"孔傳："既，已也。"

"得"，曉悟，瞭解。《禮記·樂記》："禮得其報則樂。"鄭玄注："得，謂曉其義，知其吉凶之歸。"

"及"，至，到達。《廣雅·釋詁一》："及，至也。"

"不可"，不答應，不准許。《穀梁傳·昭公三十一年》："晉侯使荀櫟唁公於乾侯。唁公不得於魯也，曰：'既爲君言之矣，不可者意如也。'"范寧注："言己已告魯求納君，唯意如不肯。"

"且"，姑且，暫且。《詩·唐風·山有樞》："且以喜樂，且以永日。"王引之《經傳釋詞》卷八："且，姑且也。"

"以"，使，令。《戰國策·秦策一》："向欲以齊事王攻宋也。"高誘注："以，猶使也。"

"知我"，深切瞭解我。《詩·王風·黍離》："知我者，謂我心憂；不知我者，謂我何求。"

句意爲：已經瞭解了對方感到情況緊急的心情，說話就要說到他心裡去。話已說到他心裡去了，對方仍然不答應，一定要暫且讓這件事過去，不要讓對方瞭解自己的想法。

"彼邦亡將，流澤而行"：

"將"，音江，扶持，扶助。《釋名·釋言語》："將，救護之也。"《廣雅·釋言》："將，扶也。"《玉篇·寸部》："將，助也。"《詩·周南·樛木》："樂只君子，福履將之。"鄭玄箋："將，猶扶助也。"

"流澤"，謂流布恩德。《荀子·禮論》："故有天下者事七世，有一國者事五世，有五乘之地者事三世，有三乘之地者事二世，持手而食者不得立宗廟，所以別積厚者流澤廣，積薄者流澤狹也。”

句意爲：（要想說服對方，要等待時機。）等到對方孤立無助的時候，流布恩德而行之，對方自然能被說服。

二

竊鉤者誅，竊邦者爲諸侯。諸侯之門，義士之所存。

車第①之閟②囿③，不見江湖之水。匹婦愚夫④，不知其鄉之小人、君子。食韭萼⑤知終其苞⑥。早與賢人，是謂訣行。賢人不在側，是謂迷惑。不與智謀，是謂自欺⑦。早與智謀，是謂重基。邦有巨雄，必先與之以爲朋。雖難之⑧而弗惡，必盡其故。盡之而疑，必仵⑨裕裕⑩其遷。如將有敗，雄是爲害。

【注】

① 此字簡文作“𢾊”，《郭店楚墓竹簡》原注：“𢾊，從朱德熙先生釋，讀作‘弼’，字亦通作‘第’。”今從。

② 此字簡文從必得聲，疑借爲“閟”。必、閟，古音同爲幫紐質部，音同可通。

③ 此字簡文從有得聲，疑借爲“囿”。有、囿，古音同爲匣紐之部，音同可通。

④ 裘按：“‘侐婦禺夫’當讀爲‘匹婦愚夫’。”今從。

⑤ 此字簡文作“亞”，讀爲“惡”，借爲“萼”。惡，古音影紐鐸部；萼，古音疑紐鐸部。惡、萼，古音韻部相同，同爲喉音，音近可通。

⑥ 此字簡文艸，呆（古保字）聲。通“苞”。呆、包古音同爲幫紐幽部。或爲“苞”之異構，或借爲“苞”。

⑦ 此字簡文作“基”，疑借爲“欺”。基，古音見紐之部；欺，古音溪紐之部。基、欺，古音韻部相同，同爲喉音，音近可通。

⑧ 依裘按讀爲“雖難之”。

⑨ 此字簡文以午得聲，疑讀爲“仵”，用同“伍”。《洪武正韻·姥韻》：“仵，通作伍。”

⑩ 此二字簡文作“谹谹”，應讀爲“裕裕”。

【釋】

此章言早與賢人，是謂訣行。

“竊鉤者誅，竊邦者爲諸候。諸候之門，義士之所存”：

“鉤”，腰帶鉤。“竊鉤”，謂小偷小摸。

“竊邦”，猶竊國。篡奪邦國大權。《荀子·正論》：“可以有竊國，不可以有竊天下也。”

“誅”，懲罰。《禮記·曲禮上》：“以足蹙路馬芻有誅，齒路馬有誅。”鄭玄注：“誅，罰也。”

“所存”，生存的地方。

句意爲：小偷小摸的人受到懲罰，篡奪邦國大權的人卻成爲諸侯。然而諸侯之門卻是仁義之士生存的地方。（不能因爲那些篡奪邦國大權而成諸侯的人不仁不義而否定諸侯門內的仁義之士。）

“車第之閟囿，不見江湖之水。匹婦愚夫，不知其鄉之小人、君子。食韭葚知終其苞”：

“第”，古代車箱前後的遮蔽物，又特指車門的遮蔽物。《爾雅·釋器》“輿車，前謂之鞎，後謂之第。”郝懿行疏：“第者，《玉篇》、《廣韻》並云：‘輿後第也’。……《碩人》傳：‘第，蔽也。’”

“閟”，音必。掩蔽。《漢書·盧綰傳》：“綰愈恐，閟匿。”顏師古注：“閟，閉也，閉其蹤跡。”

“囿”，拘泥、局限。《正字通·口部》：“識不通廣曰囿，猶言拘墟也。”《莊子·徐無鬼》：“辯士無談說之序則不樂，察士無淩誶之事則不樂，皆囿於物者也。”

“鄉”古代鄉大夫的略稱。《儀禮·鄉飲酒禮》：“記，鄉朝服而謀賓介。”鄭玄注：“鄉，鄉人，謂鄉大夫也。”

“韭”，韭菜。《詩·豳風·七月》：“獻羔祭韭。”晉潘岳《閒居賦》：“菜則蔥韭蒜芋。”

“葚”，花葚。《玉篇·艸部》：“葚，花葚也。”此處借指“花”。“食韭葚”，指食韭花。食韭花，並非只吃花，而是連花莖一起吃。韭菜花，又名“韭菁”。李時珍《本草綱目·菜一》：“韭之……花名韭菁。”以“菁”命名的菜，除“韭菁”以外，還有“蔓菁”，都是吃莖的。張衡《南都賦》：“春筍夏蒜，秋韭冬菁。”

“苞”，草木的根或莖幹。《詩·商頌·長發》：“苞有三蘖，莫遂莫達。”毛傳：“苞，本也。蘖，餘也。”朱熹注：“言一本三蘖也。”

句意爲：乘車的人因車第的掩蔽和局限，分不清江水和湖水。匹婦愚夫因見聞不周，不知道鄉大夫是小人還是君子。然而吃韭菜花卻都知道要終其根，不能只吃花不吃莖。

“早與賢人，是謂訣行。賢人不在側，是謂迷惑”：

“早”，比一定的時間靠前。《字彙·日部》：“早，先也。”

“與”，親近。《管子·大匡》：“公先與百姓而藏其兵。”郭沫若等集校引蘇輿云：“與，親也。”

“訣”，音樣。早知，預知。《說文》：“訣，早知也。”桂馥義證：“早知也者，《廣韻》：‘訣，智也。’”“訣行”，猶先知而後行。

“謂”，令，使。《廣雅·釋詁二》：“謂，使也。”《詩·小雅·出車》：“我出我車，於彼牧矣。自天子所，謂我來矣。召彼仆夫，謂之載矣。”朱熹集傳：“追言其始受命出征之時，出車於郊外而語其人曰：我受命於天子之所而來，於是召仆夫，使其載車而行。”

“迷惑”，辨不清是非。《管子·任法》：“百姓迷惑而國家不治。”

句意爲：早親近賢人，使其先知而後行。賢人不在旁邊，使其辨不清是非。

“不與智謀，是謂自欺。早與智謀，是謂重基”：

“智謀”，才智謀略。此指“智謀之士”。晉干寶《搜神記》：“將恐天下之人卷舌而不言，智謀之士望門而不進，深爲明公惜之！”

“自欺”，自己欺騙自己。《禮記·大學》：“所謂誠其意者，毋自欺也。”宋葉適《毋自欺室銘》：“有聞善之意而疑己以不明，自欺也；有爲高之心而畏己以不能，自欺也。”

“重”，厚。《說文》：“重，厚也。”《淮南子·俶真訓》：“九鼎重味，珠玉潤澤。”高誘注：“重，厚也。”

“基”，本，基礎。《集韻·之韻》：“基，本也。”《釋名·釋言語》：“基，據也；在下，物所依據也。”《詩·小雅·南山有台》：“樂只君子，邦家之基。”毛傳：“基，本也。”《淮南子·泰族訓》：“故仁義者，爲厚基者也。不益其厚而張其廣者毀；不廣其基而增其高者覆。”

句意爲：不親近智謀之士，是自己欺騙自己。早親近智謀之士，能使其基增厚。

“邦有巨雄，必先與之以爲朋。雖難之而弗惡，必盡其故。盡之而疑，必仵裕裕其遷。如將有敗，雄是爲害”：

“巨雄”，勢力強大而專橫的人。

“難”，厭惡，忌恨。《戰國策·中山策》：“司馬熹三相中山，陰簡難之。”姚宏注：“難，惡也。”鮑彪注：“難，謂忌之。”

“惡”，得罪。《戰國策·東周》：“周恐假之而惡於韓，不假而惡於秦。”

“故”，故意，事先的計劃和安排。

“疑”，懷疑，有所覺察。

“仵”，同“伍”。相參伍，與之交互錯雜。《易·繫辭上》：“參伍以變，錯綜其數。”孔穎達疏：“參，三也；伍，五也。或三或五，以相參合，以相改變。”《荀子·議兵》：“窺敵觀變，欲潛以深，欲伍以參。”楊倞注：“伍參，猶錯雜也。”

“裕裕”，寬裕自如貌。

“遷”，改變。《玉篇·辵部》：“遷，易也。”《左傳·昭公五年》：“吾子爲國政，未改禮而又遷之。”杜預注：“遷，易也。”

“將”進行。《廣雅·釋詁一》：“將，行也。”《詩·鄭風·豐》：“悔予不將兮。”毛傳：“將，行也。”

“爲害”，造成禍害。

句意爲：邦國之中如果有勢力強大而專橫的人，一定先要親近他，並且拿他當朋友。你雖然厭惡這種人，然而卻不能得罪他，一定要完全按事先計劃和安排的去接近他。如果在執行計劃的過程中而使對方懷疑或者有所察覺，一定與之相參伍，使之寬裕自如地改變。如果進行失敗，巨雄就要造成禍害。

三

利木陰者，不折其枝①。利其渚者，不塞其溪。善使其下，若蚈蛩之足，眾而不害，害而不仆。善事其上者，若齒之事舌，而終弗愆②。善使其士③者，若兩輪之相轉④，而終不相敗。善使其民者，若四時一遣一來，而民弗害也。

【注】

① 此字簡文作"枳"，依裘按讀爲"枝"。

② 此字簡文似應讀爲"陷"，借爲"愆"。陷，古音匣紐談部；愆，古音溪紐元部。陷、愆，古音同爲喉音，韻部主要母音相同，可通轉，音近假借。

③ 簡文"善"之後殘去三字，現根據上下文補"使其士"三字。

④ 此字依裘按讀爲"轉"。

【釋】

此章言利木陰者，不折其枝。

"利木陰者，不折其枝。利其渚者，不塞其溪"：

“利”，喜愛，取。《荀子·正名》：“不利傳辟者之辭。”楊倞注：“利，謂悅愛之也。”《淮南子·說山訓》：“象解其牙，不憎人之利之也。”高誘注：“利，猶取也。”

“木”，樹。木本植物的通稱。《莊子·山木》：“莊子行於山中，見大木枝葉盛茂。”陸德明釋文引《字林》云：“木，眾樹之總名。”

“渚”，通“瀦”。蓄水處，堰瀦。《管子·五輔》：“導水潦，利陂溝，決潘渚。”渚，通瀦。《周禮·地官·稻人》：“稻人掌稼下地，以瀦畜水。”鄭玄注：“謂偃豬者，畜流水之陂也。”《左傳·襄公二十五年》：“規偃豬。”孔穎達疏：“豬者，停水之名。謂偃水為豬。”

句意為：取用樹陰的人，不會折斷樹枝。取用堰瀦之水的人，不會堵塞流水入堰瀦的小溪。

“善使其下，若蚈蛩之足，眾而不害，害而不仆”：

“下”，地位低的人。《 易·繫辭下 》：“君子上交不諂，下交不瀆。”侯果注：“上謂王侯，下謂凡庶。”

“蚈蛩”，音千窮。又單稱“蚈”或“蛩”。馬陸，又稱馬、馬蚰、百足。節肢動物，體圓長。由 20 個環節構成，背面有黃黑相間的環紋。《逸周書·月令》：“鷹乃學習，腐草化為螢蚈。”孔晁注引高誘云：“蚈，馬蚿也。”《集韻·腫韻》：“蛩，蟲名，百蟲也。”

句意為：君子善於役使庶眾，就像馬陸運用它的眾多的腳一樣，腳雖多並不妨礙馬陸的活動，即使有的妨礙，馬陸也不會傾倒，完全能運用自如。

“善事其上者，若齒之事舌，而終弗悠”：

“事”，事奉。《 易·蠱·象 》：“不事王侯，志可則也。”《孟子·梁惠王上》：“是故明君制民之產，必使仰足以事父母，俯足以畜妻子。”

“上”，君主，尊長或在上位的人。《禮記·王制》：“尊君親上。”孔穎達疏："親上，謂在下親愛長上。"

"終"，自始至終。

"愆"，過失，罪過。《玉篇·心部》："愆，過也。"《書·冏命》："中夜以興，思免厥愆。"

句意爲：善於事奉在上位者，就像牙齒事奉舌頭，自始至終不會有什麼過失。

"善使其士者，若兩輪之相轉，而終不相敗"：

"士"，官吏的通稱。《書·多士·序》："成周既成，遷殷頑民，周公以王命誥，作《多士》。"孔穎達疏："士者，在官之總號。"《詩·周頌·清廟》："濟濟多士，秉文之德。"孔穎達疏："濟濟之眾士，謂朝廷之臣也。"《管子·八觀》："鄉無長遊，里無士舍。"尹知章注："士，謂里尉。"

"敗"，害，危害。

句意爲：善於役使同朝爲官的人，就像車子的左右兩個輪子互相一起轉動，自始至終不會互相危害。

"善使其民者，若四時一遣一來，而民弗害也"：

"民"，百姓。指有別於君主、群臣百官和士大夫以上各階層的庶民（多與"君"、"臣"、"人"相對）。《詩·大雅·假樂》："宜民宜人，受祿於天。"朱熹注："民，庶民也。人，在位者也。"

"遣"，送走，使離開。《玉篇·辵部》："遣，送也。"

又："遣，去也。""來"，招之使來，迎來。《字彙·人部》："來，招之也。"

"四時一遣一來"，送走春天，迎來夏天；送走夏天，迎來秋天：送走秋天，迎來冬天；送走冬天，又迎來春天。四時更疊，送、迎，去、來，永無止境。句意爲：善於役使老百姓，就像一年四季春去夏來，夏去秋來，秋去冬來；冬去春又來，送去迎來老百姓不受危害。

四

山亡橢①則陀②，城無蓑則阤③，士無友不可。君有謀臣，則壤地不削④；士有謀友，則言談不弱⑤。雖勇力聞於邦不如材，金玉盈室不如謀，衆強甚多不如時。故謀爲可貴。一家事乃有祏⑥，三雄一雌，三呱一媞⑦，一王母保三嬰兒，聽⑧君而會，視厲⑨而內。內之或內之，至之或至之，至而亡及也已。

【注】

① 此字簡文應隸定爲“墮”，借爲“橢”。墮、橢，古音同爲定紐歌部，音同可通。

② 此字簡文作“坨”，《正字通·土部》：“坨，俗陀字。”

③ 此字簡文作“坨”，讀“阤”。

④ 此字簡文作“鈔”，劉釗考釋認爲應讀“削”。今從。

⑤ 裘按認爲簡文此字當釋爲“勺”，讀爲“弱”。今從。

⑥ 此字簡文從亻從貝，石聲，讀爲“祏”。石、祏，古音同爲禪紐石部，音同可通。或爲“祏”之異構。

⑦ 劉釗考釋，疑讀作“三呱一媞”，今從。

⑧ 此字簡文作“聖”，依裘按讀爲“聽”。

⑨ 此字簡文讀爲“厲”，見段玉裁《說文解字注·厰部》。

【釋】

此章言謀爲可貴。

“山亡槗則陀，城無蓑則阤，士無友不可”：

“槗”，長圓形，槗圓。“山亡槗”，山形一般有兩類，一類高峻挺拔，陡而險，如湖南張家界的山；一類低槗渾圓，平而緩，如湖北荆門的十八羅漢山。清姚鼐《羅雨峰鬼趣圖》詩云：“君看隙外光，穿落窗中壤，或方或槗圓，橫斜直曲枉。”亡槗，即不是低槗渾圓。

“陀”，音跺。崩毀。《龍龕手鑒·阜部》：“陀，毀落也。”

“蓑”，用草覆蓋。《公羊傳·定公元年》：“晉人執宋仲幾於京師。仲幾之罪何？不蓑城也。”何休注：“若今以草衣城是也。”徐彥疏：“謂不以蓑苫城也。”

“阤”，音至。壞落。《國語·周語下》：“是故聚不阤崩，而物有所歸。”韋昭注：“大曰崩，小曰阤。”清俞正燮《癸巳類稿·少吏論》：“鄉亭漏敗，垣牆阤壞。”

“不可”，猶不堪。心情不舒暢。

句意爲：山不低槗渾圓便會崩毀，城牆不用草苫覆便會壞落，爲官的人沒有幕友便會心情不舒暢。

“君有謀臣，則壤地不削；士有謀友，則言談不弱”：

“謀臣”，善於出謀劃策的臣子。《國語・越語上》：“夫雖無四方之憂，然謀臣與爪牙之士，不可不養而擇也。”

“壤地”，國土，領土。《左傳・哀公十一年》：“越在我，心腹之疾也。壤地同而有欲於我。”

“削”，分，分割。《戰國策・齊策一》：“夫齊，削地而封田嬰，是其所以弱也。”

“謀友”，善於出謀劃策的幕友。

“弱”，差、劣。《楚辭・離騷》：“理弱而媒拙兮，恐導言之不固。”朱熹集注：“弱，劣也。”

句意爲：爲一國之君者如果有出謀劃策的臣子，國土就不會被分割；爲官者如果有出謀劃策的幕友，言談就不會理弱於他人。

“雖勇力聞於邦不如材，金玉盈室不如謀，眾強甚多不如時。故謀爲可貴”：

“勇力”，膽量和氣力。《周禮・夏官・司右》：“凡國之勇力之士，能用五兵者屬焉。”

“材”，才能，才藝。《書・咸有一德》：“任官惟賢材，左右惟其人。”

“金玉”，珍寶的通稱。《左傳・襄公五年》：“無藏金玉，無重器備。”

“謀”，謀略。《書・大禹謨》：“無稽之言勿聽，弗詢之謀勿庸。”《韓非子・難一》：“則所以勝楚破軍者，舅犯之謀也。”

“眾”，眾人，群眾。《論語・學而》：“弟子入則孝，出則弟，謹而信，泛愛眾，而親仁。”楊伯峻注：“眾，群眾，眾人。”

“強”，勢力強盛的人。

句意爲：雖然以膽量和氣力聞名於邦國但不如有才能，珍寶多得可以充滿所有的內室但不如謀略，超出眾人的勢力強盛的人非常多但不如時運。所以謀略是最爲可寶貴的。

“一家事乃有祏，三雄一雌，三呱一媞，一王母保三嬰兒。聽君而會，視厲而內，內之或內之，至之或至之，至而亡及也已”：

“家”，卿大夫及其家族。《書·洪範》：“臣之有作福作威玉食，其害於而家。”孔穎達疏引王肅云：“大夫稱家。”《左傳·昭公五年》：“羊舌四族，皆彊家也。”孔穎達疏：“不言羊舌四人而云四族，明指其族也。”

“祏”，音時。宗廟中藏神主的石匣。代指宗主。《說文》：“祏，宗廟主也。”徐灝箋：“宗廟主藏於石室，謂之宗祏。渾言之，則祏曰宗廟主，非謂祏即主也。”《左傳·昭公十八年》：“使祝史徙主祏於周廟。”孔穎達疏：“每廟木主皆以石函盛之，當祭則出之。事畢則納於函，藏於廟之壁之內，所以辟火災也。”《左傳·昭公十九年》：“今又喪我先大夫偃。其子幼弱，其一二父兄懼隊宗主，私族於謀，而立長親。”孔穎達疏引服虔曰：“祏主藏於宗廟，故曰宗主。”楊伯峻注：“隊同墜，落也，絕也。大夫之繼承者，爲一宗之主。”祏，本是宗廟中藏神主的石匣，後借爲宗廟主，再借爲宗主，指大夫及繼承者爲一宗之主。

“雄”，傑出的人物。《廣雅·釋訓》：“雄，傑也。”《左傳·襄公二十一年》：“齊莊公朝，指殖綽、郭最曰：‘是寡人之雄也。’”

“雌”，柔弱。《淮南子·原道訓》：“是故聖人守清道而抱雌節。”高誘注：“雌，柔弱也。”

“呱”，小兒哭聲。借指小兒。

“媞”，母親。《說文》：“江淮之間謂母爲媞。”

“王母”，祖母。《禮記·曲禮下》：“祭王父，曰皇祖考，王母曰皇祖妣。”

“保”，養育。《說文》：“保，養也。”唐蘭《唐蘭殷虛文字記》：“負子於背謂之保，引申之，則負之者爲保；更引申之，則有保養之義。”

“君”，指一家之主，即稱大夫。君是大夫以上居有土地的各級統治者的通稱。此處用以稱大夫。

“會”，會合，聚會。《書·洪範》：“會其有極。”孔穎達疏：“集會其有中之道。”

“厲”，勉勵，激勵。《銀雀山漢墓竹簡·孫臏兵法·延氣》：“臨境近敵，務在厲氣。”

“內”，納，採納。《孟子·萬章上》：“思天下之民匹夫匹婦有不被堯舜之澤者，若已推而內之溝中。”朱熹集註：“內，音納。”

“或”，相當於“又”。王引之《經傳釋詞》卷三：“或，猶又也。”《詩·小雅·賓之初筵》：“既立之監，或左史。”鄭玄箋：“飲酒於有醉者，有不醉者，則立監使視之，又助以史使督酒，欲令皆醉也。”

“至”，及，達到。《莊子·人間世》：“所存乎己者未定，何暇至於暴人之所行。”王先謙集解：“至，猶遠及也。”《禮記·樂記》：“樂至則無怨，禮至則不爭。”鄭玄注：“至，謂達也，行也。”

句意爲：整個家族的事有一宗之主，還有所有的族人。有眾多的雄傑之士，也有柔弱的人；有眾多的小兒，也有母親；還有養育眾多嬰兒的祖母。大家聽從宗主的命令而會聚在一起，各抒己見，看誰的意見能有激勵大家的積極意義就採納。有好的意見就採納，又有新的意見又採納，達到一個目的又達到一個目的，直至目的全部達到爲止。

《緇衣》通釋

按：本篇存簡47枚，1144字，23章。可分六部分。1—4章言好、惡、疑、惑之理：君王好美惡惡，民則知善惡之度。君不疑，臣不惑；民不惑，君不勞。5—9章言上行下效之理：君民一體，上行下效；上好仁，下爲仁也爭先。10—11章言爲君治國之理：君不親賢，則民此以變；大臣不治，則邦家不寧。12—13章言政與教之理：教之以德，齊之以禮；政之不行，教之不成也。14—19章言言與行之理：大人不昌流；道人以言，亙以行；顧言以行，以成其信。20—23章言交友之理：私惠不懷德，君子不自留焉；君子之友也有向，其惡有方。

郭店楚簡《緇衣》（以下稱簡本）與《禮記·緇衣》（以下稱今本），其內容大體相同，應是同一文本的不同傳本。簡本無今本的第一及第十六兩章。章序有很大不同，文字也有不少出入。

一

夫子曰：好美①如好緇衣，惡惡如惡巷伯，則民臧扐而刑不屯②。《詩》云："儀刑文王，萬邦③作孚。"

【注】

①"美"，今本作"賢"。

②"則民臧扐而刑不屯"，今本作"則爵不瀆而民作願，刑不試而民咸服"。"扐"，簡本作"放"，依劉信芳說定爲"扐"。

③"萬邦"，今本作"萬國"。今本避漢高祖諱改"邦"爲"國"，可證今本抄定於漢初。

【釋】

此章爲簡本第一章，今本第二章。言君王好美而惡惡，則民知善惡之度。

"好美如好緇衣"：

《緇衣》，《詩·鄭風》首篇，讚美鄭武公爲周司徒時的賢德、誠篤。"如好緇衣"，取《緇衣》之詩讚美賢德之義。"惡惡如惡巷伯"，《巷伯》，《詩·小雅》篇名，是寺人孟子刺幽王之詩，抒發了被侮辱被損害者內心的怨恨。"如惡巷伯"，取《巷伯》之詩深藏怨恨、嫉惡如仇之義。

"民臧扐而刑不屯"：

"扐"，《說文》："扐，《易》筮，再扐而後卦。"段注："權度多少中其節謂之扐。"

"臧"，《字彙》："臧"，匿也。"臧扐"，其意爲：知其節度而扐擇之。

"屯"，屯列，猶陳列。

"刑"，刑法文書。《左傳·昭公六年》：三月，鄭人鑄刑書。叔向使詒子產書，曰："……今吾子相鄭國，作封洫，立謗政，制參辟，鑄刑書，將以靖民，不亦難乎？《詩》曰：'儀式刑文王之德，日靖四方。'又曰：'儀刑文王，萬邦作孚。'如是，何辟之有？民知爭端矣，將棄禮而徵於書，錐刀之末，將盡爭之。"《左傳·昭公二十九年》：冬，晉趙鞅、荀寅帥師城汝濱，遂賦晉國一鼓鐵，以鑄刑鼎，著范宣子所爲刑書焉。仲尼曰："晉其亡乎！失其度矣。夫晉國將守唐叔之所受法度，以經緯其民，卿大夫以序守之，民是以能尊其貴，貴是以能守其業。貴賤不愆，所謂度也。文公是以執秩之官，爲被廬之法，以爲盟主。今棄是度也，而爲刑鼎，民在鼎矣，何以尊貴？貴何業之守？貴賤無序，何以爲國？且夫宣子之刑，夷之蒐也，晉國之亂制也，若之何以爲法？"以上兩段史實，叔向所言與《緇衣》此章所述相一致，孔子與叔向同出一轍，都反對鑄刑鼎陳刑書於民。據此，可見今本《緇衣》"刑不試"傳抄有誤，簡本《緇衣》"刑不屯"即"刑書不陳"之義。"……則民臧扐而刑不屯"，其意爲：（君王好惡分明）則民知其節度而扐擇之，無須陳刑書於民。

"《詩》云"：

引文見《詩·大雅·文王》。"儀"，象也。"刑"，法也。"孚"，信也。言惟取法於文王，則萬邦作孚而信之矣。

二

子曰：有國者章好章惡①，以視民厚，則民情不忒②。

《詩》云：“靖共爾位，好是正直。”

【注】

①“章好章惡”，今本作“章善癉惡”。“好”改爲“善”，使夫子口語變爲書面語，失去特色。“癉”亦作“忒”，病也。

②“以視民厚”，今本作“以示民厚”，“視”、“示”兩字通。“民情不忒”，“忒”原釋文作“弋”，今本作“貳”，依“裘按”定爲“忒”。

【釋】

此章爲簡本第二章，今本第十一章。言有國者明章好惡，使民情樸實專一。

“章好章惡，以視民厚”：

“章”，明也。《書·堯典》：“九族既睦，平章百姓。”孔穎達疏：“教之以禮法，章顯之使之明著。”“好”，指美善；“惡”，指邪惡。

“……則民情而不忒”：

“忒”，變更。《說文》：“忒，更也。”《詩·魯頌·閟宮》：“春秋匪解，享祀不忒。”鄭玄箋：“忒，變也。”

句意爲：章顯美善與邪惡，使之有所分定，使民知從善而遠惡，則民情所以樸實専一也。

“《詩》云”：

所引見《詩·小雅·小明》。“靖”，靜也。“好是正直”，愛此正直之人也。引此以明章善之義。

三

子曰：爲上可望而知也，爲下可類而等也①，則君不疑其臣，臣不惑於君②。《詩》云：“淑人君子，其儀不忒。”《尹誥》云：“惟伊尹及湯，咸有一德。”③

【注】

①“可類而等”，今本作“可述而志”。

②“君不疑其臣，臣不惑於君”，今本作“君不疑於其臣，而臣不惑於其君”，“不疑於其臣”，“於”字衍；“不惑於其君”，“其”字衍。

③簡本“《詩》云”在前“《尹誥》在後，今本錯位。《尹誥》，《尚書》篇名，今本誤爲“尹吉”。此章《尹誥》引文，已爲今本《尚書·咸有一德》採入。今本“尹躬”，當讀爲“伊尹”。

【釋】

此章爲簡本第三章，今本第十章。言君不疑、臣不惑之理。

“君不疑其臣”：

君王要相信臣子。

“疑其臣”：

不相信臣子。《後漢書·范升傳》：“願陛下疑先帝之所疑，信先帝之所信，以示反本，明不專己。”疑與信相對：疑而不信，信而不疑。

“臣不惑於君”：

臣子要瞭解君王。

“或於君”：

對君王有所不明。惑與明相對，惑而不明，明而不惑。臣何以無惑？君何以不疑？

“爲上可望而知”、“爲下可類而等”：

君之待臣，表裡如一、可望而知，臣自然無惑；臣之事君，類有等差、人盡其才，君自然不疑。

“《詩》云”：

引文見《詩·曹風·鳲鳩》。孔穎達疏：“執義如一，無疑貳之心。”引之以證一德之義。

“《尹誥》云”：

引文見今本《尙書·咸有一德》。《書經集傳》蔡沈注：“一德，純一之德。不雜不息之義。”“湯之君臣，皆有一德。故能上當天心，受天明命，而有天下。”引此文以證君臣相得，君不疑其臣，臣亦不惑於君。

四

子曰：上人疑則百姓惑，下難知則君長勞。故君民者章好以視民欲①，謹惡以渫民淫②，則民不惑③。臣事君，言其所不能，不詒其所能④，則君不勞。《大雅》云："上帝板板，下民卒癉。"《小雅》云："非其止之，共維王恭。"⑤

【注】

① "以視民欲"，今本作"以示民俗"。

② "謹惡以渫民淫"，今本作"慎惡以禦民之淫"。"渫"，簡文此字同"渫"，見《直音篇》。

③ "民不惑"，今本作"民不惑矣"。

④ "臣事君……不詒其所能"，今本作"臣儀行，不重辭，不援其所不及，不煩其所不知。""詒"，簡本釋"詞"。裘按：從文義看，似應讀爲辭讓之"辭"。劉信芳認爲該字可直接隸定爲"詒"，今從。

⑤ 今本《小雅》曰："匪其止共，維王之邛"。

【釋】

此章爲簡本第四章，今本第十二章。言民不惑、君不勞之理。

"君民者章好以視民欲，謹惡以渫民淫"：

"民欲"，民眾的欲望。《書·泰誓上》："天矜於民，民之所欲，天必從之。"《左傳·宣公十二年》："所違民欲猶多，在何安焉？"

"淫"，貪欲。《禮記·坊記》："夫禮，坊民所淫，章民之別，使民無嫌，以爲民紀者也。"鄭玄注："淫，猶貪也。""民淫"，民之貪侈惡習。

“謹”，懲戒。《詩・大雅・民勞》：“無縱詭隨，以謹無良。”

“視”，接納。《禮記・坊記》：“故君子於有饋者，弗能見，則不視其饋。”鄭玄注：“不視，猶不內也。”孔穎達疏：“視，納也。”

“渫”，音謝，除去。杜牧《韋丹遺愛碑》：“蕩渫汙壅。”

“君”，主宰，統治。《書・說命上》：“天子惟君萬邦，百官承式。”韓愈《送齊皞下第序》：“今之君天下者，不亦勞乎！”“君民者”，即統治者。為了使民不惑，“君民者”必章顯賢善以接納民之所欲，懲戒邪惡以蕩渫民之貪侈惡習。

“言其所不能，不詒其所能”：

“言”，《說文》：“直言曰言。”

“詒”，音代。欺騙。《列子・仲尼》：“子輿曰：‘吾笑龍之詒孔穿。’”張湛注：“詒，欺也。”《說文》：“詒，相欺詒也。”

臣之事君貴坦誠，直言其所不能，則君無枉用；其所能亦不相欺，則君能盡用其才。如是，則君不勞矣。陳澔《禮記集說》引呂氏曰：“以君之力所不能及而援其君，則君難從；以君之智所不能知而煩其君，則君難聽。徒為難從難聽以勞其君而無益，非所事君也。”

“上人疑則百姓惑，下難知則君長勞”：

“上人”，指居於上位的人，指君主。馬王堆帛書《十六經・正亂》：“上人正一，下人靜之。”

“下難知”之“下”指君之下者，即事君之臣。

“君長”，指天子，即君主。

“百姓惑”，是因為“上人疑”；“君長勞”是因為“下難知（臣之不能坦誠事君）”。

"《大雅》云"：

引文見《詩·大雅·板》。"板板"，反也。"卒"，盡。"癉"，病。其意爲假上帝以言幽王反其常道，使下民盡病也。"《小雅》云"引文與《詩·小雅·巧言》不同。"共"，同也。"恭"，事也。言不僅不制止讒人，卻與其共事君王。《板》詩證君道之失，《巧言》證臣道之失。

五

子曰：民以君爲心，君以民爲體。心好則體安之①，君好則民裕之②。故心以體廢③，君以民亡④。《詩》云："誰秉國成，不自爲正，卒勞百姓。"⑤《君牙》云："日溶雨，小民惟日怨，晉冬耆滄，小民亦惟怨"。⑥

【注】

①"心好則體安之"，今本作"心莊則體舒，心肅則容敬，心好之，身心安之。"。

②"君好則民裕之"，今本作"君好之，民必欲之。""裕"，簡文從心谷聲，今從劉信芳說，定爲"裕"。

③"故心以體廢"，今本作"心以體全，亦以體傷"。"廢"，簡文作"法"，裘按：疑當讀爲"廢"，二字古通。今從。

④"君以民亡"，今本作"君以民存，亦以爲亡"。

⑤"《詩》云"引文，今本還有"昔吾有先正，其言明且清。國家以寧，都邑以成，庶民以生"。

⑥《君牙》，今本爲《君雅》，引文今本作“夏日暑雨，小民惟曰怨，資冬祈寒，小民亦惟曰怨”。“耆”，簡本作“旨”，裘按：簡文“旨”讀爲“耆”，“耆”、“祈”音同可通。

【釋】

此章爲簡本第五章，今本第十七章。言君民一體之理。

“民以君爲心，君以民爲體”：

《禮記集說》引方氏曰：“民以君爲心者，言好惡從於君也。君以民爲體者，言休戚同於民也。體雖致用於外，然由於心之所使。故曰心好之，身必安之。心雖爲主於內，然資乎體之所保。故曰心以體全，亦以體傷。”“方氏曰”是對“民以……，君以……”兩句的解釋，其中“故曰”以後，“心好之，身必安之”、“心以體全，亦以體傷”見於今本，簡本中只見“心好則體安之，君好則民裕之”。簡本中的兩句是一二兩句的展開，不是一二兩句的解釋。“心好”、“體安”與“君好”、“民裕”相照應，以前者喻後者，說明“君民一體之理”。裕，寬也。《書・康誥》：“汝亦罔不克敬典，乃由裕民。”“用康乃心，顧乃德，遠乃猷，裕乃以寧。”蔡沈《書經集傳》曰：“此欲其不用罰而用德也。……用以安汝之心，省汝之德，遠汝之謀，寬裕不迫，以待民之自安。”見於今本而不見於簡本之語，非孔子所言，疑爲後人解說之詞摻入。

“心以體廢，君以民亡”：

從反面說明“君民一體之理”。心不好，體不安，故“心以體廢”，君不好，民不裕，故“君以民亡”。《禮記集說》陳澔注：《詩・小雅・節南山》三句，“言今日誰人秉持國家之成法乎？師尹實秉持之，乃不自爲政，而信任群小，終勞苦百姓也。”所引《君牙》，《尚書》篇名，原篇已佚。今本所引與僞古文《尚書》同。

"日溶雨"：

"日"，夏之日，指夏天。"溶"，《說文》："溶，水盛貌。""溶雨"，雨盛。

"晉冬耆滄"：

《說文》："晉，進也。""滄"，訓爲"寒"。

"日怨"：

"日"，指人君。語本《禮記·昏義》："故天子之與後，猶日之與月。""日怨"者，怨人君之謂。孔子借《君牙》言小民生之艱難，怨人君之無德。民以君爲心，然而君卻並不以民爲體，照應"心以體廢，君以民亡"，以儆戒爲君者。

六

子曰：上好仁，則下之爲仁也爭先① 。故長民者，章志以昭百姓②，則民致行己以悅上。《詩》云："有覺德行③，四方順之。"

【注】

① 今本爲"上好仁，則下之爲仁爭先人"，句末之"人"爲衍文。

② 今本作"章志、貞教、尊仁，以子愛百姓"。

③ 今本爲"有梏德行"，《詩·大雅·抑》爲"有覺德行"，簡文待考。

"梏"，現依《詩》作"覺"。

【釋】

此章爲簡本第六章，今本第六章。言上行下效之理。

"上好仁，則下之爲仁也爭先"：

"好仁"，崇尚仁德。"爲仁"，行仁義之事。"爭先"，猶爭著向前。《左傳・襄公二十七年》："晉楚爭先。"杜預注："爭先歃血。"句意爲：君民者崇尚仁德，下面的人必爭先行仁義之事。

"故長民者，章志以昭百姓"：

"長"，居先，居首位。《易・乾・文言》："元者，善之長也。"亦指居先、居首位者。"長民者"，居民之首位者，即君民者。

"章志"，《禮記集說》陳澔注："章志者，明吾好惡之所在也。"句意爲：君民者，將其好惡之所在昭示於民。

"則民致行己以悅上"：

"致"，奉獻，獻納。《論語・學而》："事父母能竭其力，事君能致其身。"

"行己"，謂立身行事。《論語・公冶長》："子謂子產有君子之道四焉：其行己也恭，事其上也敬，其善民也惠，其使民也義。"

句意爲：則民奉獻行己之善而悅其上。陳澔《禮記集說》云："《詩・大雅・抑》之篇，當依《詩》作'覺'，言有能覺悟人以德行者，則四國皆服從之也。"簡文"四國"爲"四方"，其義同。

七

子曰：禹立三年，百姓以仁道①，豈必盡仁。《詩》云：“成王之孚，下土之式。”②《呂刑》③云：“一人有慶，萬民賴之。”④

【注】

① “百姓以仁道”，今本爲“百姓以仁遂焉”。

② 以上引詩見於《詩·大雅·下武》。

③《呂刑》，《尙書》篇名。今作《甫刑》。今本於此前有“《詩》云：赫赫師尹，民具爾瞻。”引自《詩·小雅·節南山》。

④ “萬民賴之”，今本作“兆民賴之”，與今本《尙書·呂刑》合。今本《甫刑》引文在《大雅》引文之前，與簡本次序不同。

【釋】

此章爲簡本第七章，今本第五章。以禹之例言上爲下之表率。

“禹立三年，百姓以仁道，豈必盡仁”：

“禹”，姒姓，名文命，鯀之子，又稱大禹、夏禹、戎禹。《左傳·昭公元年》：“美哉禹功，明德遠矣。”

“以”，用也。馬王堆帛書《原道》：“人皆以之，莫知其名。人皆用之，莫見其形。”“以”、“用”互文見義。

“盡”，全部。陳澔《禮記集說》云：“豈必盡仁者，言不必朝廷盡是仁人而後足以化民也，得一仁人爲民之表，則天下皆仁矣。所謂君仁莫不仁也。”禹“明德遠矣”，所以“禹立三年”，百姓以之爲表率，皆用仁道矣。後引《詩》《書》爲證。“《大雅．下武》之篇，言武王能成王者之德，孚信於民，而天下皆式之。”（陳澔注）《尚書．呂刑》篇，言“君慶於上，民賴於下”（蔡沈注），以明上爲下之表率之理。

八

子曰：下之事上也，不從其所以命①，而從其所行②。上好此物也，下必有甚安者矣③。故上之好惡，不可不愼也④。民之柬也⑤。《詩》云：“虩虩師尹，民具爾瞻。”⑥

【注】

①“不從其所以命”，今本作“不從其所令”。

② 今本脫“而”。

③“上好此物”，今本作“上好是物”；“有甚安者矣”，“安”同焉，今本脫。

④“上之好惡”，今本作“上之所好惡”。

⑤“民之柬”，今本作“是民之表”。

⑥“《詩》云”，今本無。此引文見於今本第五章。

【釋】

此章爲簡本第八章，今本第四章。以下之事上進一步說明上爲下之表率之理。

“不從其所以命，而從其所行”：

“命”，政令之謂也。《易·姤·象》：“後以施命誥四方。”“所以命”，（上）所制定的政令。以，爲也。

“所行”，所做的事。

句意爲：（下之事上）不是看你的政令如何，而是看你在做什麼。《大學》曰：“其所令反其所好，而民不從。”

“上好此物也，下必有甚安者矣”：

“好”，喜愛，愛好。“安”，同焉。“有甚安者”，有甚於此者。

句意爲：若君上者好此物，下民對此物之所好將更甚於君上者。“故上之好惡，不可不慎也。”

“民之柬也”：

“柬”，選擇，挑選。《荀子·修身》：“安燕而血氣不惰，柬理也。”楊倞注：“柬與簡同，言柬擇其事理所宜。”“民之柬”者，民以君之好惡爲行己之所簡擇也。

“《詩》云”：

引《小雅·節南山》。“虩”，音細。“虩虩”，恐懼貌。《易·震》：“震來虩虩，笑言啞啞。”王弼注：“震之爲義，威至而後乃懼也。故曰，震來虩虩，恐懼之貌也。”“師尹”，周太師尹氏也。具，俱也。瞻，視也。“虩虩”，通行本《詩經》作“赫赫”，虩、赫，古音同爲曉紐魚部。

朱熹《詩經集傳》云："尹氏，蓋吉甫之後。春秋書尹氏卒，公羊子以爲譏世卿者，即此也。"此詩刺王用尹氏以致亂，言百姓憂心恐懼其所爲不善，而又畏其威而不敢言也。

九

子曰：長民者衣服不改①，適容有常②，則民德一。《詩》云："其容不改，出言有丿③，黎民所信。"

【注】

①"衣服不改"，今本作"衣服不貳"。

②"適容有常"，今本作"從容有常"，劉信芳認爲"從"應爲"適"，"適，宜也。"

③"出言有丿"，今本作"出言有章"。劉信芳認爲"丿"讀若"引"，"出言有引"者，言而有據也。

【釋】

此章爲簡本第九章，今本第九章。言君王之服制、舉止、儀容對民風的影響。

"衣服不改"：

"衣服"，服飾，引申爲服制。《史記·趙世家》："法度制令各順其宜，衣服器械各便其用。"

"適容有常"：

"適"，安逸，閒適。引申爲自適之舉止。"容"，儀容。"有常"，即有定。

"衣服不改，適容有常"，"不改"與"有常"相對爲文，言長民者服制、舉止、儀容有定，不能隨意更改，如是則民風化一。

"《詩》曰"：

引《小雅·都人士》篇。疑脫"行歸於周"四字。陳澔《禮記集說》引馬氏曰："其容不改，文以君子之容也；出言有章，遂以君子之辭也；行歸於周，實以君子之德也。"如是，"黎民所信"也。

十

子曰：大人不親其所賢，而信其所賤者，教此以失，民此以變①。《詩》云："彼求我則，如不我得。執我仇仇，亦不我力。"《君陳》云："未見聖，如其弗克見，我既見，我弗迪聖。"②

【注】

①"教此以失，民此以變"，今本作"民是以親失，而教是以煩"。

②"君陳"，《尚書》篇名，已佚。今本《尚書》中之《君陳》爲僞古文。

【釋】

此章爲簡本第十章，今本第十五章。言親賢臣遠小人乃爲君之本。

“親其所賢，信其所賤”：

“所賢”者，賢德之人也；“所賤”者，邪惡之小人也。“大人”者，君上之人也，即君主。如果君上者，不親賢德之臣，而對邪惡之小人信而不疑，必“教此以失，民此以變”。

“教此以失”：

政教因此而失去民心也

“民此以變”：

民心因此而不服也。陳澔《禮記集說》曰：“親善遠惡，人心所同，所謂舉直錯諸枉則民服。今君既不親賢，故民亦不親其上；教令徒煩，無益也。

“詩云”、“君陳”：

《詩・小雅・正月》之篇，言彼小人初用事，求我以爲法則，惟恐不得，既而不合，則空執留之，視而不忤其意也，《君陳》、《周書》，兼引之，皆爲不親賢之證。”

十一

子曰：大臣之不親也，則忠敬不足，而富貴已過也。邦家之不寧也，則大臣不治，而褻臣託也①。此以大臣不可不敬，民之蕝也②。故君不與小侮③大，則大臣不怨。彗公④之顧命云：“毋以小侮⑤敗大都，毋以嬖禦息莊后，毋以嬖士息大夫、卿士。”

【注】

① 以上六句的文字與今本多有不同，今本作“大臣不親，百姓不寧，則忠敬不足，而富貴已過也。大臣不治，而邇臣比矣”。

②“民之蕝也”，今本作“是民之表也”，句後有“邇臣不可不慎也”。

③“彗”，從李學勤釋。今本作“葉”。“彗公”即“祭公”。

④“侮”，今本作“謀”。

⑤“小侮”，今本作“小謀”。

【釋】

此章爲簡本第十一章，今本第十四章。言大臣不治，邦家不寧。

“大臣之不親”：

“親”，親近，親密。《易·乾·文言》：“本乎天者親上，本乎地者親下，則各從其類也。”《淮南子·覽冥訓》：“居君臣父子之間而競載，驕主而象其意，亂人以成其事是，故君臣乖而不親，骨肉疏而不附。”

“忠敬不足”：

“忠”，下之事上，盡心竭力，公正無私謂之忠。《書·伊訓》：“居上克明，爲下克忠。”孔傳：“事上竭誠也。”

“敬”，上之愛下，尊賢下士、虔誠恤民謂之敬。《易·坤·文言》：“君子敬以直內，義以方外。”孔穎達疏：“內謂心也，用此恭敬以直內。”

“富貴已過”：

《書·洪範》孔穎達疏：“富，家豐財貨也。”“貴”，地位顯要。《論語·里仁》："富與貴，是人之所欲也。不以其道得之，不處也。"言大臣不被信任，"蓋由臣之不忠不足於君，君之不敬不足於臣，徒爲富貴之太過而然耳。"（陳澔《禮記集說》）

"邦家之不寧"：

"邦"，古代諸侯的封國。《書·堯典》："百姓昭明，協和萬邦。" "家"，卿大夫的埰地。"甯"，安寧。《書·大禹謨》："野無遺賢，萬邦咸寧。"

"大臣不治"：

"治"，主管，通"司"。

"褻臣託也"：

"褻臣"，親近寵倖的臣子，非入仕之大臣也。《禮記·檀弓下》鄭玄注："褻，嬖也。"

"託"，《孟子·萬章下》朱熹註："託，寄也，謂不仕而食其祿也。"言邦家之不得安寧，乃大臣不能司其事，而不仕而食其祿的褻臣爲君上寵愛所致。

"民之蕝也"：

《說文》："朝會束茅表位曰蕝。"《國語·晉語八》："置茅蕝，設望表。"《宋書·樂志二》："建表蕝，設郊官。" "蕝"，音決，即茅蕝，用以表位也，又稱表蕝。《大戴禮記·主言》："上者，民之表也，表正則何物不正。"言大臣乃民之表蕝，此以不可不敬。

"故君不與小侮大，則大臣不怨"：

意爲：所以君上不相與小人而侮慢大人，則大臣不至於怨乎不以。

"彗公"：

即"祭公"。祭，音債，古國名。祭公，周王室卿士，周公之後人祭公謀父的省稱。曾以"先王耀德不觀兵"諫止周穆王伐犬戎。

"毋以小侮敗大都"：

"侮"，奴婢也。《方言》第三："臧、甬、侮、獲，奴婢賤稱也。""都"，古代行政區劃名，《周禮·地官·小司徒》："九夫爲井，四井爲邑，四邑爲丘，四丘爲甸，四甸爲縣，四縣爲都，以任地事而令貢獻。"掌理都家獄訟事的官，稱都士。《周禮·秋官·序官》："都士：中士二人，下士四人。"孫詒讓正義："都士主治大都、小都、王子弟、公卿埰地之獄訟。"

"敗"，廢棄。

"毋以嬖禦息莊后，毋以嬖士息大夫、卿士"：

"嬖禦"，受寵倖的姬妾、侍臣。《逸周書·祭公》："汝無以嬖禦固莊后。"孔晁注："嬖禦，寵妾也。"

"嬖士"，受君主寵愛的小臣。

"莊"，猶正義，敬也。

"息"，猶棄。

"彗公之顧命"之意，亦在親賢臣、遠小人，不使民失卻表率。

十二

子曰：長民者教之以德①，齊之以禮，則民有勸心②；

教之以政，齊之以刑，則民有欺心③。故慈④以愛之，則民有親；信以結之，則民不倍；恭以蒞之，則民有遜心。《詩》云："吾大夫恭且儉，靡人不斂。"⑤《呂刑》云："非用旨⑥，制以刑，惟作五虐之刑曰法。"

【注】

① 今本作"夫民教之以德"。

② 今本作"格心"，簡本釋文作"歡心"，裘按："懽"也有可能讀爲"勸"，勸，勉也。從裘按作"勸心"。

③"民有欺心"，今本作"民有遁心"。《淮南子·修務訓》："審於形者，不可遁於狀。"高誘注："遁，欺也。"從劉信芳說，定爲"民有欺心"。

④"慈"，今本作"子"，全句爲："故君民者，子以愛之"。

⑤"《詩》云"今本無。"吾大夫"，簡本釋文讀"吾夫夫"，依裘按讀"吾大夫"。"靡"，依徐在國、黃德寬考，讀爲"靡"。

⑥ 依劉信芳解詁讀爲"旨"。

【釋】

此章爲簡本第十二章，今本第三章。言德教及德教之方。

"教之以德"等句：

"教"，導也。"德"，德行、操守。

"齊之以禮"，"齊"，所以一之也。"禮"，謂制度品節也。

"民有勸心"："勸"，勸勉。《國語·越語上》："國人皆勸，父勉其子，兄勉其弟，婦勉其夫。"

"教之以政"，"政"，謂法制禁令也。

"齊之以刑"，"刑"，刑罰。

"民有欺心"，"欺"，欺詐。

《禮記·大學》："所謂誠其意者，毋自欺也。"孔子主張"教之以德，齊之以禮"，反對"教之以政，齊之以刑"。此思想與《論語·爲政》"道之以政，齊之以刑，民免而無恥；道之以德，齊之以禮，有恥且格"完全一致。

"慈以愛之，則民有親；信以結之，則民不倍，恭以涖之，則民有遜心"：

"慈以愛之"、"信以結之"、"恭以涖之"對施教者而言。施教者以和善的態度真心愛護百姓，百姓自然與之親密無間；施教者以誠信的態度與百姓交往，百姓自然無背叛之心；施教者以恭敬的態度臨視百姓，百姓自然遜心以從。

"《詩》云"：

所引爲逸詩。"儉"，謙遜。《逸周書·官人》："其氣寬以悌，其色儉而不諂。"朱右曾校釋："儉，卑約也。""靡"，無。《詩·邶風·泉水》："有懷於衛，靡日不思。"鄭玄箋："靡，無也。""斂"，約束，節制。《逸周書·命訓》："撫之以惠，和之以均，斂之以哀，娛之以樂。"朱右曾校釋："哀則情欲斂。"此引詩意在強調施德教者必須特別注意態度，只有"恭且儉"，才能收到效果。

"《呂刑》"：

今本作《甫刑》。今本“苗民匪用命”，今本《書·呂刑》作“苗民弗用靈”，簡本爲“非用旨”。今本“是以民有惡德，而遂絕其世也”，爲簡本、今本《書·呂刑》所無。“旨”，意也。《易·繫辭下》：“其旨遠，其辭文。”孔穎達疏：“其旨遠者，近道此事，遠明彼事，是其旨意深遠。”“五虐”，指大辟、劓鼻、斷耳、宮、黥等五種酷刑。《書·呂刑》孔傳：“三苗之主，頑凶若民，敢行虐行，以殺戮無罪，於是始大爲截人耳、鼻，椓陰，黥面，以加無辜，故曰五虐。”此《呂刑》引文，意在反對殘酷的刑法，主張施德於民。

十三

子曰：政之不行，教之不成也，則刑罰不足恥，而爵不足勸也①。故上不可以褻刑以輕爵。《康誥》云：“敬明乃罰。”《呂刑》云：“播刑之迪②。”

【注】

①“政之不行”，今本爲“政之不行也”。“刑罰不足恥，而爵不足勸也”，今本爲“爵祿不足勸也，刑罰不足恥也”。

②“播刑之迪”，今本作“播刑之不迪”，鄭玄注：“不，衍字耳。”

【釋】

此章爲簡本第十三章，今本第十三章。言政與教，刑與爵之辯證關係。

“政之不行，教之不成也”：

“政”，政令。《周禮．天宮．小宰》：“掌建邦之宮刑，以治王宮之政令。”孫詒讓正義：“凡施行爲政，布告爲令。”

“教”，導也。《論語．爲政》朱熹註曰：“政者，爲治之具。刑者，輔治之法。德禮則所以出治之本，而德又禮之本也。此其相爲終始，雖不可以偏廢，然政刑能使民遠罪而已，德禮之效則有以使民日遷善而不自知。故治民者不可徒恃其末，又當深探其本也。”行政令以治，是末，“教之以德，齊之以禮”，是本。其所以“政之不行”，是因爲“教之不成也”。

“刑罰不足恥”：

“刑罰”，刑，指肉刑、死刑；罰，指以金錢贖罪。施刑罰於有罪之人，以儆效尤。然刑罪不可濫用，刑罰非其罪，則小人不足恥。《史記．呂太后本紀》：“刑罰罕用，罪人是希。”

“爵不足勸”：

“爵”，爵位。清袁枚《隨園隨筆．爵官職秩之分》云：“爵者，公侯伯子男也。”《禮記．禮運》：“合男女，頒爵位，必當年德。”《舊唐書．韋湊傳》：“善善者，懸爵賞以勸之也；惡惡者，設刑罰以懲之也。”如果爵賞非其人，則善人不足勸也。“故上不可以褻刑以輕爵”，意爲：君上者不可以輕率用刑而輕視爵賞。今本《禮記．緇衣》孔穎達疏：“刑罰不中，則懲勸失所，故君上者不可輕褻之。”

“《康誥》云”：

所引，言罰必須謹慎嚴明，不可輕褻之。

“《呂刑》云”：

所引，言播布刑法不是爲了大施淫威，而是爲了啓迪斯民。

十四

子曰：王言如絲，其出如綎①；王言如索，其出如②。故大人不昌流③。《詩》云："慎爾出話，敬爾威儀。"④

【注】

① 簡文此字，劉信芳認爲是"綎"的異構。今本作"綸"。

②"紼"，音育。見《集韻》。今本作"綍"，同"紼"，見《玉篇》。

③"昌流"，今本作"倡遊"，後有"言"字。

④"《詩》云"所引見於今本第八章。

【釋】

此章爲簡本第十四章，今本第七章前半。言君王必須慎言。

"王言如絲，其出如綎"：

"綎"，古代佩玉上的絲授帶。《說文》："綎，繫授也。""絲、綎"均爲比喻的喻體，"絲"細小，"綎"寬大。始言細小如絲，其出寬大如綎。"王言如索"，"索"，一般的繩索；"其出如紼"，"紼"，長而粗的纜繩。始言如繩索，其出如纜繩。

"故大人不昌流"：

"不昌流"，即"不昌不流"，"不"分別否定"昌"和"流"。"昌"，顯明。“不昌”承前省略中心詞“言”，意爲不能直言不諱。“流”，虛浮，無根據的。“不流”承前省略中心詞“言”，意爲不能說沒有根據的話。

“《詩》云”：

所引，見於《詩·大雅·抑》。意在強調“大人不昌流”之理。

十五

子曰：可言不可行①，君子弗言②；可行不可言③；君子弗行④。則民言不　行⑤。《詩》云：“淑慎爾止，不愆於儀⑥。”

【注】

①“可言不可行”，今本作“可言也不可行”。

②“君子弗言”，今本作“君子弗言也”。

③“可行不可言”，今本作“可行也不可言”。

④“君子弗行”，今本作“君子弗也”。

⑤“恑”，簡本此字，裘按：當從“禾”聲，讀爲“危”，“禾”、“危”古音相近。今本作“危”。劉信芳疑是“恑”之異構。“行不恑言”，今本作“而行不危言矣”。

⑥“淑”，簡本作“叔”。“愆”簡文隸作“侃”。今本作“愆”，《詩》作“愆”，“愆”爲“愆”字籀文。

【釋】

此章爲簡本第十五章，今本第七章後半。言君子必須言行一致。

“可言不可行，君子弗言；可行不可言，君子弗行”：

“言”，說。“行”做。“說”要考慮“做”，說了不能做，就不說；“做”要考慮能不能“說”出爲什麼，能做而不能說出爲什麼，就不做。《論語·先進》：“子曰：‘夫人不言，言必有中。’”中者，中道也。《禮記·中庸》：“隱惡揚善，執其兩端，用其中於民。”“用其中於民”，行也。《論語·衛靈公》：“子張問行。子曰：‘言忠信，行篤敬，雖蠻貊之邦行矣；言不忠信，行不篤敬，雖州里行乎哉？’”忠信篤敬，乃行之說也。無此說，便無此行。

“言不惀行，行不惀言”：

“惀”，《集韻》：“惀，獨立貌。”若君子言行一致，則民亦效仿之，言不獨立於行，行亦不獨立於言。有其言必有其行，有其行必有其說。“《詩》云”所引，見於《詩·大雅·抑》。“淑”，善也。“止”容止也。“愆”，失也。意爲善自謹愼其容止，不失於禮儀。以勸戒其君子重視言行一致。

十六

子曰：君子道人以言，而亙以行①。故言則慮其所終，行則稽其所敝②，則民愼於言而謹於行③。《詩》云：“穆穆文王，於緝熙敬止。”④

【注】

①“亙以行”，今本作“禁人以行”。

②“則”，今本作“必”。

③“民慎於言而謹於行”，今本作“民謹於言而慎於行”。

④“《詩》云”，今本作“《大雅》云”，並於此前引“《詩》云：慎爾出話，敬爾威儀”。

【釋】

此章爲簡本第十六章，今本第八章。言檢驗言行的標準。

“道人以言，而亙以行”：

“道”，化誨之也。《莊子·田子方》：“道我也似父。”成玄英疏：“訓導我也似父之教子。”

“亙”，窮盡。《後漢書·班固傳》：“汪汪乎之大律，其疇能亙之哉？”李賢注：“亙，猶竟也。”言君子不僅要道人以言，而且要竟以行，看人之所行能否達到所言之終極目標。

“言則慮其所終，行則稽其所敝”：

“慮”，思考。“稽”，查考。《易·繫辭下》：“於稽其類。”孔穎達疏：“稽，考也。”“所終”，終極目標。“所敝”，“敝”通弊，“所敝”即各種弊端。意爲言要思考所能達到的終極目標，行要查考可能出現的各種弊端。如是則民以之爲榜樣，必慎於言而謹於行。

“《詩》云”：

所引見於《詩·大雅·文王》。“穆穆”，深遠之意。“緝”，續也。“熙”，明也，亦不已之意。言穆穆然文王之德，不已其敬如此。君子道人以言而亙以行，必以文王之德而行之矣。

十七

子曰：言從行之，則行不可匿①。故君子顧言而行②，以成其信，則民不能大其美而小其惡。《大雅》③云：“白珪之石④，尚可磨也。此⑤言之玷，不可為也。”《小雅》云：“允也君子，展也大成。”《君奭》云：“昔在上帝，割紳觀文王德⑥，其集大命於厥身。”

【注】

① 今本此句作“言從而行之，則言不可飾也”，後另有“行從而言之，而行不可飾也”。

② 今本作“寡言而行”。

③ 今本作“《詩》”。

④“石”，今本作“玷”。

⑤“此”，今本為“斯”。

⑥ 今本為“昔在上帝，周田觀文王之德”。

【釋】

此章為簡本第十七章，今本第二十三章。言君子顧言而行，以取信於民。

"言從行之，則行不可匿"：

按今本理解"從"、"匿"，簡本似脫"則言不可匿（飾），行從言之"二句。若簡本無脫句，"從"、"匿"可作如下解："從"，隨也。"匿"，差錯，差誤。《荀子·天論》："故道之所善，中則可以，畸則不可爲，匿則大惑。"王念孫《讀書雜志·荀子五》："匿與慝同，慝，差也。""言從行之……"二句，意爲言隨其行，則行不可能有差錯。此正是"言顧行"、"行顧言"之意。反是，則如陸九淵所說："言不顧行，行不顧言，誠足病也。"（《陸九淵集·策問》）如此理解正與下文"故君子顧言而行"相一致。"以成其信，則民不能大其美而小其惡"，《禮記集說》陳澔注曰："以成其信，謂言行皆不妄也。大其美者，所以要譽。小其惡者，所以飾非。皆言之所爲也。"如果君子顧言而行，則能取信於民，故民不得要譽、飾非也。

《大雅》云"：

引文見《詩·大雅·抑》。以白珪之石可磨爲譬，勸戒君子切不可"言不顧行，行不顧言"。"《小雅》云"引文見《詩·小雅·車攻》。允，信也。展，誠也。勸君子一定要誠信爲民。信矣，其君子也；誠哉，其大成也。《君奭》，《尚書》篇名，引文言文王實有是德，堪爲楷模。

十八

子曰：君子言有物，行有格①，此以②生不可奪志，死不可奪名③。故君子多聞，齊而守之；多志，齊而新之④；精知，略而行之。《詩》云："淑人君子，其儀一也。"《君陳》云："出入自爾師虞，庶言同。"⑤

【注】

①"君子言有物,行有格",今本作"言有物而行有格也",且前面另有"子曰:下之事上也,身不正,言不信,則義不壹,行無類也。"

②"此以",今本作"是以"。

③"生"、"死"之前,今本有"則"字。

④"齊",今本作"質"。

⑤ 今本"《君陳》云"在前,"《詩》云"在後。

【釋】

此章爲簡本第十八章,今本第十八章。言君子如何立言行事。

"君子言有物,行有格":

"物",事物的內容。"格",法式,規範。意爲君子言無妄言,行不逾矩。

"此以生不可奪志,死不可奪名":

"奪",動搖,喪失。"志",志向。"名",名節。"此以",與今本"是以"同。"此",代詞,指"言有物,行有格"。意爲君子生乎由是,死乎由是,其志、其名,可得而不可動搖,不可喪失。

"君子多聞,齊而守之;多志,齊而新之;精知,略而行之"

"多聞",見聞廣博。"多志",志,識(識記)也。多志,多見而識之者也。

"精知",精思也,深思熟慮之謂也。

"齊",音機,酌量,度其量而定之。

"守"，遵循。

"新之"，使之新。

"略"，約也。

意爲君子見聞廣博，要有選擇地予以遵循；多見而識，要酌量而使之推陳出新；深思熟慮，當求其至約而行之。

《詩》云"：

引文見《詩·曹風·鳲鳩》。以證君子"言有物，行有格"之專一不貳也。"《君陳》云"引文見《尚書·君陳》。"師"，眾。"虞"，度也。言君子之言行必合乎人之同。當出入反復必與眾人共虞度其可否，而觀庶言之同異也。

十九

子曰：茍有車，必見其第①。茍有衣，必見其敝。人茍有言　，必聞其聲；茍有行②，必見其成。《詩》云："服之亡懌。④"

【注】

①"第"，今本作"軾"。

②"人茍有言"，今本作"人茍或言之"。

③"茍有行"，今本作"茍或行之"。

④“亡懌”，今本作“無射”，《詩》作無斁”。

【釋】

此章爲簡本第十九章，今本第二十二章。言君子言行應以其結果爲驗。

“苟有車，必見其笰”：

“笰”，音服。古代車廂前後的遮蔽物。車自遠處來，人們首先看到的是笰。句意爲：如果有車，必定能見到車笰。

“苟有衣，必見其敝”：

“敝”，破舊。衣服穿久了，必然破舊。句意爲：如果有衣，必然有其敝。敝，是衣服被穿的結果。有衣不敝，只能說明這件衣服沒有被人穿。

“人苟有言，必聞其聲”：

人如果說話，必然能聽到聲音，聽不到你說話的聲音，你說話就沒有結果，等於你沒有說。

“苟有行，必見其成”：

一個人做了什麼，必然有所成。你做了很多事，可是一事無成，你雖然做了，實際上等於你什麼也沒有做。

“《詩》云”：

引文見《詩·周南·葛覃》。“服”，衣服，此用爲動詞，穿衣服。“亡”，通“無”。“懌”，通“斁”，厭也。言實有是服，可久服而不厭也。喻指做有結果的實事，人們是不會厭煩的。

二十

子曰：私惠不懷德①，君子不自留焉②。《詩》云："人之好我，指③我周行。"

【注】

① "懷德"，今本作"歸德"。

② "焉"，簡本作"安"，借爲"焉"。

③ "指"，今本作"示"，"指"、"示"義同。

【釋】

此章爲簡本第二十章，今本第二十一章。言君子不留私惠。

"私惠不懷德"：

"私惠"，今本《禮記》鄭玄注："謂不以公禮相慶賀，時以小物相問遺也。"

"懷德"，《詩·大雅·板》："懷德維甯，宗子維城。"高亨注："懷德，有德。"

"君子不自留焉"：

"自留"，留給自己。

句意爲：私自以小物相饋贈不爲有德，其物乃褻瀆邪辟之物，收受者亦不可以爲德，君子決不留之於己也。

"《詩》云"：

引文見《 詩·小雅·鹿鳴 》。"周行"，大道也。言人之好愛我者，示我以大道而已。以明不留私惠之義。

二十一

子曰：唯君子能好其匹①，小人豈能好其匹②？故君子之友也有向③，其惡有方。此以邇者不惑，而遠者不疑④。《詩》云："君子好逑⑤。"

【注】

①"匹"，今本作"正"。

②"豈能好其匹"，今本作"毒其正"。

③"君子之友也有向"，今本作"君子之朋友有鄉"。

④"不疑"，今本作"不疑也"。

⑤"逑"，今本作"仇"

【釋】

此章爲簡本第二十一章，今本第十九章。言君子之友也有向，其惡有方。

"唯君子能好其匹，小人豈能好其匹"：

“好”，喜歡、喜愛。“匹”，朋也，即志同道合的人。《詩·大雅·假樂》：“無怨無惡，率由群匹。”鄭玄箋：“循用群臣之賢者，其行能匹耦己之心。”孔穎達疏：“其行能匹耦己之心者，謂舉事允當，與己志合也。”“能好其匹”者，能好其同道之朋也。

句意爲：君子能好其同道之朋，小人豈能好其同道之朋？君子與君子以同道爲朋，小人與小人以利相從，故君子能好其朋，而小人卻無朋可好。小人與小人之間除爲私利相勾結以外，無所謂真情實感，也就無所謂同道之朋。

“故君之友也有向，其惡有方”：

“友”，結交；惡，憎惡。“向”與“方”爲互文，即結交什麼人、憎惡什麼人都有一定指向，喻指什麼輩、什麼類。

句意爲：故君子交友不可以非其人，其憎惡不可以及善人。“不可以非其人”謂有向，“不可以及善人”謂有方。“此以邇者不惑，而遠者不疑”，因此邇者、遠者不惑不疑也。

“《詩》云”：

引文見《詩·周南·關雎》。言君子有好匹配，以證同道之朋。

二十二

子曰：輕絕貧賤，而重①絕富貴，則好仁②不堅，而惡惡不著也。人唯曰不利，吾弗③信之矣。《詩》云：“朋友攸攝，攝以威儀。”

【注】

① 簡本作“厚”，今本作“重”，據劉信芳解詁，應爲“重”。

②“仁”，今本作“賢”。

③“弗”今本作“不”。

【釋】

此章爲簡本第二十二章，今本第二十章。言結交應好仁、惡惡。

“輕絕貧賤，而重絕富貴”：

“絕”棄也。“輕”、“重”相對爲文，表示程度；“貧賤”，貧苦微賤；“富貴”，富裕顯貴。

“好仁不堅，而惡惡不著也”：

“仁”有德者之稱。《論語·學而》：“泛愛眾，而親仁。”親仁，即好仁。邢昺疏：“有仁德者則親而友之。”

“惡惡”，憎惡邪惡。《公羊傳·僖公十七年》：“君子之惡惡也疾始，善善也樂終。”人有善有惡，有貧賤有富貴。仁者善善、惡惡，然而仁者，卻不一定富貴。《論語·述而》，“不義而富且貴，於我如浮雲。”因此，貧賤者未必不善，富貴者未必皆善；富貴者未必不惡，貧賤者未必皆惡。如是，於其貧賤而輕有以絕之，則是好仁不堅也；於其富貴而重有以絕之，則是惡惡不著也。

“人唯曰不利，吾弗信之矣”：

“不利”，不爲勢利。句意爲：（輕絕貧賤，重絕富貴）人若辯之曰不爲勢利，吾不以之爲信也。

“《詩》云”：

引文見《詩·大雅·既醉》。“攸”，語助也，無義。“攝”，撿也，拱手，相互拱手以示尊重。言朋友相互尊重者在威儀，以喻不在貧賤富貴也。

二十三

子曰：“宋人①有言曰：人而亡恒，不可爲卜筮也②。其古之遺言與③。龜筮猶弗④知，而況於人乎。《詩》云：“我龜既厭，不告我猶。”⑤二十有三。⑥

【注】

①“宋人”，今本作“南人”。

②“亡”，今本作“無”。“不可”，今本作“不可以”。

③“其古之遺言與”，今本作“古之道言與”。

④“弗”，今本作“不”。

⑤“《詩》云”引文以後，還有“《兑命》曰”與“《易》曰”引文，簡本無。

⑥“二十有三”爲簡本全文章數。

【釋】

此章爲簡本第二十三章，今本第二十四章。言君子必須有“恒”。

"人而亡恒，不可爲卜筮"：

"亡恒"，即"無恒"，無恒心。恒心，人所常有的善心。

"卜筮"，古時候預測吉凶，用龜甲稱卜，用蓍草稱筮，合稱卜筮。《論語·子路》："南人有言曰：'人而無恒，不可以作巫醫。'"古代從事祈禱、卜筮、星占並兼用藥物爲人求福、卻災、治病的人稱爲巫，也稱爲巫醫。春秋以後，醫道才逐漸從巫術中分出。巫（巫醫）的主要活動是卜筮，因此"不可以作巫醫"與"不可爲卜筮"意義相同。簡本稱"宋人有言曰"，宋人，指周代宋國人。宋國，周初都商丘（今河南商丘），戰國初遷都彭城（今江蘇徐州）在魯國之南，所以稱"南人"。"南人"即簡本中的"宋人"。依此看來，簡本稱"宋人"應是孔子的原話，且簡本《緇衣》的著作年代當早於《論語》的成書年代。《論語》稱"宋人"爲"南人"應在戰國初年宋國遷都彭城之後。

"其古之遺言與。龜筮猶弗知，而況於人乎"：

"龜筮"即卜筮。意爲：人而無常久的善心，就不能進行卜筮。這是古人遺言。卜筮鬼神尚且不知道，而何況對於人事呢。《禮記·曲禮上》："卜筮者，先聖王之所以使民信時日、敬鬼神、畏法令也；所以使民決嫌疑，定猶與也。"如果人而無常有的善心，就會放辟邪侈，無不爲己。如是，既不能使民信，又不能取信民。只有常存善心，才能上求福於神，下取信於民。

"《詩》云"：

引文見《詩·小雅·小旻》。"猶"，謀也。言卜筮煩數，龜亦厭之，不復告之所謀之吉凶也。這是卜筮者無常有的善心所致。

《五行》通釋

按：本篇存簡50枚，1238字，補45字，凡1283字。27章。除8、9、10章有變動以外，其餘按竹簡分章符號分章。第18簡開頭殘去三字，疑同時殘去一分章符號。參照帛書本，將第18簡殘去的開頭兩個字及第17簡與第16簡後21字合併爲第8章，即帛書本《經7》；第18簡（除去開頭殘去的兩字）、第19簡、第20簡前17字合併爲第9章，即帛書本《經8》、《經9》；第20簡後7字與第21簡前17字定爲第10章，即帛書本《經13》。

本篇27章，按論述內容可分爲四部分。第一部分包括第1章、第2章（帛書本《經1》、《經2》），總說仁、義、禮、智、聖，以及"五行"、"四行"與德、善之關係。第二部分包括第3章（帛書本《經3》、《經4》）、第4章（帛書本《經5》）、第5、6、7章（帛書本《經6》）、第8章（帛書本《經7》），以何謂君子爲契機，從正、反兩方面論述仁、智、聖。第三部分包括第9章（帛書本《經8》、《經9》）、第10章（帛書本《經13》）、第11章（帛書本《經10》）、第12章（帛書本《經11》）、第13章（帛書本《經12》）、第14、15章（帛書本《經17》）、第16章（帛書本《經18》）、第17章（帛書本《經19》），以有德爲中心，從正、反兩方面論述聖、智、仁、義、禮，以及"五行和"、"四行和"。第四部分包括第18章（帛本書《經14》）、第19章（帛書本《經15》）、第20章（帛書本《經16》）、第21、22章（帛書本《經20》）、第23章（帛書本《經21》）、第24章（帛書本《經22》）、第25章（帛書本《經23》、《經25》、《經24》、《經26》）、第26章（帛書本《經27》）、第27章（帛書本《經28》），以君子聞道與行道爲中心，論述仁、義、禮以及善、德。

本篇開篇言"五行"，但落腳點是言君子所爲，根本問題是君子爲善爲德。第二部分，首言"五行"皆形於內而時行之謂之君子（第3章，帛書本《經3》、《經4》），接著先從反面論述仁、智、聖（第4章，帛書本《經5》），後從正面論述仁、智、聖（第5、6、7章，帛書本《經6》），以君子慎其獨作結（第8章，帛書本《經7》），其落腳在君子所爲。第三部分，首言君子爲善、爲德，並以“金聲而玉振”喻論“有德”（第9章，帛書本《經8》、《經9》）。然後先從反面論述聖、智（第10章，帛書本《經13》），以強化君子必須爲善爲德，不能“亡德”。接著從反面論述仁、義、禮（第11、12、13章，帛書本《經10》、《經11》、《經12》），對君子必須爲善、爲德，從理論上進一步深化，告誡君子絕對不能“不仁”、“不義”，更不能“亡禮”。在論述君子必須爲善、爲德之後，對君子之所以能爲善、爲德的品德修養——智、聖進行解釋，進一步強化對君子的道德要求（第14、15章，帛書本《經17》）。最後以“聖”、“仁”要求君子做到“五行之所和”、“四行之所和”（第24、25章，帛書本《經18》、《經19》），堅定不移地爲善、爲德。第四部分，首言“與人交”要講仁、義、禮（第18、19、20章，帛書本《經14》、《經15》、《經16》），次言簡、匿乃義、仁之舉（第21、22章，帛書本《經20》），接著提出“君子集大成，能進之爲君子，弗能進也，各止於其里”（第23章，帛書本《經21》），要求君子耳目鼻口手足一於心（第24章，帛書本《經22》），做到“幾而知之”（第25章，帛書本《經23》、《經25》、《經24》、《經26》），然後施德於人（第26章，帛書本《經27》）。只有這樣，君子才能真正爲善、爲德。仁、義、禮、智、聖形於內者之德之行五也爲一，五也爲一謂之“和”，“和”謂之德，“聞道而樂者，好德者也”（第27章，帛書本《經28》）。

一

五行：仁形於內，謂之德之行；不形於內，謂之行。義形於內，謂之德之行；不形於內，謂之行。禮形於內，謂之德之行；不形於內，謂之行。智形①於內，謂之德之行；不行於內，謂之行②。聖形於內，謂之德之行；不形於內，謂之德之③行。

【注】

① 簡文殘去三字，據上下文補出。“行”屬上句，“智形”二字屬下句。

②“禮形於內……”與“智形於內……”兩句，帛書《五行篇》“智形於內……”在“禮形於內……”之前。簡文“五行”的序列爲“仁、義、禮、智、聖”，帛書“五行”的序列與簡文不同，爲“仁、義、智、禮、聖”。

③《郭店楚墓竹簡》整理者注：據上文文例及帛書本，當作“不形於內謂之行”，“德之”二字爲衍文。按：如果就下文“四行和謂之善”而言，此“德之”並非衍文。“(聖)不形於內謂之德之行”，正區別於前“四行”。至於帛書本，此句缺佚，只有“聖形於內，……之行”六字，其餘爲整理者增補，不能說帛書本原文就無“德之”二字。

【釋】

此章總說仁、義、禮、智、聖五行。

“五行”：

在《尚書》中，指五種物質。《尚書·洪範》：“鯀陻洪水，汨陳其五行，帝乃震怒。”又：“五行；一曰水，二曰火，三曰木，四曰金，五曰土。水曰潤下，火曰炎上，木曰曲直，金曰從革，土爰稼穡。”鯀陻洪水，違背了“水潤下”的自然規律，受到了“帝”（大自然）的懲罰。《荀子·非十二子》：“案往舊造說，謂之五行。”楊倞注：“五行，五常，仁、義、禮、智、信是也。”荀子所說的“五行”，是對子思、孟軻學派的批判，但未提及“五行”的具體內容。楊倞是第一個對思孟學派的“五行”的內容進行揭示的人。從楊倞的注釋來看，思孟學派的“五行”就是作爲道德規範的五種德行。從《尚書》“五行”到思孟“五行”實際上有一個從“知天”到“知人”的轉化。從表面看來，《尚書》“五行”是指水、火、木、金、土五種物質，實質上卻是以這最常見的五種物質的變化規律性，說明人必須遵循大自然規律，而不能違背大自然規律。《尚書·甘誓》：“有扈氏威侮五行，怠棄三正，天用剿絕其命，今予惟恭行天之罰。”蔡沈集傳：“威，暴殄之也。侮，輕忽之也。鯀汨五行而殛死，況於威侮者乎？”夏、商得天命，極其重要的因素便是不“汨陳其五行”、不“威侮五行”。“五行”的提出，從一開始便帶有規範人的行爲的內涵。因此，周得天命，則將天命歸之於“德”。由西周至於東周而春秋，孔子在禮壞樂崩的時代，更提高了德行的重要地位，主張禮樂制度的實行應保有人之“仁”。孔子後學洙泗門人便進一步將一開始就帶有規範人的行爲內涵的五行，與德行結合在一起。《呂氏春秋·孝行覽》：“曾子曰：身者父母之遺體也，行父母之遺體，敢不敬乎？……五行不遂，災及乎親，敢不敬乎？”又：“曾子曰：先王之所以治天下者五，貴德、貴貴、貴老、敬長、慈幼，此五者，先王之所以定天下也。”《禮記·禮運》：“故人者，天地之心也，五行之端也。食味、別聲、被色而生者也。”陳澔集說：“天地之心以理言，五行之端以氣合，食五味、別五聲、被五色，其間皆有五行之配。”以上《孝行》、《禮運》所述，至少可以佐證以曾子爲代表的洙泗儒家由“知天”到“知人”，已把“五行”與“德行”結合在一起進行思考。

“形於內，謂之德之行；不形於內，謂之行”：

“形”，見。“內”，心裡，內心。“形於內”，猶“見於心”，即存現於內心。“行”，行爲。《周禮·地官·師氏》：“敏德以爲行本。”鄭玄注：“德行，內外之稱，在心爲德，施之爲行。”“德之行”，在於人心者，即“形於內”者，“德之行”是一種修爲，是一種操守。“德之行”，形於內；“行”，不形於內。“不形於內”之行，僅僅是一種行爲而已。

“聖形於內，謂之德之行；不形於內，謂之德之行”：

“五行”包括仁、義、禮、智、聖。“聖”是五行的最高層次，是早期儒家的最高道德追求，《論語·雍也》：“子貢曰：‘如有博施於民而能濟眾，何如？可謂仁乎？’子曰：‘何事於仁，必也聖乎！堯舜其猶病諸！夫仁者，己欲立而立人，己欲達而達人。能近取譬，可謂仁之方也已。’”朱熹集註：“仁以理言，通乎上下。聖以地言，則造其極之名也。”孔子在這裡指出空言“博施”、“濟眾”以求仁，是遠遠不夠的，還必須達到“聖”的境界。堯舜可說是達到“聖”的境界了，然而卻不敢自以爲能“博施”、“濟眾”，其心猶有所不足於此。“事於仁”必須以己及人，以己所欲譬之他人，然後推其所欲以及於人，這才是“事於仁”之術。《孟子·盡心下》：“大而化之之謂聖，聖而不可知之之謂神。”朱熹集註：“大而能化，使其大者泯然無復可見之跡，則不思不勉、從容中道，而非人力所能爲矣。”又，引程子曰：“聖不可知，謂聖之至妙，人所不能測。”以上所述，由孔子直到孟子，早期儒家是把“聖”看著儒家理想人格的最高境界的。如果能達到“聖”這一境界，便能“不思不勉、從容中道”，“人所不能測”，當然無所謂“內”、“外”之別。故曰“聖形於內，謂之德之行；不形於內，謂之德之行。”

二

德之行五，和謂之德；四行和，謂之善。善，人道也；德，天道也。

君子亡中心之憂則亡中心之智，亡中心之智則亡中心之悅①，亡中心之悅則不②安，不安則不樂，不樂則亡德③。

【注】

① 此處殘去二字，當爲“之悅”。

② 此處殘去四字，參照帛書《五行》，當爲“之悅則不”四字。

③ 與帛書《五行》比較，帛書《五行》在此以後，尚有“君子無中心之憂則無中心之聖，無中心之聖則無中心之悅，無中心之悅則不安，不安則不樂，不樂則無德”數句。從簡文看來，此處似乎並無佚簡。從第1章“聖形於內，謂之德之行；不形於內，謂之德之行”分析，似不應有“君子無中心之憂則無中心之聖”之說，帛書《五行》中有此數句，疑爲後人所加，與《經》之後加《說》的情況一樣。本章包括帛書本《經1》的後半部分和《經2》。

【釋】

此章論述“五行”、“四行”與“德”、“善”之關係。

“德之行五，和謂之德”：

“德之行五”，指“聖”以及“形於內”的仁、義、禮、智。此即本篇“五行”之所稱。“和”，和諧，協調。《禮記·中庸》：“喜怒哀樂之未發，謂之中；發而皆中節，謂之和。”朱熹集註：“喜怒哀樂，情也。其未發，則性也，無所偏倚，故謂之中。發皆中節，情之正也，無所乖戾，故謂之和。”“德之行五”皆“形於內”，是人的五種德行，這五種德行的和諧一致，無所偏倚，無所乖戾，便謂之德。

“四行和，謂之善”：

“四行”，指“不形於內”的仁、義、禮、智。“善”，善性、善行。《禮記·曲禮上》：“博聞強識，敦善行而不殆，謂之君子。”《孟子·盡心上》：“及其聞一善言，見一善行，若決江河，沛然莫之能禦也。”人之心善也。

“善，人道也”：

仁、義、禮、智四行爲人道。《禮記·喪服四制》：“凡禮之大體，體天地，法四時，則陰陽，順人情，故謂之禮。……有恩，有理，有節，有權，取之人情也。恩者，仁也；理者，義也；節者，禮也；權者，智也。仁、義、禮、知（智），人道具也。”《孟子·告子上》：“孟子曰：‘乃若其情，則可以爲善矣，乃所謂善也。若夫爲不善，非才之罪也。惻隱之心，人皆有之；羞惡之心，人皆有之；恭敬之心，人皆有之；是非之心，人皆有之。惻隱之心，仁也；羞惡之心，義也；恭敬之心，禮也；是非之心，智也。”

“德，天道也”：

仁、義、禮、智、聖之和爲德，爲天道。《禮記·中庸》：“天命之謂性，率性之謂道。”朱熹集註：“天以陰陽五行化生萬物，氣以成形，而理亦賦焉，猶命令也。於是人物之生，因各得其所賦之理，以爲健順五常之德，所謂性也。率，循也。道，猶路也。人物各循其性之自然，則其日用事物之間，莫不各有當行之路，是則所謂道也。”所謂“健順五常之德”，舊稱“五常之德”即仁、義、禮、智、信之德也，就本篇“五行”所述，應爲“仁、義、禮、智、聖”之德。仁、義、禮、智、聖之德，是人之得於天（大自然）之所賦之理，故曰“德，天道也。”

"君子亡中心之憂則亡中心之智"：

"憂"，憂慮。

"智"，智慧。《釋名·釋言語》："智，知也，無所不知也。"《韓詩外傳·一》："孔子曰：君子有三憂，弗知可無憂與？"知，同智。《商君書·開塞》："夫民憂則思。"思，思考。《書·洪範》："思曰睿。"《玉篇》："睿，智也。"古人認爲"智生憂"。"憂則思"，"思曰睿"，故曰"君子無中心之憂則無中心之智。"

"亡中心之智則亡中心之悅"：

"悅"，喜悅，快樂。《爾雅·釋詁上》："悅，樂也。"《廣雅·釋詁一》："悅，喜也。"《論語·述而》："發憤忘食，樂以忘憂。"朱熹集註："未得，則發憤忘食；已得，則樂而忘憂。"又《學而》："學而時習之，不亦悅乎？"故曰"無中心之智則無中心之悅"。悅乃心中之喜意，與喜形於色的快樂有別。

"亡中心之悅則不安，不安則不樂，不樂則亡德"：

"安"，情緒安定。

"樂"，高興，快樂。《論語·學而》；"有朋自遠方來，不亦樂乎？"又《里仁》："子曰：'不仁者不可以久處約，不可以長處樂。'"又《雍也》："子曰：'賢哉，回也；一簞食，一瓢飲，在陋巷。人不堪其憂，回也不改其樂。賢哉，回也！'""不樂則亡德"之"樂"，不是一般的"樂"，而是孔子所讚揚的顏子之"樂"。"一簞食，一瓢飲，在陋巷"，顏子之貧如此，而處之泰然，不以害其樂。顏子之"樂"是"樂天知命"之樂，是領悟了天之道的樂，所以孔子一再讚揚"賢哉，回也！"如果沒有顏回的這種"樂天知命"之"樂"，就是"無德"。

三

五行皆形於內①而時行之，謂之君子②。士有志於君子道謂之志士。

善弗爲亡近，德弗志不成。智弗思不得，思不清③不察④。思不長不形⑤，不形不安，不安不樂，不樂亡德⑥。

【注】

① 帛書《五行》篇在“內”之前多一“厥”字。

②“子”字簡文殘去，據帛書補出。

③“思不清”，帛書爲“思不精”。

④ 此字依裘按讀爲“察”。

⑤ 帛書此句爲“思不長不得”，後有“思不輕不形”。

⑥“不形不安”以下，帛書爲“不形則不安，不安則不樂，不樂則無德”，均多一“則”字。本章爲帛書本的《經3》、《經4》。

【釋】

此章言五形皆形於內而時行之謂之君子。

“五行皆形於內而時行之，謂之君子。士有志於君子道謂之志士”：

“時”，適時，合於時宜。

“行”，做，從事。《孟子．萬章下》：“孔子，聖之時者也。”趙岐注：“孔子時行則行，時止則止。”

“君子”，道德之稱。《論語．泰伯》：“曾子曰：‘可以托六尺之孤，可以寄百里之命，臨大節而不可奪也。君子人與？君子人也。’”君子人，指道德高尚的人。班固《白虎通．號》：“或稱君子何？道德之稱也。君之爲言群也；子者丈夫之通稱也。”

“士”，對品德好的人的美稱。《白虎通．爵》：“通古今，辨然否爲士。”《荀子．修身》：“好法而行，士也。篤志而體，君子也。”

龐樸《帛書五行篇研究》：“士與君子，道德修養之兩種境界。《荀子．哀公》：‘人有五儀；有庸人，有士，有君子，有賢人，有大聖。’”

“君子道”，君子所行之道。《禮記．中庸》：“天命之謂性，率性之謂道，修道之謂教。……是故君子戒慎乎其所不睹，恐懼乎其所不聞。”

“志士”，有遠大志向的人。《孟子．滕文公下》：“志士不忘在溝壑，勇士不忘喪其元。”朱熹集註：“志士固窮，常念死無棺槨、棄溝壑而不恨。”

句意爲：仁、義、禮、智、聖都在於心，並且合於適宜地去實踐，這種人稱之爲君子。士有志於君子所行之道稱之爲有遠大志向的人。

“善弗爲亡近，德弗志不成”：

“弗爲”，猶不爲。不做，不幹。《詩．衛風．淇奧》：“善戲謔矣，不爲虐兮。”《孟子．梁惠王上》：“爲長者折枝，語人曰：‘我不能’，是不爲也，非不能也。”

“亡近”，沒有人親近。《書．五子之歌》：“民何近，不可下。”孔傳：“近，謂親之。”

“弗志”，不篤信，不誠心。《孔子家語．五儀》：“生今之世，志古之道。”志古，謂誠信古道。

“不成”，無所成就。

句意爲：善不行沒有人親近，德不篤信無所成。

“智弗思不得，思不清不察”：

“察”，明察，細究。《左傳·莊公十年》：“小大之獄，雖不能察，必以情。”杜預注：“察，審也。”

句意爲：智如果不思就不能使自己無所不知，思如果不清楚就不能明察。

“思不長不形，不形不安，不安不樂，不樂亡德”

“長”，長久。《書·盤庚中》：“汝不謀長。”孔傳：“汝不謀長久之計。”“思不長”，指不能深思熟慮。

“形”，形成。《管子·牧民》：“惟有道者，能備患於未形也，故禍不萌。”“不形”，對“思”而言。指思考沒有結果，沒有所成。

“不安”，不安定，不安寧。對“思”之者而言。《論語·陽貨》：“女安則爲之！夫君子之居喪，食旨不甘，聞樂不樂，居處不安，故不爲也。今女安，則爲之。”

“不樂”，沒有快樂，即沒有君子之樂。

句意爲：思如果不能深思熟慮便不會有什麼結果（不能形其所思），沒有結果心中就會不安，心中不安就不會有君子之樂，沒有君子之樂便是無德。

四

不仁，思不能清①；不智，思不能長。不仁不智：未見君子，憂心不能惙惙；既見君子，心不能悅。“亦既見之，亦既覯之，我心則悅。”此之謂也②。

不仁，思不能清；不聖，思不能輕。不仁不聖：未見君子，憂心不能忡忡；既見君子，心不能降③。

【注】

① 此字帛書作“精”。

② 引詩見《詩·召南·草蟲》。帛書引詩前有“《詩》曰”二字。帛書所引多“未見君子，憂心惙惙”兩句。此兩句，就簡文文意看，似爲多餘。“此之謂也”，帛書爲“此〔言〕仁之思也精”。

③ 本章爲帛書本《經5》。

【釋】

此章從反面論述仁、智、聖。

“不仁，思不能清；不智，思不能長”：

《禮記·中庸》：“天下之達道五，所以行之者三。曰君臣也，父子也，夫婦也，昆弟也，朋友之交也。五者天下之達道也。知、仁、勇三者，天下之達德也，所以行之者一也。”朱熹集註：“知，去聲。達道者，天下古今所共由之路，即《書》所謂五典，孟子所謂‘父子有親、君臣有義、夫婦有別、長幼有序、朋友有信’是也。知，所以知此也；仁，所以體此也；勇，所以強此也；謂之達德者，天下古今所同得之理也。”“不仁”，即不能體道也，“不智”，即不知道也。不能體道，故“思不能清”；不知道，故“思不能長”。龐樸《帛書五行篇研究》：“不智思不能長久之意。”

“不仁不智：未見君子，憂心不能惙惙；既見君子，心不能悅”：

《詩·小雅·出車》：有“未見君子，憂心忡忡。既見君子，我心則降”四句，意思是妻子思念丈夫，見不到丈夫回來，心裡十分憂愁，已經見到丈夫平安回來，不安的心就放下來了。此處以君子指品德高尚的人，借用詩中的“未見”和“既見”，改其意而對“不仁不智”者進行評述。

句意爲：如果不仁不智，見不到品德高尚的人內心沒有什麼憂愁，即使見到品德高尚的人內心也不會產生喜悅的感情。

“‘亦既見之，亦既覯之，我心則悅。’此之謂也”：

“亦”，確實，的確。此三句引詩見《詩·召南·草蟲》。意思是：確實已經見到丈夫，確實已經遇到丈夫，我心裡就會高興麼！假若見到的、遇到的丈夫，又要遠去怎麼辦？“此之謂也”引此詩以喻不仁不智者見到或遇到品德高尚的人的那種無動於衷的情懷。

“不仁，思不能清；不聖，思不能輕”：

《帛書五行·經6·說》：“輕者，尙矣。”尙，久遠。《呂氏春秋·古樂》：“故樂之所由來者尙矣，非獨爲一世之所造也。”高誘注：“尙，久也。”《史記·三代世表》：“五帝、三代之記，尙矣。”司馬貞索隱：“劉氏云：‘尙，猶久古也。’”聖者，大而化之之謂聖，聖而不可知之之謂神。（見《孟子·盡心下》）所謂“大而化之”，即大而能化。朱熹集註：“使其大者泯然無復可見之跡，則不思不勉、從容中道，而非人力之所能爲矣。”故聖之思久遠矣。“不聖，思不能輕”，如果不聖，則思不能久遠。不能思之久遠，便不能大而化之，故“不聖”也。

“不仁不聖：未見君子，憂心不能忡忡，既見君子，心不能降”：

“降”，落下。《爾雅·釋詁》：“降，落也。”此與前述“不仁不智”相同，以君子指品德高尚的人，借用詩中的“未見”、“既見”，改其意而對“不仁不聖”者進行評述。

句意爲：如果不仁不聖，見不到品德高尚的人內心沒有什麼憂愁，即使見到品德高尚的人也不會產生把不安的心放下來的感覺。

五

仁之思也清，清則察，察則安，安則溫，溫則悅，悅則戚，戚則親，親則愛，愛則玉色，玉色則形，形則仁。

【注】

本章爲帛書本《經6》的第1部分。帛書從此開始，《經》後有《說》。

【釋】

此章正面論述“仁”。

“仁之思也清”：

“清”，清楚，明白。《荀子·解蔽》：“凡觀物有疑，中心不定，則外物不清。五慮不清，則未可定然否也。”仁乃所以體道也，道雖爲人所共由，若無清楚明白的體認，是無法實行的。仁之思，若“五慮不清，則未可定然否也”，故曰“仁之思也清”。

“清則察，察則安，安則溫，溫則悅，悅則戚，戚則親，親則愛，愛則玉色，玉色則形，形則仁”：

“察”，詳審，細究。《論語·衛靈公》：“眾惡之，必察焉；眾好之，必察焉。”朱熹集註引楊氏曰：“惟仁者能好惡人。眾好惡之而不察，則或蔽於私矣。”

“安”，安定，安寧。

“溫”，柔和而寬緩。《廣韻·魂韻》：“溫，和也，善也，良也，柔也。”《禮記·儒行》：“溫良者，仁之本也；敬慎者，仁之地也；寬裕者，仁之作也。”陳澔集說：“仁之本，謂根本於仁也。地，猶踐履也。作，充廣也。”

“戚”親近。《集韻·錫韻》：“戚，近也。”《書·金滕》：“未可以戚我先王。”孔傳：“戚，近也。”

“玉色”，比喻堅貞的操守。《楚辭·東方朔〈七諫·自悲〉》：“邪氣入而感內兮，施玉色而滛。”王逸注：“滛，潤也。言讒邪之言雖自內感已志而猶不變，玉色外潤而內愈明也。”

句意爲：思之清則能詳審，詳審而不蔽於私則安定，安定則能柔和而寬緩，柔和而寬緩則能內心喜悅，內心喜悅則能親近，親近則親其親，親其親則能仁愛愛人，仁愛愛人則能保持堅貞的操守，保持堅貞的操守顯露於外，顯露於外便是仁。

六

智之思也長，長則得，得則不忘，不忘則明，明則見賢人，見賢人則玉色，玉色則形，形則智。

【注】

本章爲帛書本《經6》的第二部分。

【釋】

此章從正面論述“智”。

“智之思也長”：

“長”，長久。意思是智之思，思人、思物都能深思熟慮，不會顧此失彼。

“長則得，得則不忘，不忘則明，明則見賢人，見賢人則玉色，玉色則形，形則智”：

“得”，有所得。《詩·周南·關雎》：“求之不得，寤寐思服。”不得，即無所得。

“不忘”，不忘其所思。“明”，修明，指心地光明。

“賢人”，有才德的人。《易·繫辭上》：“有親則可久，有功則可大。可久則賢人之德，可大則賢人之業。”

句意爲：智之思能做到深思熟慮，便能有所得，有所得便不忘其所思，不忘其所思便能心地光明，心地光明便能見有才德的人，見有才德的人便能保持堅貞的操守，保持堅貞操守顯露於外，顯露於外便是智。

七

聖之思也輕，輕則形，形則不忘，不忘則聰，聰則聞君子道，聞君子道則玉音①，玉音則形，形則聖②。

【注】

① 簡文作“玉音”，帛書作“王言”。龐樸《帛書五行篇研究》注：“玉音，《經》文作王言。《詩・小雅・白駒》：‘毋金玉爾音’，陳奐《詩毛氏傳疏》：‘言賢者德音，如金如玉。’則玉音者，賢者之言也。司馬相如《長門賦》：‘願賜問而進兮，得尙君之玉音。’正以王言爲玉音。又，《禮記・緇衣》：‘王言如絲，其出如綸；王言如綸，其出如綍。’則王言有微而能顯之意，亦可通。”

② 本章爲帛書本《經6》的第三部分。

【釋】

此章從正面論述“聖”。

“聖之思也輕”：

《帛書五行・經6・說》：“‘聖之思也輕’，思也者，思天也；輕者尙矣。”意思是，聖之思，非思人、思物，乃思天也。思天，即思天與人之關係，從而樂天知命。輕者尙矣，如前述，“尙”，久遠也。聖之思也久遠，故能知天知命，大而化之。

“輕則形，形則不忘”：

《帛書五行・經6・說》：“輕則形，形者形其所思也。”又：“‘形則不忘’，不忘者，不忘其所思也，聖之結於心者也。”結，連結，交結。聖之思與其心交結在一起，爲之“不忘”。

"不忘則聽，聽則聞君子道"：

《帛書五行·經6·說》："'不忘則聽'，聽者，聖之藏於耳者也。""聽"，聽之而藏於耳以審察是非真假。《說文》："聽，察也。"《管子·宙合》："耳司聽，聽必須聞，聞審謂之聰。"尹知章注："耳之所聞，既順且審，故謂之聰。"

"聞君子道"，《帛書五行·經6·說》："道者，天道也。聞君子道之志耳而知之也。""君子"，道德之稱也，泛指才德出眾的人。

句意爲：不忘其所思便能聽之而藏於耳以審察是非，審察是非便能聞知君子所道之志。

"聞君子道則玉音，玉音則形，形則聖"：

"玉音"，清越優雅的聲音。《尚書·大傳四》："皆莫不磬折玉音金聲玉色。"注："玉音金聲，言宏殺之調也。"後多指清脆的聲音。《陶淵明集》四《讀山海經》詩之七："靈鳳撫雲舞，神鸞調玉音。"此處喻指聖者之德音，猶聖者之所言，德之所就也。

句意爲：聞知君子所道之志，猶如聽聖者之言，聽聖者之言而能有所成，有所成便能聖。

八

淑人君子，其儀一也。"①能爲一，然後能爲君子。君子②慎其獨也。

"瞻望弗及，泣涕如雨。"③能差④池其羽，然後能至哀。君子慎其獨也⑤。

【注】

① 引詩見《詩·曹風·鳲鳩》。帛書五行引詩爲："鳲鳩在桑，其子七兮。淑人君子，其儀一兮。"楚簡五行只引了後兩句。且將"兮"改爲"也"。

② 簡文無"君子"二字，從上下文看，似脫去上句末"君子"之重文號，現據帛書補出。

③ 引詩見《詩·邶風·燕燕》。帛書五行引詩爲："燕燕於飛，差池其羽。之子於歸，遠送於野。瞻望弗及，泣涕如雨。"楚簡五行只引了後兩句。簡文"瞻望弗及"殘去，現據帛書補出。

④ 此字據帛書讀爲"差"。

⑤ 本章合簡文第8章、第9章前半部分而成；爲帛書本《經7》。

【釋】

此章言君子慎其獨也。

"淑人君子，其儀一也"：

"淑"，善良。"淑人"，有德行的人。《帛書五行·經7·說》："儀者義也，言其所以行之義之一心也。""儀"，通"義"，道義，義理。鄭玄注："淑，善；儀，義也。善人君子其執義當如一也。"

"能爲一，然後能爲君子"：

"一"，專一。《書·大禹謨》："惟精唯一。"孔穎達疏："一，謂專一。"句意爲：其所以行之能專心一意，然後才能成爲君子。

"瞻望弗及，泣涕如雨"：

"瞻望"，抬頭遠望。"泣涕如雨"，眼淚像雨一般落下。

"能差池其羽，然後能至哀"：

"差池"，即參差，長短不齊的樣子。《帛書五行·經7·說》："'能差池其羽，然後能至哀'言至也。差池者，言不在衰絰。不在衰絰，然後能哀。夫喪，正絰修領而殺矣，其至內者之不在外也。是謂之獨，獨也者舍體也。"衰絰，喪服。"差池其羽"，指燕子長短不齊的羽翅。"能差池其羽"，以喻人之哀痛情狀，

"至哀"，悲痛之極。意思是，人喪之哀痛，並不表現在是否穿喪服（不在衰絰），哀痛之極在內不在外。此處以哀痛之極在內不在外，以言君子必慎其獨。

"君子慎其獨也"：

"慎其獨"，在獨處中謹慎不苟。《禮記·大學》："小人閒居爲不善，無所不至，見君子而後厭然，揜其不善，而著其善。人之視己，如見其肺肝然，則何益矣。此謂誠於中，形於外，故君子必慎其獨也。"朱熹集註："閒居，獨處也。厭然，消沮閉藏之貌。此言小人陰爲不善，而陽欲揜之，則是非不知善之當爲與惡之當去也；但不能實用其力以至此耳。然欲揜其惡而卒不可揜，欲詐爲善而卒不可詐，則何益之有哉！此君子所以重以爲戒，而必謹其獨也。"

九

君①子之爲善也，有與始，有與終也。君子之爲德也，有與始，無與②終也。

金聲而玉振之，有德者也③。金聲，善也；玉音，聖也。善，人道也；德，天道也④。唯有德者，然後能金聲

而玉振之⑤。

【注】

① 第18號簡殘去三字，與帛書本對照，頭兩個字應是“獨也”，屬上句，第三個字應是“君”，屬下句。從文意上看，“獨也”與“君”之間應有一分段符號。

② 第19號簡殘去五字，對照帛書，應是“有與始，無與”，現補出。

③ 簡文“有德者也”與“金聲，善”有一分段符號，但從內容上看，兩段緊密相連，現合爲一章。

④ 第20號簡“天”之後殘去兩字，與帛書對照，應是“道也”，現補出。

⑤ 第20簡“玉振之”之後，沒有分段符號，但前後文意明顯不同。爲了有利於理解簡文文義，特以此分章。本章包括簡文第9章的後半部分和第10章的前半部分；爲帛書本《經8》和《經9》。

【釋】

此章論述君子爲善、爲德，並以“金聲而玉振”喻論有德。

“君子之爲善也，有與始，有與終也”：

《帛書五行・經8・說》：“‘君子之爲善也，有與始，有與終’，言與其體始與其體終也。”“善”，善行。前第2章云：“四行和，謂之善。善，人道也。”所謂“四行”，乃仁、義、禮、智之不形於內者。故君子之爲善，與其體相始終，有與始，有與終也。

“君子之爲德也，有與始，無與終也”：

《帛書五行·經8·說》："'君子之爲德也，有與始，無與終'，'有與始'者，言與其體始；'無與終'者，言舍其體而獨其心也。""德"，品行，操守。前第2章云："德之行五，和謂之德。"仁、義、禮、智、聖形於內者，得自於天道，在於心。故君子之爲德，與其體始，而不與體終，有與始，無與終也。

"金聲而玉振之，有德者也"：

"有德"，謂品德高尚，能身體力行。《周禮·春官·大司樂》："凡有道者有德者，使教焉。"鄭玄注："德，能躬行者。"《論語·憲問》："有德者必有言，有言者不必有德。"朱熹集註："有德者，和順積中，英華髮外。能言者，或便佞口給而已。""金聲而玉振"，謂以鍾發聲，以磬收韻，奏樂從始至終。《孟子·萬章下》："孟子曰：'伯夷，聖之清者也；伊尹，聖之任者也；柳下惠，聖之和者也；孔子，聖之時者也。孔子之謂集大成，集大成也者，金聲而玉振之也。'"朱熹集註："此言孔子集三聖之事，而爲一大聖之事；猶作樂者，集眾音之小成，而爲一大成也。成者，樂之一終。《書》所謂'簫韶九成'是也。金，鍾屬。聲，宜也，如聲罪致討之聲。玉，磬也。振，收也，如振河海而不洩之振。"又："金聲也者，始條理也；玉振之也者，終條理也。始條理者，智之事也；終條理者，聖之事也。"朱熹集註："始，始之也。終，終之也。條理，猶言脈絡，指眾音而言也。智者，知之所及；聖者，德之所就也。""金聲而玉振"，喻指由知之所及而德之所就，故曰"有德者也"。朱熹說："金聲玉振，始終條理，疑古《樂經》之言。"《五行篇》作者以"金聲而玉振之"說明"有德"是借用古《樂經》之言，似與《孟子·萬章下》"集大成也者，金聲而玉振之也"無淵源關係。

"金聲，善也；玉音，聖也。善，人道也；德，天道也。唯有德者，然後能金聲而玉振之"：

"金聲"，喻指智之事；智者，知之所及。"玉音"，玉振之音，喻指聖之事；聖者，德之所就也。

仁、義、禮、智，形於外，乃知之所及；仁、義、禮、智、聖，形於內，乃德之所就。知之所及，限於人事。《禮記·中庸》："仁者人也，親親爲大；義者宜也，尊賢爲大；親親之殺，尊賢之等，禮所生也。"知仁，知義，知禮，乃智也。德之所就，既要知人，又要知天，只有知天才能真正知人。《禮記·中庸》："天命之謂性，率性之謂道。"所謂"天命"，朱熹註曰："天以陰陽五行化生萬物，氣以成形，而理亦賦焉，猶命令也。"天命，乃是大自然化生萬物的規律性的反映。所謂"性"，朱熹註曰：天以陰陽化生萬物，"於是人物之生，各得其所賦之理，以爲健順五常之德，所謂性也。"人之性，首先是象所有生物之性一樣，是大自然所賦予；然後由社會之約定，健順五常之德而形成。所謂"道"，朱熹註曰："道，猶路也。人物各循其性之自然，則其日用事之間，莫不各有當行之路，是所謂道也。"道，有天道，有人道。天道，就是大自然的規律性；人道，就是人從大自然的規律性中所領悟到的人之當行之路。因此知天、知人，乃德之所就也。德者，得也，得之於天（大自然），形於內者也。早期儒家認爲，德者乃聖人之所爲，故曰"唯有德者，然後能金聲而玉振之"。意思是：只有品德高尚、能身體力行的人，才能由智之事而聖之事。

十

不聰不明，不聖不智①。不智不仁，不仁不安，不安不樂，不樂亡②德③。

【注】

①"不聰不明，不聖不智"，帛書本爲"不聖，不聖不智"，龐樸先生根據《說》文刪補爲"不聰不明，不聰明則不聖智"，龐先生刪補的《經》文，與楚簡"不聰不明，不聖不智"的意思相一致，可從。

②“不樂亡德”，帛書爲“不樂無德”，“亡”通“無”。

③ 本章爲簡文第10章後半部分；帛書本《經13》。

【釋】

此章從反面論述“聖”、“智”。

“不聽不明，不聖不智”：

“聽”，《管子·宙合》：“耳司聽，聽必須聞，聞審謂之聽。”尹知章注：“耳之所聞，既順且審，故謂之聽。”《帛書五行·經13·說》：“聽也者，聖之藏於耳者也。”《史記·屈原賈生列傳》：“屈平疾王聽之不聽也，讒諂之蔽明也。”

聖也者，聽之必能聞審，故曰“聖之藏於耳者也”；聽之不能聞審，故“讒諂之蔽明”，乃不聖也。

“明”，《孟子·梁惠王上》：“明足以察秋毫之末。”《玉篇·明部》：“明，察也。”《正字通·日部》：“明，辨也。”《帛書五行·經13·說》：“明也者，知（智）之藏於目者也。”目力所及能察之秋毫謂之明。

智也者，視之必能明察，故曰“智之藏於明者也”；視之不能明察，故是非莫辨，乃不智也。《帛書五行·經13·說》：“聰，聖之始也；明，智之始也。……聖智必聰明。聖始天，智始人；聖爲崇，知爲廣。”聖始於聽，不聽則不聖，聽是聖的必要條件。智始於明，不明則不智，明是智的必要條件。聖，得之於天。天以陰陽化生萬物，而以其理賦之，聖者得之天所賦之理，而明其道。智，得之於人，人乃萬物之最貴者，各得天所賦之理而有五常之德，智者知其人之五常之德，而明乎人倫。聖者知天道，智者知人道。故曰“聖爲崇，智爲廣”。

句意爲：如果不聽不明，自然就不聖不智。

"不智不仁，不仁不安，不安不樂，不樂亡德"：

不智者，不知人道，"不知所愛者何愛"，故不仁。"仁而能安"，知天知命，故能安，若不仁，則不安也。"安與其體偕安也"，不僅心安，其體亦安。身心偕安，故"安而後樂"。若不安，則不樂也。"樂也者流體，機然忘塞；忘塞，德之至也。"流，放也，放鬆，輕鬆愉快。"流體"，使其體輕鬆愉快。"機"，比喻迅速。"忘塞"，謂心情舒暢，精神愉快。（以上引文均見《帛書五行·經13·說》）龐樸注："樂之用在和，故能流體，能無塞。"所以"樂而後有德。"若不樂，則無德也。

十一

不變不悅，不悅不戚，不戚不親，不親不愛，不愛不仁。

【注】

本章爲帛書《經10》。

【釋】

此章從反面論述"仁"。

"不變不悅"：

"變"，借爲"勉"。變，古音幫紐元部；勉，古音明紐元部。變、勉，古音韻部相同，同爲唇音，音近可通假。《帛書五行·經10·說》："變也者，勉也，仁氣也。"勉，勸勉。有自勉者，有勉人者。段玉裁《說文解字注》：“凡言勉者，皆相迫之意。自勉者自迫也；勉人者迫人也。”《莊子·天運》：“夫孝悌仁義，忠信貞廉，此皆自勉以役其德者也。”人若能自勉以求其德，便能親親、愛人，故曰“勉也，仁氣足。”人自勉，親親，愛人，自然能悅。若不能自勉，就不能自覺地親親、愛人，故不能悅也。

“不悅不戚，不戚不親，不親不愛，不愛不仁”：

“戚”，親近。《書·金縢》：“未可以戚我先王。”孔傳：“戚，近也。”《列子·力命》：“管夷吾、鮑叔牙二人相友甚戚。”《帛書五行·經10·說》：“悅而後能戚所戚。”“戚而後能親之。”“親而後能愛之。”“愛而能仁。”若不悅，則不能戚；不戚，則不能親；不親，則不能愛；不愛，則不能仁。

十二

不直不泄①，不泄不果，不果不簡，不簡不行，不行不義②。

【注】

① 依帛書作“泄”，下同。

② 本章爲帛書本《經11》。

【釋】

此章從反面論述“義”。

"不直不泄"：

"直"，《字彙·目部》："直，正也。"《廣雅·釋詁二》："直，義也。"《帛書五行·經11·說》："直也者，直其中心也，義氣也。"《易·坤·文言》："君子敬以直內。""直其中心"，與"直內"義同，謂矯正內心的僻邪。《左傳·昭公十四年》："仲尼曰：'叔向，古之遺直也。治國制刑，不隱於親；三數叔魚之惡，不爲末減。曰義也夫，可謂直矣。'"《史記·遊俠列傳》："解曰：'公殺之固當，吾兒不直。'"《帛書五行·經11·說》："泄也者，終之者也。"《方言》卷十："泄，歇也……泄、奄，息也。楚、揚謂之泄。"現代荊楚方言仍稱終止某種行爲爲"泄"（歇）。

句意爲：如果不能矯正內心的僻邪，就不可能自始至終躬行仁義。

"不泄不果，不果不簡，不簡不行，不行不義"：

"果"，無畏而有決斷。《玉篇·木部》："果。果敢也。"《周禮·春官·大卜》："以邦事作龜之八命……五日果。"鄭玄注："果，謂以勇決爲之。"《帛書五行·經11·說》："果也者，言其弗畏也，無介於心者也。"

"簡"，比數也，比數而知輕重。《周禮·夏官·大司馬》："簡稽鄉民，以用邦國。"鄭玄注："簡謂比數之。"南朝齊武帝《黃籍限斷詔》："簡貴賤，辨尊卑。"《帛書五行·經11·說》："簡也者，不以小害大，不以輕害重也。"

"行"，行爲。其所行必以德爲本。"不行"，謂不以德爲本之行。

句意爲：如果不能始終躬行仁義，就不可能無畏而有決斷，就不可能比數而知輕重，就不可能使其所行以德爲本。不以德爲本之行，非善行也，乃不義也。

十三

不遠不敬，不敬不嚴，不嚴不尊，不尊不恭，不恭亡禮。

【注】

本章爲帛書本《經12》。

【釋】

此章從反面論述“禮”。

“不遠不敬”：

“遠”，謂德行高遠。《論語·顏淵》：“子張問明。子曰：‘浸潤之譖，膚受之愬，不行焉。可謂明也已矣。浸潤之譖，膚受之愬，不行焉。可謂遠也已矣。’”何晏集解引馬融曰：“無此二者，非但爲明，其德行高遠，人莫能及。”

“敬”，慎重。《玉篇·茍部》：“敬，慎也。”《論語·子路》：“居處恭，執事敬，與人忠。”邢昺疏：“居處恭謹，執事敬慎，忠以與人也。”

句意爲：如果德行不高遠，執事便不能敬慎。

“不敬不嚴，不嚴不尊，不尊不恭，不恭亡禮”：

“嚴”，厚也。《帛書五行·經12·說》：“嚴，猶厰。厰，敬之積者也。”龐樸注：“厰，崟也；崟，高貌。故曰敬之積。”

“尊”，同“遵”。遵循。《墨子·備城門》：“守者必善，而君尊用之，然後可以守也。”俞樾《諸子平議·墨子三》：“尊當爲遵，古字通也。”

“恭”，肅敬，有禮貌。《論語·顏淵》：“君子敬而無失，與人恭而有禮，四海之內皆兄弟也。”又《衛靈公》：“無爲而治者，其舜也與？夫何爲哉？恭己正南面而已矣。”恭己，謂恭謹以律己。

句意爲：如果執事不能敬慎，便不能把所做的事一件件做好；不能做好應該做的每一件事，自己便無所遵循；自己無所遵循，就不能恭謹以律己；不恭謹以律己就是無禮。

十四

未嘗聞君子道，謂之不聽。未嘗見賢人，謂之不明。聞君子道而不知其君子道也，謂之不聖。見賢人而不知其有德也，謂之不智。

【注】

本章爲帛書本《經17》前一部分。

【釋】

此章對“不聽”、“不明”、“不聖”、“不智”進行解釋。

“未嘗聞君子道，謂之不聽”：

“聞”，知道。《戰國策·齊策三》：“孟嘗君曰：‘人事者，吾已盡知之矣；吾所未聞者，獨鬼事耳。'"高誘注："聞，知。"《論語·里仁》："朝聞道，夕死可矣。"何晏注："言將至死不聞世之有道。"朱熹集註："道者，事物當然之理。苟得聞之，則生順死安，無復遺恨矣。"朱熹集註引程子曰："言人不可以不知道，苟得聞道，雖死可也。"

"君子道"，君子所行之道。《孟子·滕文公上》："夫滕壤地褊小，將爲君子焉，將爲野人焉。無君子莫治野人，無野人莫養君子。"朱熹集註："言滕地雖小，然其間亦必有爲君子而仕者，亦必有爲野人而耕者，是以分田制祿之法，不可偏廢也。"《帛書五行·經17·說》："同此聞也，獨不色然於君子道，故謂之不聽。""色然"，變色貌。《公羊傳·哀公六年》："諸大夫見之，皆色然而駭。"何休注："色然，驚駭貌。"《孔子家語·正論解》："季孫色然悟曰：'吾誠未達此義。'"

句意爲：人之所聞甚多，獨對君子道無動於衷，故謂之不聽。

"未嘗見賢人，謂之不明"：

"賢人"，有才德的人。《易·繫辭上》："有親則可久，有功則可大。可久則賢人之德，可大則賢人之業。"《帛書五行·經17·說》："同此見也，獨不色賢人，故謂之不明。""不色"，不生氣，不變臉色。猶不理睬。

句意爲：人之所見甚多，獨對賢人不予理睬，故謂之不明。

"聞君子道而不知其君子道也，謂之不聖"：

《禮記·中庸》："君子之道，辟如行遠必自邇，辟如登高必自卑。"辟，同譬。卑，低，與高相對。道，有人道，有天道，均爲日用事物當行之理。子曰："道不遠人。人之爲道而遠人，不可以爲道。"（《禮記·中庸》）朱熹集註："道者，率性而已，固眾人之所能知能行者也，故常不遠於人。若爲道者，厭其卑近，以爲不足爲，而反務爲高遠難行之事，則非所以爲道也。"

“知”，瞭解。《書·皋陶謨》：“知人則聖。”《玉篇·矢部》：“知，識也。”

句意爲：人之所聞甚多，獨對君子道無衷，故謂之不聰。

“未嘗見賢人，謂之不明”：

“賢人“，有才德的人。《易·繫辭上》：“有親則可久，有功則可大。可久則賢人之德，可大則賢人之業。”《帛書五行·經17·說》：“同此見也，獨不色賢人，故謂之不明。”“不色”，不生氣，不變臉色。猶不理睬。

句意爲：人之所見甚多，獨對賢人不予理睬，故謂之不明。

“見賢人而不知其有德也，謂之不智”：

“有德”，謂道德品行高尚，能身體力行。

句意爲：人雖能接觸賢人，然而卻不瞭解賢人的高尚的德行，故謂之不智。

十五

見而知之，智也。聞而知之，聖也。明明，智也。虩虩，聖也。“明明在下，虩虩在上”，此之謂也。

【注】

本章爲帛書本《經17》後一部分。引詩見《詩·大雅·大明》。虩虩，《詩》作“赫赫”，帛書作“壑壑”。

【釋】

此章對“智”、“聖”進行解釋。

“見而知之，智也”：

“見”，接觸。接觸以後就知其有德，謂之智。

“聞而知之，聖也”：

“聞”，聽見。《帛書五行·經17·說》：“聞之就知天之道也，聖也。”不一定直接接觸，就能知其天之道，謂之聖。

“明明，智也。虩虩，聖也”：

“明明”，明察貌。《詩·大雅·常武》：“赫赫明明，王命卿士。”毛傳：“明明然，察也。”

“虩”，音細，“虩虩”，恐懼貌。《易·震》：“震來虩虩，笑言啞啞。”王弼注：“震之爲義，威至而後乃懼也。故曰，震來虩虩，恐懼之貌也。”《易·震·彖》：“‘震來虩虩’，恐致福也。‘笑言啞啞’，後有則也。”恐致福也，謂敬畏可以致福。

句意爲：能明察，由所見知所未見，謂之智。能使人在敬畏之後而致福，謂之聖。

“‘明明在下，虩虩在上’，此之謂也”：

“明明在下，虩虩在上”，《詩·大雅·大明》作“明明在下，赫赫在上”，朱熹集傳：“明明，德之明也。赫赫，命之顯也。……此亦周公戒成王之詩。將陳文武受命，故先言在下者有明明之德，則在上者有赫赫之命。達于上下，去就無常，此天之所以難忱，而爲君之所以不易也。”“赫”，有顯赫義，也有驚恐義。《公羊傳·宣公六年》：“有人荷畚，自閨而出者。趙盾曰：'彼何也？''夫畚。'……趙盾就而視之，則赫然死人也。”赫然，驚恐貌。由驚恐而產生敬畏，此義與“虩虩”義同。朱熹所謂“在上者有赫赫之命”，也可理解爲“在上者有敬畏之命”。故“虩虩在上”，與“赫赫在上”義同。能明察，由所見知所未見，謂之智，猶“明明在下”；能使人在敬畏之後而致福，謂之聖，猶“虩虩（赫赫）在上”。故曰“'明明在下，虩虩在上'，此之謂也。”此處引《詩》以證何爲“智”、何爲“聖”。

十六

聞君子道，聰也。聞而知之，聖也。聖人知天道也。知而行之，義也。行之而時，德也。見賢人，明也。見而知之，智也。知而安之，仁也。安而敬之，禮也。聖、智，禮樂之所由生也。五行之所和①也，和則樂，樂則有德，有德則邦家舉②。文王之見也如此。“文王在上，於昭③於天”，此之謂也。④

【注】

① 第29簡殘去四字，從上下文看，應是“聖，知禮樂之所由生也，五行之所和也。”殘去的是“行之所和”四字。

② 此字簡文從止，與聲，疑爲“舉”之異構。帛書本作“與”，整理者以爲是“興”之訛字。帛書本之“與”，實用爲“舉”。《韓非子·解老》：“是以行軌節而舉之也。”陳奇猷集釋引於思伯曰：“舉應讀作與，二字古多通用。”又《墨子·天志中》：“故天下之君子，與謂之不祥者。”

畢沅校："與，同舉。"

③ 引詩見《詩・大雅・文王》。簡文殘去五字，現據《詩》補出。

④ 本章爲帛書本《經18》。

【釋】

此章以"聖"爲中心，論述"五行之所和"。"聞君子道，聰也。聞而知之，聖也"，"君子道"，君子所行之道。《禮記・中庸》："天命之謂性，率性之謂道。"朱熹集註："人物各循其性之自然，則其日用事物之間，莫不各有當行之路，是則所謂道也。"君子所行之道，是君子循其性之自然，在日用事物之間所當行之路。《易・說卦》："昔者，聖人之作《易》，幽贊於神明而生蓍，參天兩地而倚數，觀變於陰陽而立卦，發揮於剛柔而生爻，和順於道德而理於義，窮理盡性而至於命。……是以立天之道曰陰與陽，立地之道曰柔與剛，立人之道曰仁與義。"所謂天之道、地之道、人之道，是古聖人所立之道，亦即古君子所行之道的理論概括。一個人，"獨色然辨於君子道"，故謂之聰。若能"聞而知之"，亦即不僅"色然辨於君子道"，且能通曉古今，知人知命知天，便爲之"聖"。

"聖人，知天道也。知而行之，義也。行之而時，德也"：

"天道"，乃天地以陰陽化生萬物之理。此理"皆性之德而具於心，無物不有，無時不然"（朱熹語）。"知而行之"，對於天道，不僅要知曉，而且要實行。《禮記・中庸》："子曰：'道之不行也，我知之矣，知（智）者過之，愚者不及也；道之不明也，我知之矣，賢者過之，不肖者不及也。'"朱熹集註："知（智）者知之過，既以道爲不足行；愚者不及知，又不知所以行。此道之所以常不行也。賢者行之過，既以道爲不足知；不肖者不及行，又不求所以知。此道之所以常不明。"

"行之而時"，不僅要實行，而且要切合時宜。"時"，適時，合於時宜。

《孟子．萬章下》："孔子，聖之時者也。" 趙岐注："孔子時行則行，時止則止。"

句意爲：聖人，知曉天道。知曉而能實行，爲之義。時行則行，爲之有德。

"見賢人，明也。見而知之，智也"：

"賢人"，有才德的人。《易．繫辭上》："可久則賢人之德，可大則賢人之業。"《史記．太史公自序》："守法不失大理，言古賢人，增主之明。" "見而知之"，所見而能知。

句意爲：能辨別於有才德的人爲之明。對所見者能知曉爲之智。

"知而安之，仁也"：

"安"，《說文》："安，靜也。"《論語．述而》："子溫而厲，威而不猛，恭而安。"《易．繫辭下》："君子安其身而後動。" 孔穎達疏："故先須安其身而後動。"

句意爲：知（智）者知曉君子道能安其身而後動爲之仁。

"安而敬之，禮也"：

"敬"，恭敬，嚴肅。《易．坤．文言》："君子敬以直內，義以方外。" 孔穎達疏："內謂心也，用此恭敬以直內。"《禮記．曲禮》："毋不敬，儼若思，安定辭，安民哉！" 陳澔集說引朱子（朱熹）曰："君子修身其要在此三者，而其效足以安民，乃禮之本。" 又引劉氏曰："毋不敬，則動容貌，斯遠暴慢矣；儼若思，則正顏色，斯近信矣；安定辭，則出辭氣，斯遠鄙倍矣。三者修身之要，爲政之本，此君子修己以敬，而其效至於安人、安百姓也。"

句意爲：安其身而後能修己以敬，敬則動容貌，斯遠暴慢，故爲之禮。

"聖、智，禮樂之所由生也"：

言禮樂之生於聖智。"聖"，無所不通，大而能化也。"智"，無所不知，是非能明也。"禮"、"樂"乃人之所制也。"禮自外作"，"樂由中出"；"先王之制禮樂，……將以教民平好惡而反人道之正也"；"禮節民心，樂和民聲"；"大禮與天地同節"，"大樂與天地同和"（以上引文見《禮記·樂記》）。"禮"、"樂"之制者，非"聖"、"智"莫能爲也。故"聖、智，禮樂之所由生也。"

"五行之所和也，和則樂，樂則有德，有德則邦家舉"：

"五行"，仁、義、禮、智、聖之形於內者。

"和"，和諧。《禮記·中庸》："發而皆中節，謂之和。"

"樂"，心情暢快。《帛書五行·經18·說》："樂者，言其流體也。""其流體也"，意即心情暢快而無阻塞。

"邦家"，指國家。《詩·小雅·南山有台》："樂只君子，邦家之基。"鄭玄箋："人君既得賢者，置之於位，又尊敬以禮樂，樂則能爲國家之本。"

"舉"，復興。《禮記·中庸》："繼絕世，舉廢國，治亂持危。"

句意爲：仁、義、禮、智、聖發而皆中節，和諧一致而心情暢快；心情暢快，無所偏倚，無所乖戾而德之至也；德之至則國家復興，天下舉仁義也。

"文王之見也如此。'文王在上，於昭於天'，此之謂也"：

"文王在上，於昭於天"，爲《大雅·文王》首章的開頭兩句。"於"，表示感歎。

"昭"，明也。言文王之德備成矣。

"文王之見也如此"，"此"，代詞，指"五行之所和也，和則樂，樂則有德，有德則邦家舉。"意爲"此"正是"文王之所見也"。引詩言文王之德備成，以證“文王之所見也如此”。

十七

見而知之，智也。知而安之，仁也。安而行之，義也。行而敬之，禮也。仁，義禮所由生也①。四行之所和也，和則同，同則善。②

【注】

① 帛書此句爲“仁義禮智之所由也”。

② 本章爲帛書本《經19》。

【釋】

此章以“仁”爲中心，論述“四行之所和”。

“見而知之，智也。知而安之，仁也。安而行之，義也。行而敬之，禮也”：

“見而知之”，言由所見知所未見。智者，無所不知也。

“知而安之”，言知君子道而能使民安。仁者，愛人，能安其民。

“安而行之”，言能使民安而後行。義者，宜也，比於人心，而合於眾適者也。

“行而敬之”，言既行之必動容貌而斯遠暴慢。禮者爲異，異則相敬，不

敬則無禮。（參見《禮記·樂記》）

句意爲：由所見知所未見，爲之智。知君子道能使民安，爲之仁。能使民安而後行，爲之義。行之必動容貌而斯遠暴慢，爲之禮。

"仁，義禮之所由生也"：

言義禮生於仁。《禮記·中庸》："仁者人也，親親爲大；義者宜也，尊賢爲大；親親之殺，尊賢之等，禮所生也。"《孟子·告子上》："告子曰：'仁，内也，非外也；義，外也，非内也。'"《禮記·樂記》："禮由外作。"仁者，愛人。由親親而至於君臣、父子、兄弟、夫妻、朋友之際；由親親之殺、尊賢之等而產生禮，故曰"仁，義禮之所由生也。"

"四行之所和也，和則同，同則善"：

"四行"，指仁、義、禮、智不形於内者。

"同"，統一。《國語·周語上》："其惠足以同其人民。"韋昭注："同，猶一也。"《帛書五行·經19·說》：同者，"與心若一也，言舍夫四也，而四者同於善心也。"

句意爲：仁、義、禮、智之行，皆和於仁；皆和於仁則俱與心若一；俱與心若一則四者皆同於善心。

十八

顏色容貌溫，變也。以其中心與人交，悅也。中心悅旃遷①於兄弟，戚也。戚而信之，親也②。親而篤之，愛也。愛父，其繼③愛人，仁也。④

【注】

① “中心悅”後兩字，依裘按讀爲“旃”和“遷”，帛書爲“焉”和“遷”。

② “親也”，簡文無“也”字，參照帛書，根據上下文補出。

③ 此字簡文釋文讀“攸”。裘按：“簡文此字疑是‘稽’之異體，讀爲‘繼’，二字古音極近。”今從。

④ 本章爲帛書本《經14》。

【釋】

此章以“與人交”談“仁”。

“顏色容貌溫，變也”：

“顏”，面容。顏，本指兩眉之間，一般借指面容。《廣韻・刪韻》：“顏，顏容。”《詩・鄭風・有女同車》：“有女同車，顏如舜華。”

“色”，臉上的神情、氣色。《說文》：“色，顏氣也。”《論語・顏淵》：“夫達也者，質直而好義，察顏而觀色，慮以下人。”

“容”，儀容。《玉篇・宀部》：“容，容儀也。”《詩・周頌・振鷺》：“振鷺於飛，於彼西雝。我客戾止，亦有斯容。”鄭玄箋：“言威儀之善如鷺然。”

“貌”，外表。《禮記・儒行》：“禮節者，仁之貌也。”賈公彥疏：“言禮義撙節是仁儒之外貌。”

“溫”，溫和。《書・舜典》：“直而溫，寬而栗。“孔穎達疏：”正直者失於太嚴，故令正直而溫和。”《詩・邶風・燕燕》：“終溫且惠，淑愼其身。”鄭玄箋：“溫謂顏色和也。”

“變”，周遍。《大戴禮記・文王官人》：“變官民能，歷其才藝。”王引之《經義述聞・大戴禮記下》："變讀爲辯。辯，遍也；曆，相也。言遍授民能以官而相度其才藝也。"

句意爲：容顏氣色、儀容外表十分溫和，行能周遍也。

"以其中心與人交，悅也"：

"中心"，衷心。《國語・魯語上》："苟中心圖民，智雖不及，必將至焉。"

"悅"，愉悅。《爾雅・釋詁上》："悅，樂也。"《書・武成》："大賚於四海而萬姓悅服。"孔穎達疏："悅是歡喜，服謂聽從。"

句意爲：以其衷心與人結交，自己心中感到十分愉悅。

"中心悅旃遷於兄弟，戚也"：

"中心悅"，內心的愉悅。

"旃"，音沾，代詞，相當於"焉"。王念孫《廣雅疏證・釋言》："旃者，之焉之合聲，故旃訓爲之，又訓爲焉。"《詩・唐風・采苓》："人之爲言，苟亦無信，舍旃舍旃，苟亦無然。"鄭玄箋："旃之言焉也，舍之焉，舍之焉。"

《帛書五行・經14・說》："'遷於兄弟，戚也'，言遷其悅心於兄弟而能相戚也。兄弟不相能者，非無所用悅心也，弗遷於兄弟也。"

"戚"，親近，親密。

句意爲：內心的愉悅遷及於兄弟，使與兄弟更加親近。

"戚而信之，親也。親而篤之，愛也"：

"信"，通"伸"，伸展。《荀子・不苟》："剛強猛毅，靡所不信，非驕暴也。"楊倞注："信，讀爲伸。"《孟子・離婁下》："大人者，言不必信，行不必果，惟義所在。”朱熹集註：“必，猶期也。大人言，不先期於信果，但義之所在，則必從之，卒亦未嘗不信果也。”

“親”，感情深厚。《說文》：“親，至也。”段玉裁注：“情意懇到曰至。”《荀子·不苟》：“交親而不比，言辯而不辭，蕩蕩乎！”《帛書五行·經14·說》：“‘戚而信之，親也’，言信其體也。”信其體，信如手足一體，情義之至也。

“篤”，厚也。

句意爲：兄弟親近信而爲一體，情意懇至；情意懇至而篤厚，則能相愛。

“愛父，其繼愛人，仁也”：

“繼”，隨後，接著。劉淇《助字辨略》卷四：“繼者，相次之辭，猶云比也。”《孟子·公孫丑下》：“繼而有師命，不可以請，久於齊非我志也。”句意爲：愛父母，接著及於他人，親親愛人爲之仁也。

十九

中心辯然而正行之，直也。直而遂之，泄①也。泄而不畏強禦，果也。不以小道害②大道，簡也。有大罪而大誅之，行也。貴貴其等尊賢，義也。③

【注】

① 依帛書本作“泄”，下同。

② 此字從裘按依帛書本讀爲“害”。

③ 本章爲帛書本《經15》。

【釋】

此章以“與人交”談“義”。

“中心辯然而正行之，直也”：

“辯”，通“辨”，分辨。《易·履·象》：“君子以辯上下定民志。”孔穎達疏：“君子法此卦之象，以分辨上下尊卑。”

“正行”，端正其行爲。《尚書大傳》卷一下：“無過者，得復其圭以歸其國。其餘有過者，留其圭，能正行者，復還其圭。”

“直”，正直。《書·舜典》：“夙夜惟寅，直哉惟清。”《孔子家語·弟子行》：“外寬而內正，自極於隱括之中，直己而不直人，汲汲於仁，以善自終，蓋蘧伯玉之行也。”

句意爲：以其中心與人交，辨別是非而端正其行爲，爲之正直。

“直而遂之，泄也。泄而不畏強禦，果也”：

“遂”，通達。《廣韻·至韻》：“遂，達也。”《禮記·月令》：“（孟春之月）慶賜遂行，毋有不當。”鄭玄注：“遂，猶達也。”孔穎達疏：“通達施行，使之周遍。”

“泄”，猶歇，終之者也。

“果”，果敢，言其弗畏也。《帛書五行·經15·說》：“‘直而遂之，泄也’，泄者遂直者也。”

句意爲：正直而通達，才能有始有終。有始有終而不畏強禦者，爲之果敢。

“不以小道害大道，簡也”：

《帛書五行·經15·說》："'不以小道害大道，簡也'，簡也者，不以小愛害大愛，不以小義害大義也。見其生也，不食其死也；祭，親執誅：簡也。"龐樸注："見其生不忍食其死，小愛小義也；祭祀親執誅，大愛大義也。"小愛小義，小道也；大愛大義，大道也。比數而知輕重，所以能不以小道害大道。故曰"不以小道害大道，簡也。"

"有大罪而大誅之，行也"：

《帛書五行·經15·說》："'有大罪而大誅之，行也'，無罪而殺人，有死弗爲之矣。然而大誅之者，知所以誅人之道而行焉，故謂之行。"龐樸注："《大戴禮·小辨》：'子曰：辨而不小。夫小辨破言，小言破義，小義破道；道小不通，通道必簡。……夫道不簡不行，不行則不樂。'"行者，以仁、義、禮、智而行之；有大罪依大道而大誅之；大道，大愛大義也。故曰"有大罪而大誅之，行也。"

"貴貴其等尊賢，義也"：

"貴貴"，敬重長上。"尊賢"，尊敬賢者。"其等"，猶意義同等，不可偏廢。《孟子·萬章下》："用下敬上，謂之貴貴；用上敬下，謂之尊賢。貴貴、尊賢，其義一也。"朱熹集註："貴貴、尊賢，皆事之宜者。然當時但知貴貴，而不知尊賢，故孟子曰'其義一也'。"

句意爲：既要貴貴，又要尊賢，貴貴與尊賢同等重要，不能偏廢。若能做到貴貴與尊賢其等，才能算是義。

二十

以其外心與人交，遠也。遠而莊①之，敬也。敬而不過②，嚴也。嚴而畏之，尊也。尊而不驕，恭也。恭而博交，禮也。③

【注】

① 此字簡文從首從爿，爿亦聲，通“莊”。

② 此字帛書作“解”，讀爲“懈”。簡文釋文注以爲此字從木從田從卩，疑是“節”字。其實簡文此字應爲從卩，畓聲，“畓”同“果”（見《字彙補》），借爲“過”。果、過，古音同爲見紐歌部，同音通假。

③ 本章爲帛書本《經16》。

【釋】

此章以“與人交”談“禮”。

“以其外心與人交，遠也”：

“外心”，用心於外。《禮記・禮器》：“禮以多爲貴者，以其外心者也。”鄭玄注：“用心於外，其德在表也。”

“遠”，德遠也。《論語・顏淵》：“浸潤之譖，膚愛之愬，不行焉，可謂遠也已矣。”何晏集解引馬融曰：“無此二者，非但爲明，其德行高遠，人莫能及之也。”

句意爲：用心於外與人交，德行高遠也。

“遠而莊之，敬也。敬而不過，嚴也。嚴而畏之，尊也”：

“莊”，嚴肅，莊重。《論語・爲政》：“子曰：‘臨之以莊則敬。’”朱熹集註：“莊，謂容貌端嚴也。臨民以莊，則民敬於己。”

“敬”，尊敬。《周禮・天官・大宰》：“二曰敬故。”《潛夫論・述赦》：

"君敬法則法行，君慢法則法弛。"

"過"，過分，太甚。《荀子·修身》："怒不過奪，喜不過予。"

"嚴"，威嚴。《詩·小雅·六月》："有嚴有翼，共武之服。"毛傳："嚴，威嚴也。"

"畏"，敬服。《廣雅·釋訓》："畏，敬也。"《論語·子罕》："子曰：'後生可畏，焉知來者之不如今也？'"朱熹集註："孔子言後生年富力強，足以積學而有待，其勢可畏。"可畏，令人敬服。

"尊"，敬重，推崇。《廣雅·釋詁一》："尊，敬也。"《論語·堯曰》："尊五類，屏四惡，斯可以從政矣。"劉寶楠正義："尊者，崇尚之義。"

句意爲：德行高遠而端嚴，使人尊敬。敬而不能過分，過分就沒有威嚴。有威嚴而使人敬服，才能受到眾人推崇。

"尊而不驕，恭也。恭而博交，禮也"：

"驕"，驕矜，傲慢。《詩·小雅·鴻雁》："彼非愚人，謂我宣驕。"陳奐疏："驕者，慢也。"陸九淵《語錄下》："蓋君子得之不以爲驕，不得不以爲歉。"

"恭"，事奉。《玉篇·心部》："恭，事也。"《書·甘誓》："今予惟恭行天之罰。"孔傳："恭，奉也。"

"博"，廣泛，普遍。《論語·雍也》："君子博學於文，約之以禮，亦可以弗畔矣夫。"

句意爲：受到眾人推崇而不驕矜，才能無私己之心而事奉長上，無私己之心事奉長上而廣泛地與人交，然後有禮也。

二十一

不簡，不行。不匿，不辨①於道。有大罪而大誅之，簡也。有小罪而赦之，匿也。有大罪而弗大誅也，不行也。有小罪而弗赦也，不辨於道也。②

【注】

① 簡文此字不識，現依照帛書讀爲“辨”。下同。

② 本章爲帛書本《經20》前一部分。

【釋】

此章說“簡”、“匿”。

“不簡，不行。不匿，不辨於道”：

“簡”，核實，情實。《書·呂刑》：“五辭簡孚，正於五刑。”蔡沈集傳：“簡，核其實也。”《禮記·王制》：“司寇正刑明辟，以聽獄訟，必三刺，有旨無簡不聽。”鄭玄注：“簡，誠也。有其意無其誠者，不論以爲罪。”

“匿”，隱也。《廣雅·釋詁四》：“匿，隱也。”《國語·周語中》：“武不可覿，文不可匿也。”韋昭注：“匿，隱也。”“不簡，不行”，龐樸注：“不以小道害大道曰簡，有大罪而大誅之曰行，故曰不簡則不行。”核其實以明小道與大道；比數其輕重，不以小道害大道。大罪以大法而誅之，有大罪而大誅之乃大道之行也。只有明其道，才有大道之行。“不匿，不辨於道”，匿，隱匿。有小罪而赦之，爲之匿。《易·解·象》：“君子以赦過宥罪。”罪，有故犯，有無故而犯。故犯者，大罪也；無故而犯，爲之過失犯罪，小罪也。君子對因過失而犯小罪者，給予赦免，此乃行大道也。如果不管大罪、小罪，一概殺無赦，乃不辨於道也。

“有大罪而大誅之，簡也。有小罪而赦之，匿也。有大罪而弗大誅，不行也。有小罪而弗赦也，不辨於道也”：

核其實確有大罪而大誅之，這是以情實定罪。有小罪而赦之，這是因爲罪隱微而赦免。如果有大罪而弗大誅，是不行其道。有小罪而弗赦，以小害大，不辨於道也。

二十二

簡之爲言猶柬①也，大而晏②者也。匿之爲言也猶匿匿也，小而軫③者也。簡，義之方也。匿，仁之方也。剛，義之方。柔，仁之方也。“不競不絿，不剛不柔”④，此之謂也。⑤

【注】

① 此字帛書作“賀”，借爲“衡”。簡文此字作“練”，借爲“柬”。朱駿聲《說文通訓定聲》：“練，假借爲柬。”

② 此字帛書作“罕”。

③ 此字簡文作“訪”，應依帛書作“軫”。

④ 引詩見《詩·商頌·長髮》。第一句應依《詩》作“不競不絿”。

⑤ 本章爲帛書本《經20》的後一部分。

【釋】

此章由“簡”、“匿”論“義”和“仁”。

“簡之爲言猶柬也，大而晏者也”：

“柬”，選擇。《爾雅·釋詁》“柬，擇也。”《荀子·修身》：“安燕而血氣不清，柬理也。”楊倞注：“言柬擇其事理所宜。”

“晏”，平靜，安逸。《釋名·釋言語》：“安，晏也。晏晏然和喜無動懼也。”《莊子·知北遊》：“孔子問於老聃曰：‘今日晏閑，敢問至道。’”晏閑者，安閒也。

句意爲：有大罪而大誅之，簡也。所謂簡，猶柬擇也，柬擇其事理所宜而爲之。大誅之事大，影響亦大，然而卻能使民安，以利於行大道也。

“匿之爲言也猶匿匿也，小而軫者也”：

“匿匿”，隱藏隱微也。《廣雅·釋詁四》：“匿，藏也。”《爾雅·釋詁下》：“匿，微也。”

“軫”，迴轉。《一切經音義》卷七十五：“軫，轉也。”《文選·枚乘〈七發〉》：“初發乎或圍之津涯，荄軫谷分。”李善注：“言涯如轉，而谷似裂也。一曰涯如草轉也。”

句意爲：有小罪而赦之，匿也。所謂匿匿猶隱藏隱微也，其事雖小，但卻能使有小罪者迴轉向善，以利行大道也。

“簡，義之方也。匿，仁之方也”：

有大罪而大誅之，爲之義也；有小罪而赦之，爲之仁也。義之盡，簡也。仁之盡，匿也。故簡是義之所行，匿是仁之所行。義取簡而仁取匿也。

“剛，義之方。柔，仁之方也。‘不競不絿，不剛不柔’，此之謂也”：

“剛”，《說文》：“剛，斷也。”《書・皋陶謨》：“剛而塞。”鄭玄注：“剛，謂事理剛斷。”《論語・公冶長》：“吾未見剛者。”劉寶楠正義引鄭玄注：“剛，謂強志不屈撓。”司馬光《上體要疏》：“姦不能惑，佞不能移，故謂之剛。”事理剛斷，姦不能惑，佞不能移，義也。

“柔”，《爾雅・釋詁》：“柔，安也。”《書・舜典》：“柔遠能邇。”《國語・晉語七》：“柔懷小物，而鎮定大事。”，柔遠能邇，柔懷能安，仁也。

“不競不絿”，不競爭，不急躁。

“不剛不柔”，不剛堅，不柔軟。

句意為：對簡、匿而言，有大罪而大誅之，需要憑事理剛斷；剛，義之所屬也。有小罪而赦之，需要柔懷使安；柔，仁之所屬也。對治理天下而言，既不能用強硬的手段，也不能太急迫；不要堅剛，也不要柔軟。《帛書五行・經20・說》：“非強之也，非急之也，非剛之也，非柔之也，言夫不爭焉也，此之謂者，言仁義之和也。”

二十三

君子集大成。能進之，為君子；弗能進也，各止於其里。大而晏①者，能有取焉；小而軫者，能有取焉。疋膚膚達諸②君子道，謂之賢。君子知而舉之，謂之尊賢；知而事之③，謂之尊賢。前，王公之尊賢者也④；後，士之尊賢者也。⑤

【注】

① 此字帛書本作“罕”。

②“疋膚膚”，帛書作“索纑纑”。“諸”，帛書本作“於”，簡文作“者”，現依裘按讀爲“諸”。

③“知而事之”，帛書作“君子從而事之”。

④ 與帛書比較，從上下文分析，簡文“者也”前脫“前，王公之尊賢”六字，今依帛書補出。

⑤ 本章爲帛書本《經21》。

【釋】

此章言君子集大成。

“君子集大成”：

《孟子．萬章下》：“孔子之謂集大成。集大成也者，金聲而玉振之也。金聲也者，始條理也；玉振之也者，終條理也。”朱熹集註：“猶作樂者，集眾音之小成，而爲一大成也。成者，樂之一終，《書》所謂‘簫韶九成’是也。金，鐘屬。聲，宜也，如聲罪致討之聲。玉，磬也。振，收也，如振河海而不洩之振。始，始之也。終，終之也。條理，猶言脈絡，指眾音而言也。”

句意爲：所謂君子猶如作樂者集眾音之小成而爲一大成也。意即集眾賢者之德而備具於己之一身，成爲知無不盡而德無不全的聖人。

“能進之，爲君子；弗能進也，各止於其里”：

“進”，《帛書五行．經21．說》謂“進端”，“終端”，龐樸注：“端，《孟子．公孫丑上》：‘人之有四端也，猶其有四體也’，‘凡有四端於我者，如皆擴而充之矣’，指仁義禮智之始於心者。”“止於其里”，居處於仁者之里。

“止”，居處。皮日休《靜箴》：“居不必野，唯性之寂；止不必廣，唯心之適。”

“里”，《論語·里仁》：“里仁爲美。”何晏集解：“鄭曰：里者仁之所居。居於仁者之里，是爲美。”居處於仁者之里，猶言執守仁者之心。《帛書五行·經21·說》：“不藏欲害人，仁之理也；不受籲嗟者，義之理也。弗能進也，則各止於其里耳矣。充其不藏欲害人之心，而仁覆四海；充其不受籲嗟之心，而義襄天下。仁覆四海，義襄天下，而誠由其中必行之，亦君子矣！”

句意爲：能進而使仁義禮智始於心者，爲君子。不能進而使仁義禮智始於心，各自執守仁者之心而使仁覆四海、義襄天下亦爲君子也。

“大而晏者，能有取焉；小而軫者，能有取焉。疋膚膚達諸君子道，謂之賢”：

“晏”，安也。“軫”，轉也。

“疋”，“雅”的古字。純正。

“膚”，美。《詩·豳風·狼跋》：“公孫碩膚，赤舄幾幾。”毛傳：“膚，美也。”

句意爲：有大罪而大誅之，使民安，義也，義能行之也；有小罪而赦之，使人向善，仁也，仁能行之也。純正美善達之於君子道，稱之爲賢。

“君子知而舉之，謂之尊賢；知而事之，謂之尊賢。前，王公之尊賢者也；後，士之尊賢者也”：

《帛書五行·經21·說》：“‘君子知而舉之，謂之尊賢’，君子知而舉之也者，猶堯之舉舜，商湯之舉伊尹也。舉之也者，誠舉之也。知而弗舉，未可謂尊賢。”

“知而事之”，“猶顏子、子路之事孔子也。事之者，誠事之也。知而弗事，未可謂尊賢也。”

“舉”，選拔。《墨子·尚賢下》：“使（伊尹）爲庖人，湯得而舉之，立爲三公。”

“事”，侍奉。《論語·學而》：“事父母，能竭其力；事君，能致其身。”

句意爲：君子知賢德而選拔重用，稱之爲尊賢；知而能恭敬侍奉，也稱之爲尊賢。知而選拔重用，是王公之尊賢，知而恭敬侍奉，是士之尊賢。

二十四

耳目鼻口手足六者，心之返①也。心曰唯，莫敢不唯；諾②，莫敢不諾；進，莫敢不進；後，莫敢不後；深，莫敢不深③；淺④，莫敢不淺。和則同，同則善。⑤

【注】

① “返”，帛書本作“役”。

② “諾”，帛書本作“心曰諾”。後面的“進”、“淺”之前，帛書本均有“心曰”二字。

③ “後，莫敢不後”、“深，莫敢不深”二句，帛書本無。

④ 此字依裘按對照帛書本，讀爲“淺”。

⑤ 本章爲帛書本《經22》，帛書本無“和則同，同則善”兩句。

【釋】

此章言耳目鼻口手足一於心則善。

“耳目鼻口手足者，心之返也”：

“返”，回歸。《廣雅·釋詁二》：“返，歸也。”《孟子·告子上》：“心之官則思。”“耳目之官不思。”朱熹集註：“官之爲言司也。耳司聽，目司視，各有所職而不能思。”又《盡心下》：“口之於味也，目之於色也，耳之於聲也，鼻之於臭也，四肢之於安佚也，性也。”《帛書五行·經22·說》：“心貴也。有天下之美聲色置此，不義，則不聽弗視也；有天下之美臭味置此，不義，則弗求弗食也；居而不間尊長者，不義，則弗爲之矣。”《孟子·告子上》：“從其大體爲大人，從其小體爲小人。”朱熹集註：“大體，心也。小體，耳目之類也。”

句意爲：耳目鼻口手足各有所司而不能思，故耳目鼻口手足之所司，都必須回歸於心，心決定耳目鼻口手足之所司。

“心曰唯，莫敢不唯；諾，莫敢不諾；進，莫敢不進；後，莫敢不後；深，莫敢不深；淺，莫敢不淺”：

“唯”，應答聲。用於對尊長，表示恭敬。

“諾”，順從。《呂氏春秋·知士》：“劑貌辨答曰：‘敬諾。’”高誘注：“諾，順。”

“進”，向前。

“後”，落在後面。《論語·雍也》：“非敢後也，馬不進也。”

“深”、“淺”，《帛書五行·經22·說》：“深者甚也，淺者不甚也，深淺有道矣。故父呼，口含飯則吐之，手執業則投之，唯而不諾，走而不趨，是莫敢不深也。於兄則不如是其甚也，是莫敢不淺也。”

“唯而不諾”，唯、諾都是應答聲。《禮記·曲禮上》：“父召無諾，先生召無諾，唯而起。”鄭玄注：“應辭‘唯’恭於‘諾’。”所以父呼，唯而不諾。

句意爲：心曰唯、曰諾，耳目鼻口手足不敢不答應、不敢不順從。心曰向前、曰後退，耳目鼻口手足不敢不向前、不敢不後退。心曰深、曰淺，耳目鼻口手足不敢不深、不敢不淺。一切聽從心的指令。

“和則同，同則善”：

“和”，和諧，協調一致。

“同”，統一。

句意爲：耳目鼻口手足協調一致，與心若一則善。

二十五

目而知之，謂之進之①。喻而知之，謂之進之②。譬而知之，謂之進之③。幾而知之，天也。“上帝臨汝，毋貳爾心”，此之謂也。④

【注】

① 此二句爲帛書本《經23》。

② 此二句爲帛書本《經25》。

③ 此二句爲帛書本《經24》。

④ “幾而知之”至本章末爲帛書本《經26》。“幾而知之”之“幾”，帛書

本作“鐖”。“上帝臨汝”之“臨”，簡文釋文作“賢”，依裘按參考帛書本改爲“臨”。

【釋】

此章言幾而知之，天也。

“目而知之，謂之進之”：

“目”，借爲“侔”。目，古音明紐覺部；侔，古音明紐幽部。目、侔，古音同爲明紐，覺、幽可對轉，音近可通假。侔，比類齊等。《墨子·小取》：“侔也者，比辭而俱行也。”孫詒讓閑詁：“《說文·人部》云：‘侔，齊等也。’謂辭義齊等，比而同之。”《帛書五行·經23·說》：“天之監下也，雜部焉耳。循草木之性，則有生焉，而無好惡焉；循禽獸之性，則有好惡焉，而無禮義焉；循人之性，則巍然知其好仁義也。不循，其所以受部也，循之則得之矣，是侔之已。故侔萬物之性而知人獨有仁義也，進耳。”

句意爲：用比類齊等的方法可以得到新知，認識便前進了一步。

“喻而知之，謂之進之”：

“喻”，喻指。《莊子·齊物論》：“以指喻指之非指，不若以非指喻指之非指也。”指與非指，異也。以指喻指非指，如以馬喻指非馬，是同中求異。非指與非指，同也。以非指喻指非指，如以非馬喻指非馬，是異中求同。異中求同是莊子齊物論之旨，故言彼不如此也。《論衡·自紀》：“何以爲辯？喻深以淺。何以爲智？喻難以易。”《帛書五行·經25·說》：“喻之也者，自所小好喻乎所大好。‘窈窕淑女，寤寐求之’，思色也；‘求之弗得，寤寐思服’，言其急也；‘悠哉悠哉，輾轉反側’，言其甚急也。如此其甚也，交諸父母之側，爲諸？則有死弗爲之矣。交諸兄弟之側，亦弗爲也。交諸邦人之側，亦弗爲也。畏父兄，其殺畏人，禮也。由色喻於禮，進耳。”

句意爲：用喻指的方法可以使人知其未知，認識便前進了一步。

“譬而知之，謂之進之”：

“譬”，譬比。《說文》：“譬，諭也。”徐鍇繫傳：“譬，猶匹也，匹而喻之也。”《詩·大雅·抑》：“取譬不遠，昊天不忒。”鄭玄箋：“今我王取譬喻不及遠也，維近耳。”《後漢書·桓譚傳》：“昔董仲舒言，理國‘譬若琴瑟，其不調者則解而更張’。”《帛書五行·經24·說》：“譬丘之與山也，丘之所以不名山者，不積也。舜有仁，我亦有仁而不如舜之仁，不積也。舜有義，而我亦有義，不如舜之義，不積也。譬比之而知吾所以不如舜，進耳。”

句意爲：用譬比的方法可以使人有所知，認識便前進了一步。

“幾而知之，天也。‘上帝臨汝，毋貳爾心’，此之謂也”：

“幾”，事物變化的微小預兆。《易·繫辭下》：“子曰：‘知幾，其神乎。君子上交不諂，下交不瀆，其知幾乎。幾者，動之微，吉凶之先見者也。君子見幾而作，不俟終日。’”韓康伯注：“吉凶之彰，始於微兆。”《荀子·解蔽》：“危微之幾，惟明君子而後能知之。”楊倞注：“幾者，萌兆也。”《帛書五行·經26·說》：“鐖（幾）也者，齎數也，唯有天德者，然後鐖（幾）而知之。”

“齎”，音機，抱著，懷著。

“數”，客觀事物必然之數。《荀子·天論》：“所志於四時者，已其見數之可以事者矣。”楊倞注：“數謂春作、夏長、秋斂、冬藏必然之數也。”王夫子《續春秋左氏傳博議》：“學之已及，知其數之固然，而通以禮之可盡，斯以禦變不失其恒。”“齎數”，猶心懷事物變化之數。

“上帝臨汝，毋貳爾心。”見《詩·大雅·大明》第七章。朱熹集傳：“貳，疑也，爾，武王也。此章言武王伐紂之時，紂眾會集如林，以拒武王，而皆陳於牧野。則維我之師，爲有興起之勢耳。然眾心猶恐武王以眾寡之不敵，而有所疑也。故勉之曰：‘上帝臨汝，無貳爾心。’蓋知天命之必然，而贊其決也。然武王非必有所疑也，設言以見眾心之同。”《帛書五行·經26·說》：“‘上帝臨汝’，言鐖（幾）之也；‘毋貳爾心’，懼鐖（幾）之也。”知天命之必然，就是孔夫子所說的“知幾”。既然“知幾”，就應“見幾而作”，不要遲疑。

句意爲：把握事物變化的微小預兆而知，就是知天命之必然（認識客觀事物的規律性）。既知天命之必然，就應“見幾而作，不俟終日”。“上帝臨汝，毋貳爾心”，就是說的這種情況。

二十六

大施諸其人①，天也。其人施諸人，倖②也。

【注】

① 帛書本爲“天生諸其人”。

② 此字簡文從虎從皿，倖聲，疑讀爲“倖”。本章爲帛書本《經27》前一部分。帛書本《經27》後一部分爲“其人施諸人，不得其人不爲法。”

【釋】

此章言人施德於人，倖也。

“大施諸其人，天也”：

"大"，《說文》："大，天大、地大、人亦大，故大象人形。"王筠釋例："此謂天地之大，無由象之以作字，故象人之形以作大字，非謂大字即是人也。"大，乃天地之大也。

"施"，施布天地之德。《易·乾·象》："雲行雨施。"孔穎達疏："言乾能用天之德，使雲氣流行，雨澤施布。"

句意爲：天地大施其德於人，這是大自然的規律。

"其人施諸人，倖也"：

"倖"，用同"幸"。《集韻·耿韻》："倖，親也。"《字彙·干部》："幸，寵也。"

句意爲：人普施德於人，這是對其寵愛的表現，亦即仁者愛人也。

二十七

聞道①而悅者，好仁者也。聞道而畏②者，好義者也。聞道而恭者，好禮者也。聞道而樂者，好③德者也④

【注】

① 帛書本作"君子道"，多"君子"二字。

② 帛書本作"威"。

③ 帛書本作"有"。

④ 本章爲帛書本《經28》。

【釋】

此章總說仁、義、禮、德。

“聞道而悅者，好仁者也”：

《帛書五行·經28·說》：“道也者，天道也，言好仁者之聞君子道而以之其仁也，故能悅。悅也者形也。”

“悅”，《爾雅·釋詁上》：“悅，樂也。”《廣雅·釋詁一》：“悅，喜也。”《莊子·徐無鬼》：“武侯大悅而笑。”悅，乃內心喜悅。“悅也者形也”，言仁之形於內者也。

“聞道而畏者，好義者也”：

“畏”，同“威”。《廣雅·釋言》：“畏，威也。”《集韻·微韻》：“威，古作畏。”《書·皋陶謨上》：“天明畏，自我民明畏。”孫星衍疏：“畏，一作威。明威，言賞罰。”《帛書五行·經28·說》：“好義者之聞君子道，而以之其義也，故能威。威也者形也。”“威也者形也”，言義之形於內者也。

“聞道而恭者，好禮者也”：

《帛書五行·經28·說》：“‘聞道而恭，好禮者也’，言好禮者之聞君子道而以之其禮，故能恭。恭者形也。”“恭者形也”，言禮之形於內者也。

“聞道而樂者，好德者也”：

《帛書五行·經28·說》：“道也者，天道也。言好德者之聞君子道而以夫五也爲一也，故能樂。樂也者和，和者德也。”“以夫五也爲一也”，“五”，即“德之行五”，仁、義、禮、智、聖形於內者也。“以夫五也爲一”，即以仁、義、禮、智、聖形於內者德之行五也爲一。五合爲一乃

"和"者也，"和"乃謂之"德"，故曰"樂也者和，和者德也"。

參考文獻

1. 荊門市博物館。《郭店楚墓竹簡》。北京：文物出版社，1998。
2. 龐樸。《帛書五行篇研究》。濟南：齊魯書社，1980。
3. 李學勤。〈先秦儒家著作的重大發現〉，《郭店楚簡研究》。瀋陽：遼寧教育出版社，1999。
4. 李學勤。〈郭店楚簡與儒家經籍〉。《郭店楚簡研究》。瀋陽：遼寧教育出版社，1999。
5. 龐樸。〈孔孟之間——郭店楚簡中的儒家心性說〉。《郭店楚簡研究》，瀋陽：遼寧教育出版社，1999。
6. 廖名春。〈荊門郭店楚簡與先秦儒學〉。《郭店楚簡研究》。瀋陽：遼寧教育出版，1999。
7. 李學勤。〈荊門郭店楚簡中的《子思子》〉。《郭店楚簡研究》。瀋陽：遼寧教育出版社，1999。
8. 姜廣輝，〈郭店楚簡與《子思子》〉。《郭店楚簡研究》。瀋陽：遼寧教育出版社，1999。
9. 周桂鈿。〈荊門竹簡《緇衣》校讀札記〉。《郭店楚簡研究》。瀋陽：遼寧教育出版社，1999。
10. 龐樸。〈竹帛《五行》篇比較〉。《郭店楚簡研究》。瀋陽：遼寧教育出版社，1999。
11. 邢文。〈《孟子·萬章》與楚簡《五行》〉。《郭店楚簡研究》。瀋陽：遼寧教育出版社，1999。
12. 李存山。〈讀楚簡《忠信之道》及其他〉。《郭店楚簡研究》。瀋陽：遼寧教育出版社，1999。

13. 郭沂。〈郭店楚簡《成之聞之》篇疏證〉。《郭店楚簡研究》。瀋陽：遼寧教育出版社，1999。
14. 陳來。〈荊門竹簡之《性自命出》篇初探〉。《郭店楚簡研究》。瀋陽：遼寧教育出版社，1999。
15. 彭林。〈《郭店楚簡・性自命出》補釋〉。《郭店楚簡研究》。瀋陽：遼寧教育出版社，1999。
16. 龐樸。〈《語叢》臆說〉。《郭店楚簡研究》。瀋陽：遼寧教育出版社，1999。
17. 李學勤，〈釋郭店簡祭公之顧命〉。《郭店楚簡研究》。瀋陽：遼寧教育出版社，1999。
18. 李家浩。〈讀《郭店楚墓竹簡》瑣議〉。《郭店楚簡研究》。瀋陽：遼寧教育出版社，1999。
19. 劉樂賢。〈讀郭店楚簡札記三則〉。《郭店楚簡研究》。瀋陽：遼寧教育出版社，1999。
20. 龐樸。〈撫心曰辟〉。《郭店楚簡研究》。瀋陽：遼寧教育出版社，1999。
21. 陳偉。〈郭店楚簡別釋〉。《江漢考古》，1998。
22. 徐在國，黃德寬。〈郭店楚簡文字考釋〉。《吉林大學古籍整理研究所十五周年紀念文集》。長春：吉林大學出版社，1998。
23. 劉信芳。〈郭店楚簡《緇衣》解詁〉。《郭店楚簡國際學術研討會論文集》。武漢：湖北人民出版社，2000年5月。
24. 涂宗流，劉祖信。〈郭店楚簡《緇衣》通釋〉。《郭店楚簡國際學術研討會論文集》。武漢：湖北人民出版社，2000年5月。
25. 劉釗。〈讀郭店楚簡字詞札記〉。《郭店楚簡國際學術研討會論文集》。武漢：湖北人民出版社，2000年5月。
26. 李天虹。〈郭店楚簡文字雜釋〉。《郭店楚簡國際學術研討會論文集》。武漢：湖北人民出版社，2000年5月。
27. 龐樸。〈天人三式——郭店楚簡所見天人關係試說〉。《郭店楚簡國際學術研討會論文集》。武漢：湖北人民出版社，2000年5月。

28. 龐樸。〈郢燕書說——郭店楚簡中山三器心旁文字試說〉。《郭店楚簡國際學術研討會論文集》。武漢：湖北人民出版社，2000年5月。

29. 郭齊勇。〈郭店楚簡身心觀發微〉。《郭店楚簡國際學術研討會論文集》。武漢：湖北人民出版社，2000年5月。

30. 涂宗流。〈《唐虞之道》中“弗利”淺說〉。荊門職業技術學院學報，2000年第5期。

後記

荊門出土的郭店楚簡受到海內外學者的廣泛關注，研究郭店楚簡是荊門學者義不容辭的責任，為了弘揚中華民族的傳統文化，我們願竭盡全力，以效愚鈍。

在本書的撰寫過程中，荊門職業技術學院王前新院長，湖北省社會科學院荊門分院陳德忠副院長、歐陽鵬秘書長，荊門市文化局張四海局長、李雲清副局長，曾給予熱情地關懷和支援。沒有朋友們的精神鼓勵，我們是很難完成此項艱巨任務的。在此深表謝忱！

本書能及時出版，特別感謝台灣輔仁大學哲學系丁原植教授推介。

由於撰寫者水平有限，謬誤難以避免，請各位方家賜教，請讀者批評。

作者

2000年10月

國家圖書館出版品預行編目資料

郭店楚簡先秦儒家佚書校釋／涂宗流、劉祖信著
. --初版. --臺北市：萬卷樓，民 90
面；　公分

ISBN 957-739-323-3(平裝)

1. 簡牘-研究與考訂

796.8　　89019992

郭店楚簡先秦儒家佚書校釋

著　　者：涂宗流、劉祖信
發 行 人：許錟輝
出 版 者：萬卷樓圖書有限公司
台北市羅斯福路二段 41 號 6 樓之 3
電話(02)23216565・23952992
FAX(02)23944113
劃撥帳號 15624015
出版登記證：新聞局局版臺業字第 5655 號
網 站 網 址：http://www.wanjuan.com.tw/
E　-mail：wanjuan@tpts5.seed.net.tw
經 銷 代 理：紅螞蟻圖書有限公司
台北市內湖區文德路 210 巷 30 弄 25 號
電話(02)27999490
FAX(02)27995284
承 印 廠 商：晟齊實業有限公司
電 腦 排 版：浩瀚電腦排版股份有限公司
定　　價：600 元
出 版 日 期：民國 90 年 2 月初版

ISBN 957-739-323-3